国家或地区	企业类型	从业人数/人	营业额/年	资产
日本	中小企业： 制造业 批发业 零售服务业	<300 <100 <50		资本金： <3亿日元 <3 000万日元 <1 000万日元
中国香港	中小企业： 制造业 其他行业	<100 <50		
中国台湾	制造业 建筑业 采矿业 其他行业	<200 <50	上年营业额： <8 000万新台币	实收资本： <6 000万新 台币 投资金： <4 000万新 台币

1.1.3 我国对中小企业的界定

我国对中小企业的界定标准先后经过多次调整：20 世纪 50 年代，曾按固定资产价值划分企业规模；1962 年，改为按人员标准进行划分，企业职工在 3 000 人以上为大型企业，500～3 000 人之间为中型企业，500 人以下为小企业；1978 年，国家计委发布的《关于基本建设项目的大中型企业划分标准的规定》改为按"年综合生产力"划分；1988 年，重新发布的《大中型工业企业划分标准》改为按不同行业企业依实物产量反映的生产能力和固定资产原值划分；1999 年，再次修改，主要按销售收入和资产总额划分：年销售收入和资产总额在 5 亿元以下，5 000 万元以上的为中型企业，年销售收入和资产总额在 5 000 万元以下的为小型企业。[①]

2003 年 1 月 1 日，我国颁布《中华人民共和国中小企业

---

① 参见：林汉川、魏中奇，《中小企业的界定与评价》，《中国工业经济》，2007 年第 7 期。

促进法》,对中小企业做出如下定义:中小企业是指在中华人民共和国内依法设立的有利于满足社会需要,增加就业,符合国家产业政策,生产经营规模属于中小型的各类所有制和各种形式的企业。

2003年2月,国家经贸委、国家发展计划委员会、财政部和国家统计局根据《中小企业促进法》并结合行业特点制定了《中小企业标准暂行规定》,主要根据企业职工人数、销售额、资产总额等指标明确了中小企业划分标准。

2004年4月,财政部发布《中小企业会计制度》,对《中小企业标准暂行规定》中的标准进一步细化,并对新增房地产、金融、信息传输、文体娱乐等多个行业的企业划分标准。

2011年6月,工业和信息化部、国家统计局、发展改革委、财政部联合下发了《中小企业划型标准规定》,该规定将中小企业划分为中型、小型和微型三种类型,具体标准根据企业从业人员、营业收入、资产总额等指标,集合行业特点制定,本书所指中小企业广泛意义上包含微型企业。企业划型标准如表1-2所示。

表1-2

企业划型标准

行业名称	指标名称	单位	大型	中型	小型	微型
农林牧渔业	营业收入	万元	≥20 000	500～20 000	50～500	<50
工业	从业人数	人	≥1 000	300～1 000	20～300	<20
	营业收入	万元	≥40 000	2 000～40 000	300～2 000	<300
建筑业	营业收入	万元	≥80 000	6 000～80 000	300～6 000	<300
	资产总额	万元	≥80 000	5 000～80 000	300～5 000	<300
批发业	从业人数	人	≥200	20～200	5～20	<5
	营业收入	万元	≥40 000	5 000～40 000	1 000～5 000	<1 000
零售业	从业人数	人	≥300	50～300	10～50	<10
	营业收入	万元	≥20 000	500～20 000	100～500	<100

行业名称	指标名称	单位	大型	中型	小型	微型
交通运输业	从业人数	人	≥1 000	300～1 000	20～300	<20
	营业收入	万元	≥30 000	3 000～30 000	200～3 000	<200
仓储业	从业人数	人	≥200	100～200	20～100	<20
	营业收入	万元	≥30 000	1 000～30 000	100～1 000	<100
邮政业	从业人数	人	≥1 000	300～1 000	20～300	<20
	营业收入	万元	≥30 000	2 000～30 000	100～2 000	<100
住宿业	从业人数	人	≥300	100～300	10～100	<10
	营业收入	万元	≥10 000	2 000～10 000	100～2 000	<100
餐饮业	从业人数	人	≥300	100～300	10～100	<10
	营业收入	万元	≥10 000	2 000～10 000	100～2 000	<100
信息传输业	从业人数	人	≥200	100～200	10～100	<10
	营业收入	亿元	≥10	0.1～10	0.01～0.1	<0.01
软件和信息技术服务业	从业人数	人	≥300	100～300	10～100	<10
	营业收入	亿元	≥1	0.1～1	0.005～0.1	<0.005
房地产开发经营业	资产总额	亿元	≥1	0.5～1	0.2～0.5	<0.2
	营业收入	亿元	≥20	0.1～20	0.01～0.1	<0.01
物业管理业	从业人数	人	≥1 000	300～1 000	100～300	<100
	营业收入	万元	≥5 000	1 000～5 000	500～1 000	<500
租赁和商务服务业	从业人数	人	≥300	100～300	10～100	<10
	资产总额	亿元	≥12	0.8～12	0.01～0.8	<0.01
其他	从业人数	人	≥300	100～300	10～100	<10

1.2 中小企业在国民经济中的地位与作用

1.2.1 中小企业在国民经济中的地位

无论在发达国家还是在发展中国家,中小企业都是国民经济的重要组成部分,为各国的经济发展做出了卓越的贡献。据有关资料统计①,截至 2008 年,美国有中小企业 2 800

① 数据来源:中国小企业网,www.sme.gov.cn。

多万家,提供了全国 50％以上的就业机会,创造了 50％以上的国民生产总值。日本有中小企业约 650 万户,占全部企业总数的 99％;4 900 万就业人员中,在中小企业就业为 81％;中小企业产值占总产值的比重,零售额占零售业总额为 78％,制造业产值占总产值的 55％。德国有中小企业 330 万家,占企业总数的 99％;中小企业制造的产值占整个国民经济总产值的 60％;政府税收的 70％来源于中小企业;在中小企业中就业的人数占德国总就业人数的 70％。自 20 世纪 90 年代以来,中小企业上交的营业税占全国营业税总额的 60％,创造出口值占全国出口总值的 40％。亚太经合组织 21 个国家和地区的中小企业数占各自企业总量的 97％～99.7％,中小企业的就业人数占总就业人数额 55％～78％,GDP 比重占 50％以上,出口总量占 40％～60％。

改革开放以来,我国中小企业在国民经济中也具有越来越重要的地位。根据国家工商行政管理总局的数据显示①:截至 2008 年年底,全国实有企业 971.46 万户,其中 99％以上为中小企业;实有私营企业 657.42 万户,注册资本(金) 11.74 万亿元;个体工商户 2 917.33 万户,实有资金数额 9 005.97 亿元,户均资金数额 3.09 万元;农民专业合作社 11.09 万户,出资总额 880.16 亿元。中小企业对 GDP 的贡献超过 60％,对税收的贡献超过 50％,提供了近 70％的进出口贸易额。在创造就业方面,中小企业提供了 80％左右的城镇就业岗位,吸纳了 50％以上的国有企业下岗人员,70％以上新增就业人员,70％以上农村转移劳动力。在自主创新方面,中小企业提供了 66％的专利发明、74％的技术创新和

---

① 数据来源:中华人民共和国国家工商行政管理总局,www.saic.gov.cn。

82％的新产品开发。

1.2.2　中小企业在国民经济中的作用

无论发达国家还是发展中国家,中小企业都是经济发展和社会稳定的重要支柱。中小企业的重要性主要体现在以下方面。

1. 中小企业是市场经济的活跃主体

市场经济的重要特征是通过竞争优化资源的配置,中小企业所具有的数量大、种类多、地域广、行业全等特点,使其成为活跃市场经济的重要力量,从而弥补了大型企业过度发展、缺乏竞争所导致的市场活力的不足。

2. 中小企业是经济增长的推进器

从当前世界各国的经济结构来看,中小企业在数量上占有绝对优势,在产出贡献上中小企业也占有相当大的份额。中小企业的健康成长,已经成为国家社会经济发展的不可缺少的因素。

3. 中小企业是社会稳定的有力保障

在大型企业趋向于以更多的资本代替劳动力的同时,以劳动密集型为主要生产方式的大量中小企业便成为社会失业人员和新增劳动力就业的重要渠道。中小企业的发展很大程度上减少了因失业带来的社会不稳定因素。

4. 中小企业是推动技术创新的生力军

当今世界,科学技术已经成为当之无愧的第一生产力,而中小高技术企业因其灵活的运行机制、勇敢的冒险精神和敏锐的市场把握能力,凭借不懈科技创新和发明,成就了无数企业界的神话,许多企业往往仅凭借某项技术发明而诞生并迅速崛起。

5. 中小企业是扩大对外贸易的重要力量

在一些发展中国家,处于低端产业链上的中小企业凭借其资源和劳动力成本优势,大力开展出口贸易,取得了巨大的成功。同时,发达国家的中小企业为大型出口企业提供的加工和装配服务,也促进了本国对外贸易的迅猛发展。

1.3 中小企业融资概述

1.3.1 企业融资概述

1. 融资的概念

融资是资金融通的简称,指"为支付超过现金的购货款而采取的货币交易后端或为取得资产而集资所采取的货币手段"①。广义上的融资包括需求者资金的融入和供给者资金的融出两个方面,是一个双向互动过程。

从狭义来讲,融资主要是指资金的融入,也就是通常所说的资金来源,即具体经济单位从自身经济活动现状及资金运用情况出发,根据发展战略和未来经营需要,经过科学的预测和决策,通过一定的渠道,采用一定的方式,利用内部自身积累或向外部资金供给者筹集资金,组织资金的供应,保证经济活动对资金需要的一种经济行为。

融资是任何企业生存发展中必不可少的环节,企业筹集资金,购买原材料和机器设备,生产产品,销售产品和回笼资金扩大再生产的过程,实际上也就是其融资—投资—再融资的过程。

2. 融资的形式

根据不同的划分标准,企业融资可以分为以下几种:

---

① 参见:《新帕尔格雷夫经济学大辞典》。

（1）按照融资过程中资金来源的方向不同，可以把融资分为内源融资和外源融资两种形式。

内源融资是指企业在其内部通过一定的方式获得资金并转化为生产投资的过程，是企业的立足之本。内源融资可以进一步划分为内源自有资金融资和内源债务资金融资。

内源自有资金是指企业经营活动创造的利润扣除股利后的剩余部分，即留存收益以及经营活动中提取的折旧，是企业长期资金的重要来源。内源自有资金是企业在生产经营过程中的首要资金来源，但其来源要受到企业的盈利能力、净资产规模和投资者收益等因素的影响。当内源自有资金无法满足企业经营需求时，企业会转向其他的融资方式。

内源债务资金主要是指企业向企业主、股东、合伙人或者内部职工等与企业有着直接利益关系的人员直接借款而获得的资金。企业进行内源债务融资，可以自行确定借款的数量、利率和偿还方式，因此灵活性较大，成本低廉。而且，资金的提供者对企业内部情况较为了解，使得借贷双方信息相对对称，从一定程度上避免了逆向选择、道德风险等外部融资市场上普遍存在问题的发生。

外源融资是指企业通过一定的方式向企业之外的其他经济主体融入资金用于投资的方式，包括发行股票、银行贷款、股权融资、债权融资等。与内源融资相比较，外源融资的手续比较复杂，相应的融资费用也较高。然而，由于企业发展的需要，内源融资往往不能满足其资金的需求，使得越来越多的企业开始运用外源融资的方式募集资金，从而推动了整个外部融资市场的发展。

（2）外源融资按照中介机构扮演的角色不同，又可分为直接融资和间接融资。

直接融资是指企业作为资金需求者向资金供给者直接募集资金的一种方式,包括股权融资、债权融资、民间借贷等。在直接融资中,中介机构并不是一个资金供给主体或者资金需求主体参与融资,而只在资金供需双方中起沟通的作用(如提供交易场所等)并收取相应费用。直接融资包括股权融资和债权融资两种方式。直接融资具有直接性、不可逆性、长期性和可流通性等特点,但对直接融资市场如股票市场、债券市场等有着很强的依赖性。

间接融资是指企业通过商业银行或其他金融中介机构间接从资金提供者手中融入资金的方式,主要是指银行信用融资。间接融资具有与直接融资截然相反的特性,即间接性、短期性、可逆性及非流通性,但对商业银行等中间金融机构也有着很强的依赖性。

(3)直接融资根据是否涉及企业所有权的转让,还可分为股权融资和债权融资。

股权融资是指企业通过有偿出让部分企业所有权的方式来进行融资。对通过股权融资获得的资金,企业拥有永久的使用权,没有还本付息的压力,且没有固定的股利负担,所以这种筹资方式对企业而言风险较小。

债权融资是指企业通过向外界举债的方式进行融资。与股权融资不同的是,接受债权融资的企业不需要对外出让企业的所有权,但对于所筹资金,需要到期还本付息。

除此之外,当前市场还存在风险融资、天使资本、融资租赁、典当租赁、财政融资、国际融资、政府基金等其他融资方式。

1.3.2　中小企业融资

1. 中小企业的融资需求
第一,中小企业的财务特点。

中小企业自身规模较小,生产周期短,其资产结构上存在着流动资产比例偏高的特点,以原材料和存货最为明显。这就决定了中小企业的资金结构中,流动资金占比更高,资金周转速度更快。同时,由于中小企业利润率较低,其自有资金积累不足以维持日常经营所需,从而产生资产负债率较高的现象。

第二,中小企业融资需求的形成。

受企业的财务状况特点的影响,中小企业的融资需求主要来自于企业经营中的日常贸易活动。同时,企业为未来发展所进行的生产规模扩大,新技术研发也在一定程度上形成了对资金的需求。

第三,中小企业融资需求的特点。

(1)融资额度要求比较小。中小企业由于受其自身规模,经营范围的影响,对融资额度没有很高的需求。

(2)融资时效性要求高。中小企业一般没有稳定的市场,一旦发现商机或出现危机,会立即向金融机构提出资金需求,并要求在尽可能短的时间内得到满足。

(3)融资期限要求短,频率要求高。中小企业贷款一般为短期流动资金贷款,受市场变化影响大,贷款和办理票据业务的频率明显高于大企业。

(4)融资利率可承受能力强。中小企业大多处于成长期,存在资本的边际收益递增现象,加之可获取的融资渠道较少,使得很多企业愿意也能够承受较高的利率。

2. 中小企业的融资方式

由前文论述可知,中小企业的融资方式主要包括内源融资和外源融资;外源融资又包括直接融资和间接融资;债权融资又包括债券融资、贸易融资、租赁融资和银行信贷融资,其中银行信贷融资在中小企业融资中占有重要地位。表1-3

比较直观地反映了中小企业各种融资方式的关系。

表1-3

中小企业各种融资方式的关系

类型			具体方式	特点
内源融资	自有资金		股东入股	原始资金积累途径
			折旧、留存收益	融资成本低、风险小、但数量有限
			亲友借款	透明度和灵活性好,信息对称性较好,但利率较高
	债务资金		职工集资	交易成本较低,还款期限、方式灵活
外源融资	直接融资	股权融资	主板市场	准入门槛高,融资成本适中,资金自由度高
			二板市场	高技术、高成长中小型企业融资市场
			场外交易市场	中小企业在该市场上通过股权交易和发行新股筹资,同时也是中小企业股权整合的场所
		债权融资	公开发行债券	企业规模、信用级别要求高
			民间借贷	获取便利,成本高,管理不规范
			发行商业票据	信用级别要求高
			提供商业信用	延期付款或收取预付款
		其他	风险投资	投资于中小型高科技企业,高风险、高回报
			天使资本	投资于种子期的企业,资金用途固定,利率较高
	间接融资		银行贷款	利率较低、速度快、时间短,但难以申请
			非银行机构贷款	利率较低、速度快、时间短,但难以申请
			融资租赁	成本与风险较低,数量有限

3. 我国中小企业的融资特点

受到自身情况以及一些外部环境因素的影响,我国中小企业融资活动与大企业相比有很多独特之处,主要表现为:

(1)难以吸引投资者的注意。这是由中小企业普遍存在的生产规模小、经营风险高、易受外界环境影响等问题所导致的。

(2)融资次序上侧重内源融资。尽管规模有限的内源融资很难满足中小企业的融资需求,但现实中诸多因素都使得中小企业很难实现大规模的外源融资。

（3）外部融资方式上更依赖债务融资。由于我国外部直接融资市场体系不发达，加之企业主本身对独立所有权的要求，以及中小企业所处的经济地位、地域、环境等各方面原因，中小企业在融资方式更依赖于债务融资，尤其是银行等金融中介机构的短期贷款融资。

1.4　我国中小企业融资存在的问题

1.4.1　我国中小企业内源融资

由于市场渠道不便、自身规模较小、负债能力有限等原因，加之内源融资本身具有的灵活度高、操作方便、交易成本低等特点，我国中小企业大都以内源融资作为维持正常经营和扩大生产规模的首要融资途径。从表1-4中可以明显看出，在我国中小企业融资首选方式中，内源融资占主导地位。

表1-4

我国中小型工业企业融资方式比较①

指　标	指标状态	中小企业	成长型企业
筹资首 选方式	自有资金	48.10%	47.06%
	银行贷款	38.89%	29.41%
	引进外资或收购兼并	5.56%	0
	申请国债或其他财政投入	4.76%	5.88%
	发行股票或债券	2.38%	17.65%

尽管以内源融资为主的策略保证了中小企业产权的独

---

① 参见：中国企业评价协会、国家发改委、国家统计局、国家工商总局、全国工商联、民建中央、中国民营科技实业家协会和深圳证券交易所联合组成的《中小企业发展问题研究》课题组，《2005年中国成长性中小企业发展报告》，2005年。

立所有,却使得其很难建立起现代企业制度所要求的所有权与经营权分离的治理结构,难以取得企业的长期稳定发展。同时,内源融资所获资金也难以满足企业发展的全部资金需求,因此寻求银行贷款等外源融资成为企业寻求资金的必要途径。

1.4.2 我国中小企业外源融资

改革开放以来,我国逐步建立和完善了股票市场、债券市场、借贷市场等外源融资体系,但中小企业外源融资困难的问题仍然普遍存在,主要表现在以下几个方面。

1. 中小企业上市门槛过高

在发达国家,股票融资是直接融资中最常见的一种方式。相对于大型企业来讲,我国中小企业受企业规模、盈利时间等条件的严格限制,难以在主板市场取得上市机会。尽管中小企业板和创业板的设立为部分高新技术、高成长中小企业提供了上市融资的渠道,但绝大多数民营企业、个体工商户仍然无法通过股票市场获取资金。

2. 债券融资渠道不够畅通

在发达国家,企业在进行外部融资的时候,首选的就是债券融资,其次才是股权融资,通过发行债券来融得的资金额通常能到达股市融资的 2～5 倍。相比国外,我国债券市场的发展相对于银行信贷市场和股票市场还仅处于初级阶段。除了与股票市场类似的准入门槛高之外,还存在融资成本高,市场监管混乱等问题,使得我国中小企业几乎无法通过发行债券进行融资。

3. 对于银行贷款过度依赖

由于商业银行贷款具有速度快,期限短,利息低等特点,

我国中小企业在直接融资困难的情况下,更多地转向银行寻求资金支持,从而产生了对银行贷款的严重依赖。然而,由于企业本身、商业银行以及国家政策环境等各方面的原因(具体原因将在后续章节进行详细分析),中小企业在获得商业银行贷款时也遇到了很大困难,令当前我国中小企业融资难问题更加严重。

4. 其他融资渠道尚不完善

除了股票市场、债券市场、借贷市场以外,我国其他诸如票据市场、租赁市场、场外交易市场、民间金融等其他融资渠道都存在着不同程度的发展水平低、监管不力等问题,也为中小企业的外源融资制造了困难。

我国中小型工业企业融资渠道比较如表 1-5 所示。

表 1-5

我国中小型工业企业融资渠道比较①

指 标	指 标 状 态	中小企业	成长型企业
融资渠道	四大国有商业银行	69.05%	52.94%
	内部利润存留	16.67%	35.29%
	地方性银行、信用社	5.56%	5.88%
	股份制银行	4.76%	5.88%
	商业信用赊欠	3.17%	0
	租赁	0.79%	0
	亲朋借款	0	0

1.4.3 发展中小企业信贷业务对于商业银行的意义

根据我国当前实际情况可以得知,中小企业贷款问题是中小企业融资难发展难问题中最重要的一个方面。商业银

① 参见:中国企业评价协会、国家发改委、国家统计局、国家工商总局、全国工商联、民建中央、中国民营科技实业家协会和深圳证券交易所联合组成的《中小企业发展问题研究》课题组,《2005 年中国成长性中小企业发展报告》,2005 年。

行发展中小企业的信贷业务,不仅是为我国解决中小企业融资难提供有力帮助,对于银行本身更有着重大的战略价值和现实意义。国外优秀商业银行的成功经验表明,只有牢牢抓住中小企业信贷这个广阔市场,才能够在激烈的竞争中占得先机,把握未来。

(1)发展中小企业信贷业务是商业银行顺应国家宏观经济发展政策的具体体现,是商业银行按照科学发展观的要求在日益深化的金融体制改革和激烈的金融市场竞争环境下可持续发展的战略选择,是商业银行履行社会责任的重要内容。

(2)发展中小企业信贷业务,可以为银行开拓相对宽阔的盈利空间,培育新的利润增长点。随着银行业竞争的不断加剧和利率市场化的加快,大型企业信贷市场已经逐渐趋于饱和,相比而言,中小企业信贷市场正处于成熟壮大之中,广大的中小企业对贷款有着强烈的需求。同时,相对于大客户来说,中小企业客户在贷款市场上处于相对劣势,也为商业银行的贷款定价提供了很多上浮的区间。

(3)发展中小企业信贷业务,可以为银行改善相对脆弱的客户结构,拓展新的业务方向。按照目前国内商业银行极少数大客户占据大多数业务的经营结构来看,随着国家金融体系的逐渐开放,利率市场化改革的深入进行,商业银行在未来将面临更严酷的竞争环境,并存在大客户迅速流失的风险。因此,努力发展数量众多的中小企业客户关系,不仅可以在合作中与企业共同发展,还可以为商业银行开辟第二战场,对可能到来的风险提供可缓冲的余地。

第 2 章

中小企业贷款的开发管理

中小企业户数众多,商业银行要想取得盈利,就必须走出去,进行"扫街式"营销,方能争取到足够数量的客户。中小企业贷款的营销组织管理具有自身鲜明的特色,值得进行深入研究。

2.1 中小企业贷款的营销组织

2.1.1 中小企业贷款比较适合采取相对独立的组织体系

1. 中小企业贷款运营成本较高

在贷款的营销上,中小企业贷款有着自己鲜明的特征。一般来说,小企业贷款属于劳动密集型运作模式,贷款户数多、笔数多、单笔贷款金额低、调查难度大、管理难度大,这就造成了中小企业贷款的经营成本较高。以台州泰隆银行为例,2004 年年末,信贷人员人均负担的贷款为 2 105 万元,不到当地"四大银行"中效益良好的某国有商业银行(6 491 万元)的 1/3,每百元贷款的人力费用则为 0.63 元,是该行 0.43 元的 147%。加上泰隆是小法人机构,"麻雀虽小、五脏俱全";2004 年,百元贷款的营业费用为 1.66 元,接近该行 0.85 元的 2 倍。

2. 中小企业贷款的作业模式不同

由于中小企业贷款的信息不对称性较强,很多中小企业不能够提供经得起推敲的真实财务报表,所以中小企业调查,更多的是依靠深入企业,与业主和利益相关人面谈;走进社区和专业市场,了解中小企业主的个人信息;深入企业车间和仓库,盘点中小企业的设备与存货。贷后管理也是一样,由于中小企业的经营状况不够稳定,甚至中小企业主的流动性很强,所以对中小企业的贷后管理也更多的是依靠实地勘察。

由于中小企业贷款调查与贷后管理具有自身鲜明的特性,所以要求中小企业贷款客户经理的日常工作模式必须是"现场作业",客户经理所承担的业务量很大,工作非常辛苦。

3. 中小企业贷款所要求的激励机制不同

毋庸置疑,相对于大型企业来说,中小企业贷款具有更高的风险性,不良率相对也会较高。在这样的情况下,为了积极拓展中小企业市场,我们就必须给予中小企业贷款较高的风险容忍度,同时在绩效考核中要考虑到中小企业贷款的差异性,给予客户经理和经营支行较多的正向激励和较低的负向激励。

4. 中小企业的风险管理特征不同

从市场拓展来看,中小企业贷款客户经理不能够像大企业客户经理那样,关注大项目、运作大手笔,等客上门,而是要积极深入市场,主动向客户销售产品与服务,在微小企业贷款中,客户经理最推崇的营销方式就是"扫街、扫楼、扫市场"。

从贷前调查技术来看,由于中小企业不能够提供真实的财务信息,这就要求客户经理必须掌握以交叉检验技术为核心的"报表还原技术"和"报表自制技术",以摸清客户的真实财务信息,从而进行正确的信贷决策。

从风险管理的角度来看,中小企业贷款必须以"笔数"作为风险管理的核心,而非大企业贷款中的金额。这是因为,中小企业贷款如果盲目追求单笔贷款金额,就会造成借款人不顾风险,盲目提高贷款额度的情况。

5. 中小企业贷款对人力资源体系的要求不同

由于中小企业贷款在方方面面都具有自身鲜明的特征,所以在实践中,很多商业银行在中小企业贷款业务的拓展中,都为中小企业提供了较为独特的人力资源支撑,主要包括:中小企业贷款客户经理独特的用工机制;中小企业贷款客户经理独特的培训体系;中小企业贷款客户经理独特的薪

酬结构;中小企业贷款客户经理独特的绩效考核;中小企业贷款客户经理独特的职业生涯规划等。

从以上五个方面来看,中小企业贷款的运作与管理比较适合采取相对独立的组织结构。在实践中,中小企业贷款专业支行、中小企业贷款中心、乃至中小企业贷款事业部,都是各种丰富多彩的组织形式。

2.1.2 "离行式"的事业部组织形式

事业部制最早是由美国通用汽车公司总裁斯隆于 1924 年提出的,故有"斯隆模型"之称,也叫"联邦分权化",是一种高度(层)集权下的分权管理体制。当时,通用汽车公司合并收买了许多小公司,企业规模急剧扩大,产品种类和经营项目增多,而内部管理却适应不了这种急剧的发展而显得十分混乱。时任通用汽车公司常务副总经理的斯隆参考了杜邦化学公司的经验,以事业部制的形式于 1924 年完成了对原有组织的改组,使通用汽车公司的整合与发展获得了较大成功,成为实行事业部制的典型,因而事业部制又称"斯隆模型"。

事业部制组织结构亦称 M 型结构 (Multidivisional Structure,简称 M-form) 或多部门结构,有时也称为产品部式结构或战略经营单位。即按产品或地区设立事业部(或大的子公司),每个事业部都有自己较完整的职能机构。事业部在最高决策层的授权下享有一定的投资权限,是具有较大经营自主权的利润中心,其下级单位则是成本中心。事业部制具有集中决策、分散经营的特点。集团最高层(或总部)只掌握重大问题决策权,从而从日常生产经营活动中解放出来。事业部本质上是一种企业界定其二级经营单位的模式。

1. 中小企业贷款事业部的内涵

在实践中,许多商业银行,依照事业部运作模式,将中小企业贷款交由事业部体制运作与管理。所谓事业部的运作模式包含三个方面:相对独立的财权、相对独立的人权和相对独立的事权。

(1) 相对独立的财权是指由于中小企业贷款相对运营成本较高,所以在业务开拓初期很难做到盈利甚至是盈亏平衡,所以为了支持业务发展,必须给予事业部一定的固定资产和运营费用支持,在运营的初期阶段不进行利润考核,而把业务规模的增长作为主要的考核手段。在业务发展过程中,要给予事业部相应独立的费用支配权,用于品牌的建设与推广、产品的营销与宣传、人员的选拔与招聘等。

(2) 相对独立的人权是指中小企业贷款的作业模式以现场作业为主,贷款技术以交叉检验、报表还原、报表自制为主,而这些与大额贷款存在显著的差异。所以,在事业部的运作过程中,要给予事业部充分的用人权,在中小企业贷款客户经理的选拔、任用与退出上,事业部要有充分的自主权。在实践中,一些商业银行规定:小额贷款客户经理任期内,全行其他业务部门不得借调;小额贷款客户经理一旦解聘,全行其他部门不得二次录用,这样的做法充分体现了中小企业贷款事业部所必需的相对独立的用人权。

(3) 相对独立的事权是指为了契合中小企业贷款"短、频、急"的特征,银行方面必须最快速度响应客户的需求,最快速度完成贷款的审批流程,而这就要求事业部必须拥有相对独立的审批权。例如某商业事业部公开承诺:10 万元以内 1 天放款、30 万元以内 3 天放款;50 万元以内 5 天放款;200 万元以内 7 天放款,如此快速的渠道,没有充分的审批授权是不可能实现的。

2. 事业部内部组织结构及各部门职能说明

中小企业贷款事业部下设部门为：贷款审批委员会、贷款管理中心、市区类营销中心、县乡营销中心、专业市场中心和信息员销售平台。各部门职能如下：

第一，贷款管理中心职能。

接待客户访问；相关贷款申请资料审查；相关资料整理；客户资料录入；与客户签约；贷款档案管理等。

第二，分中心职能。

按照中心下达的任务，在辖区内展开客户营销和银行品牌宣传工作；接受客户申请；接受客户访问；进行贷前调查；制作调查报告；进行贷后管理；贷款本息回收；不良贷款清收等。

第三，审批委员会职能。

负责授权内的小额贷款审批工作，设置3名固定贷审会成员，2名备选贷审会成员。固定贷审会成员所调查的项目上会时，其表决权由备选成员担任。每次贷审会必须由3人以上成员参加，实行一票否决制。

事业部形式的组织结构如图2-1所示。

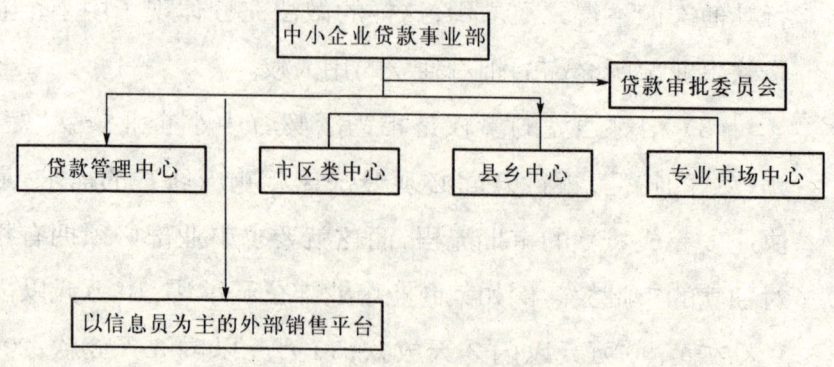

图2-1 事业部形式的组织结构

2.1.3 "在行式"的专营机构组织形式

专营机构的组织形式从原理上讲与事业部组织形式是一样的,也是针对中小企业贷款的鲜明特征,由专门的机构来专营中小企业贷款。特别是在一些规模较大的股份制商业银行,由于这些银行的业务品种较多,客户群体覆盖面较大,客户特征存在较大的差异,有些客户属于典型的中小企业,而有些客户则是大型甚至是超大型企业集团。在这样的情况下,如果将大中小客户放在同一机构内经营,由于大客户贷款额度大、经营成本低、对考核指标完成的贡献大,经营机构自然会将经营的重心放在大客户的身上,从而严重影响小客户的拓展与经营。所以,即使是从推进中小企业贷款业务发展的角度来讲,也必须采取专门机构专门经营的形式。我们以独立法人的城市商业银行为例,进行如下说明。

1. 组织结构与岗位设置

专营机构形式的组织形式如图2-2所示。

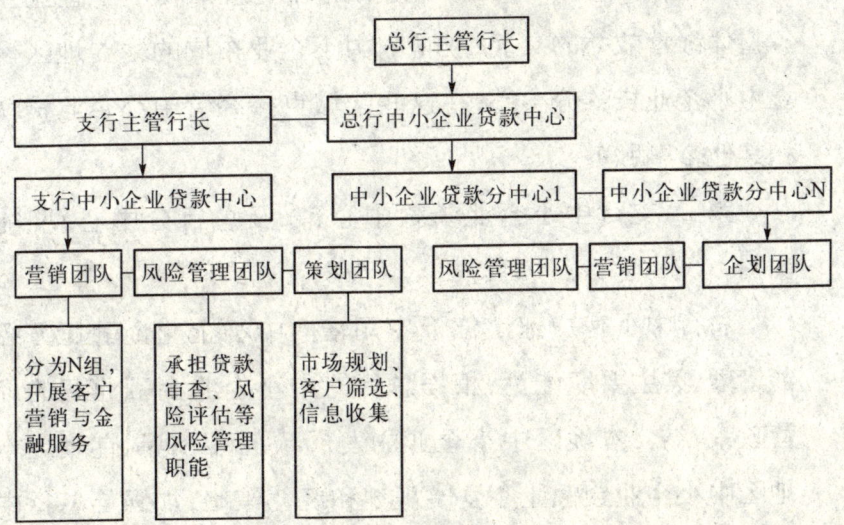

图2-2 专营机构形式的组织结构

结合中小企业贷款的特点，从专业化角度出发，必须在专业化经营理念指导下，建立专业化的中小企业金融业务经营组织和经营队伍，包括专事中小客户的市场企划队伍、客户营销队伍和风险管理人员。实施专业化分工，由专业的人员通过专门渠道、运用专业手段，开发、发展、维护和管控中小企业金融业务。

2. 各级部门职能说明

第一，总行中小企业贷款中心职能说明。

总行中小企业贷款中心负责全行中小企业金融业务经营管理。其职能定位为：负责制定并组织实施全行中小客户业务发展规划、市场定位和经营策略；建立健全全行中小企业业务经营管理制度和模式；不断开发、实施适合中小企业金融业务需求的解决方案，塑造中小企业金融服务品牌；建立和完善中小企业业务操作的监控系统和信息渠道，强化内控管理和风险控制的能力；组织建设高素质的中小企业业务的经营队伍；提升中小客户的综合贡献度，推动中小企业业务整体经营效益的实现；在辖内中小企业布局的主要地区设立中小企业贷款分中心，在这些区域直接经营中小企业贷款和其他金融服务。

第二，支行中小企业贷款中心（以及总行分中心）职能说明。

总行中小客户部定位于专司辖内中小企业金融业务经营管理，其主要职能为：根据总行对中小企业金融业务的经营政策，结合本地区中小企业的发展状况，因地制宜确定本地区中小企业金融业务发展规划和经营策略，加强与总行中小企业风险管理部门、公司银行各经营机构和运营部门的有效沟通和协作，组织推动并直接开展经营活动，提高中小企业业务市场占有率,对本地区中小企业业务的整体经营负责。

3. 主要岗位职责说明

第一,市场企划团队——主管主要岗位职责。

a. 负责所辖范围客户资源获取的有效性。

b. 收集所辖范围的中小企业金融业务市场情况,配合好总行市场企划团队的中小企业金融业务市场情况调研报告的起草。

c. 落实本团队全年的工作计划和目标,跟踪工作计划和目标的实施情况,并向总行市场企划团队汇报。

d. 负责本团队的建设和人员组织、考核。

e. 负责本团队日常工作安排及管理,与客户营销团队负责人和风险管理团队负责人保持日常的良好业务沟通。

f. 其他相关工作。

第二,市场企划团队——客户收集岗主要岗位职责。

a. 建立高效的客户收集渠道,收集和整理符合总行业务定位的客户信息。

b. 协助总行市场企划团队起草关于当地市场情况的分析报告。

c. 负责客户相关资料的录入。

d. 配合总行市场企划团队做好我行中小企业的品牌宣传推广。

e. 负责采取各种方式对中小企业的营销质量进行调查、控制。

f. 定期向总行客户收集岗汇报收集到的客户信息。

第三,市场企划团队——客户筛选岗主要岗位职责。

a. 根据筛选标准筛选出目标客户(包括授信与非授信客

中小企业贷款的开发管理

户）。

b. 负责初步与目标客户沟通。

c. 负责通过电话与客户确认有关资料，并将有效信息补充录入信息系统。

d. 定期向总行客户筛选岗汇报筛选的客户信息。

e. 完成团队统筹安排的其他工作。

第四，市场企划团队——营销安排岗主要岗位职责。

a. 负责安排客户开发人员对目标客户的首次拜访计划（客户拜访的安排要遵循及时高效，节约成本的原则）。

b. 协助客户收集/客户筛选岗处理日常事务性工作。

c. 负责对首次拜访的抽查，按照 25％的比例抽查客户经理的首次拜访记录，主要是核对开发经理是否按时拜访客户。

d. 定期向总行客户安排岗汇报安排的客户拜访信息。

e. 完成团队统筹安排的其他工作。

第五，客户营销团队——负责人主要岗位职责。

a. 对其所管辖的中小企业金融业务的各项经营指标负责。

b. 负责制订本团队全年的工作计划和目标，并及时、高效地完成任务。

c. 负责制订和实施客户开发和维护与交叉销售的营销、服务计划并组织实施。

d. 负责本团队人员的培养、考核等队伍建设。

e. 负责实施科学合理的客户经理调查制度，对客户经理收集的信息的真实性负有调查责任。

f. 与市场企划团队负责人、风险管理团队负责人保持日常的良好业务沟通。

g. 负责本团队日常工作安排及管理。

h. 协助总经理做好相关工作。

第六，客户营销团队——客户开发岗主要岗位职责。

a. 根据制订的拜访计划，准时拜访客户，并做好相应的拜访报告。

b. 负责对拜访客户进行全面了解分析，对锁定的目标客户制订持续营销计划，进行全面、有效的营销。

c. 负责为新开发的拟授信客户提供综合的金融服务，最终完成首次授信；持续管理首次授信，享有管理期间的全部绩效，并承担相应的业务风险责任；在规定的周期内将完成首次授信业务的客户资料移交给维护与交叉销售岗。

d. 负责对新开发的非授信客户做好开发当期的维护工作；在规定的期限后将仍无授信需求的非授信客户移交给维护和交叉销售岗。

e. 负责对业务助理岗协助完成的各项工作进行复核，并确保相关工作的合规性。

f. 发挥团队精神，完成领导交办的其他各项工作。

第七，客户营销团队——客户维护及交叉销售岗主要岗位职责。

a. 负责接收客户开发岗移交的客户资料，经本岗审查并确认接收后，对该类客户进行持续的日常维护和交叉销售。

b. 负责加强对授信客户全面深入、细致地了解、分析客户需求，并对现有授信业务承担相应的风险预警和控制的责任，做好交叉销售工作。

c. 对于认定为需要退出授信和退出维护的客户，制订退出计划经审定后实施。

d. 享有所维护客户产生的业务绩效、承担相应的业务风

中小企业贷款的开发管理

险责任。

e. 负责对业务助理岗协助完成的各项工作进行复核,并确保相关工作的合规性。

第八,客户营销团队——业务助理岗主要岗位职责。

a. 协助客户开发岗完成客户开发过程中需要处理的文案工作。

b. 协助客户维护岗处理客户维护与交叉销售过程中相应的文案工作。

c. 负责配合完成发放授信前的各项必要工作(如办理合同签署、产权抵质押及其他权属的登记工作、放款前的其他必要手续等)。

d. 对授信客户信息池和非授信客户信息池的管理。

e. 其他相关事务。

2.2 客户经理制建设与客户经理胜任力模型

2.2.1 中小企业贷款客户经理的特殊性分析

客户经理制起源于 20 世纪 80 年代的美国,通过专业人员对客户的专门服务,取得客户的信任、支持和协作,以达到企业价值的最大化。1997 年年底,中国建设银行在厦门分行实施客户经理制的试点,首开中国商业银行客户经理制的先河。客户经理制倡导以"市场为导向、客户为中心"的经营理念。这一制度的实施,是完善客户服务的必备手段,是实现可持续发展的必经之路。

但是中小企业贷款客户经理与大企业贷款客户经理显著不同,这些不同主要表现为:中小企业客户经理的工作量相对较大;中小企业贷款的风险较高;中小企业贷款的工作

模式主要是现场作业。由于存在中小企业贷款客户经理的特殊性，在中小企业贷款客户经理的管理、考核和薪酬激励中，必须针对这些特殊性采取针对性的措施，实施适合中小企业贷款业务的客户经理管理体制。

1. 中小企业贷款客户经理用人机制的问题

小额贷款笔数多、户数多，工作强度大，风险度高，这就要求针对中小企业贷款业务采取适合的用人机制，才能够有效促进业务的发展。在实践中，很多商业银行对中小企业人员实施"封闭管理"的用人机制，起到了良好的效果。在人员选拔上，由于中小企业贷款交叉检验的核心技术与大企业贷款显著不同，所以主要采取新招聘大学生的模式，从"一张白纸"开始，灌输小额贷款的核心理念、营销模式、管控模式和调查技术。在用工机制上，小额贷款客户经理普遍采用劳务派遣工的形式，这主要是因为小额贷款人员流动率高，不良风险的处罚力度大。

良好的中小企业贷款客户经理体制，必须建立客户经理的退出通道，有一些客户经理是由于不能够承受小额贷款的艰辛工作而主动退出的，有一些客户经理则是由于本人性情不适合小额贷款的工作模式而应该退出的，还有一些客户经理是由于形成了较高的不良贷款而必须退出的。从这个角度来看，小额贷款客户经理保持一定的流动性，是这种业务良好发展的必要机制。

2. 中小企业贷款客户经理薪酬结构的问题

中小企业贷款客户一般是分布在广大城乡的个体工商户和民营企业，对这些客户的营销最合适的方式就是类似于寿险营销的"扫街"模式，工作非常辛苦。为了鼓励现场作业、"扫街营销"，客户经理的薪酬必须按照"固定部分低、浮

动部分高"的模式设置。同时，由于中小企业贷款的高风险性，客户经理薪酬中不良处罚的力度也要加大。小额贷款客户的形态千差万别，业务需求纷繁复杂，在实践操作中，客户风险的把握、调查技术的运用，更多的是依赖小额贷款客户经理个人长期积累的工作经验，而很难找到标准化的模板。所以在客户经理的薪酬结构中，应当设置客户经理级别工资，在升降机管理模式下，激发客户经理自主学习，提升业务技能的积极性。综上所述，中小企业客户经理的薪酬计算公式为：

$$总薪酬 = 基本工资 + 客户经理级别工资 + 绩效工资（以笔数为核心）$$
$$+ 不良贷款的扣减$$

3. 中小企业贷款客户经理培训体制的问题

中小企业贷款的核心技术是交叉检验技术，广泛应用于微小客户的"报表自制"和小企业的"报表还原"。虽然经过几代中国银行人的积累，这些技术已经有了基本的框架和一些常用的方法，但是在实践中，这些技术的应用更多的是依靠客户经理自身的体会和实践工作经验的总结与积累。这就要求在中小企业贷款客户经理的培训体制上，要紧密联系工作实际，着力提升工作人员的实际操作技能。我们认为，中小企业客户经理的培养体制应该是"3：3：4"的培养模式：第一个30%用于理论学习，主要是与贷款业务相关的政策法规、本行贷款产品与管理办法、相关的财务与法律知识、主导产业的行业分析等；第二个30%是情商训练，通过沟通技能培训、野外拓展、挫折教育、时间安排等内容，全面塑造客户经理善于沟通、耐心细致、不畏艰辛、战胜困难的情商素质；第三个40%是实践技能提升，主要采取徒弟跟师傅的形式，由老客户经理做师傅,传帮带教新客户经理,让新人在具体的操作实践中,全面提升中小企业贷款的实际操作技能。

4. 中小企业贷款客户经理绩效考核的问题

小额贷款客户经理的考核应该以笔数为核心,兼顾其他方面的考核,这一点可以从以下几个方面来理解。第一,小额贷款是现场作业,无论是客户营销、贷款调查、贷款发放还是贷后管理以及不良处置,客户经理的工作模式都是深入企业和商户经营的现场作业,其工作的辛苦程度不言而喻,以笔数为核心考核,可以很好体现客户经理的工作量,是"按劳分配"的最好体现。第二,小额贷款的风险度较高,如果以金额作为考核的核心,就会诱导客户经理"放大不放小",同一笔贷款客户经理可能宁可做大额不做小额,而这样操作的结果,就很可能使贷款金额提高,甚至会超过借款人的违约成本,从而诱发不良贷款的产生。第三,绩效考核是指挥棒,通过科学合理的绩效考核指标设置,可以诱导客户经理坚持"以中小客户为主"的营销行为。

5. 案例:某商业银行以笔数为核心的客户经理绩效考核

该行客户经理的考核与绩效工资以笔数为核心,同时兼顾贷款的金额,对于较高额度的贷款采取"折效"的形式,可以换算为以 10 万元为基准的标准绩效;在笔数指标的设置上,采取了分段计价而非直线计价的模式,当贷款笔数小于20 笔时,单笔计价递增,当贷款笔数大于 20 笔时,单笔计价递减,这样做的目的就是,防止客户经理为了超额奖励,不顾个人体力与精力的限制,拼命多放贷款,从而积聚不良贷款的风险;由于客户经理现场作业,工作强度大又非常辛苦,所以专门为客户经理设置了工作补助,用于对客户经理交通、通讯和误餐等的补偿;该行将小额贷款的容忍度定义为5%,

在计算笔数不良率后,对于形成的笔数不良放大 10 倍,扣减当月客户经理的总绩效;客户经理实施分级管理,客户经理级别对应相应的客户经理级别工资。相关计算公式如下:

$$客户经理收入 = 底薪 + 业绩工资 + 补助 + 问题贷款扣减$$

$$贷款发放绩效 = 月放款笔数 \times 单笔绩效挂钩$$

$$管理组合绩效(贷后管理) = 月末贷款组合笔数 \times 单笔维护绩效 15 元$$

逾期 30 天以内的贷款,每笔扣减当月绩效工资 20 元。不良贷款指标为笔数而非金额不良率,不良率 = (月末不良贷款笔数/月末管理组合贷款总笔数) × 100%,而不良贷款是指本息发生逾期 30 天以上的贷款。当 0.5% ≥ 不良贷款指标 > 0,扣减当月绩效工资的 20%;当 1.0% ≥ 不良贷款指标 > 0.5%,扣减当月绩效工资的 40%。当 1.5% ≥ 不良贷款指标 > 1.0%,扣减当月绩效工资的 60%。当 2.0% ≥ 不良贷款指标 > 1.5%,扣减当月绩效工资的 80%。当不良贷款指标 > 2%,扣减当月绩效工资的 100%,并且停止贷款发放工作,下岗并清收不良贷款。

某商业银行中小企业贷款客户经理级别工资、某商业银行中小企业贷款客户经理补助和某商业银行小额贷款的笔数计价如表 2-1 至表 2-3 所示。

表 2-1

某商业银行中小企业贷款客户经理级别工资表

客户经理级别	准客户经理	客户经理	高级客户经理
底薪数量	1 200 元	1 800 元	2 500 元

表 2-2

某商业银行中小企业贷款客户经理补助

客户经理级别	准客户经理	客户经理	高级客户经理
补助数量	150 元	250 元	400 元

表 2-3

某商业银行小额贷款的笔数计价

月发放贷款笔数	发放金额为10万元(含)以下的单笔挂钩绩效(元)(系数为1)	发放金额为11万~15万元(含)的单笔挂钩绩效(元)(系数为1.2)	发放金额为16万~20万元(含)的单笔挂钩绩效(元)(系数为1.4)	发放金额为21万~25万元(含)的单笔挂钩绩效(元)(系数为1.6)	发放金额为26万~30万元(含)的单笔挂钩绩效(元)(系数为2)	发放金额为31万~40万元(含)的单笔挂钩绩效(元)(系数为2.5)	发放金额为41万~50万元(含)的单笔挂钩绩效(元)(系数为3)
0~2	0	0	0	0	0	0	0
3~5	80	96	112	128	160	200	240
6~8	100	120	140	160	200	250	300
9~11	120	144	168	192	240	300	360
12~15	140	168	196	224	280	350	420
16~20	160	192	224	256	320	400	480
21~30	60	72	84	96	120	150	180
31笔以上	40	48	56	64	80	100	120

6. 案例:某商业银行客户经理的考核与退出

客户经理的升降级决定于客户经理的综合考核排名,综合考核分为业绩考核部分、管理考核部分和不良考核部分,其中业绩考核部分占40%,管理考核部分占20%,不良考核部分占40%。客户经理综合考核得分＝业绩考核得分(40%)＋管理考核得分(20%)＋不良考核得分(40%)。客户经理考核结果按照强制分布原则进行排序,根据客户经理综合考核得分排名情况进行升降级,综合排名最后一名者实施末位淘汰,解除聘用关系。综合排名前20%者,在原级别基础上上升一级,综合排名后20%者,在原级别基础上后退一级。综合排名前20%,但已经属于高级客户经理者,一次性给予5 000元奖励。综合排名属于后20%,但已经属于准客户经理者,解除聘用关系。对于首次被聘任为准客户经理的新聘用人员,给予半年宽限期。

　　某商业银行客户经理考核的强制分布如表2-4所示。

表2-4

某商业银行客户经理考核的强制分布

第一组	第二组	第三组	第四组	最后一名
第一个25%	第二个25%	第三个25%	第四个25%	最后末位淘汰

　　业绩考核根据所完成的小额贷款折算笔数进行排序,第一个25%部分给予95分,第二个25%部分给予85分,第三个25%部分给予75分,第四个25%部分给予50分。笔数折算方法如下:

　　单笔贷款发放金额为10万元(含)以下的,笔数确定为1笔;单笔贷款发放金额为11万~15万元(含)的,笔数确定为1.2笔;单笔贷款发放金额为16万~20万元(含)的,笔数确定为1.4笔;单笔贷款发放金额为21万~25万元(含)的,笔数确定为1.6笔;单笔贷款发放金额为26万~30万元(含)的,笔数确定为2笔;单笔贷款发放金额为31万~40万元(含)的,笔数确定为2.5笔;单笔贷款发放金额为41万~50万元(含)的,笔数确定为3笔。

　　管理考核部分根据综合管理考核指标得分情况进行排序,第一个25%部分给予95分,第二个25%部分给予85分,第三个25%部分给予75分,第四个25%部分给予50分。

　　管理考核是对客户经理信贷规范化操作、信贷日常管理、客户经理日常行为等方面的工作情况进行综合考核。其中:客户经理基础管理考核70分;经理对客户经理的日常行为、劳动纪律等方面考核30分。两部分考核合计分数从高到低排序,作为客户经理该部分考核排名依据。

　　某商业银行客户经理的管理考核如表2-5所示。

商业银行中小企业贷款核心问题解析

表2-5

某商业银行客户经理的管理考核

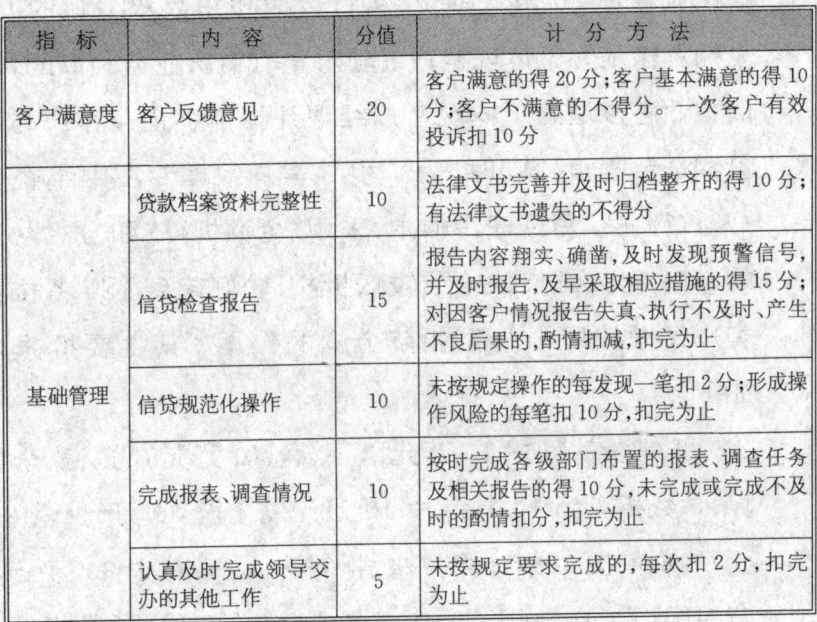

指　标	内　容	分值	计　分　方　法
客户满意度	客户反馈意见	20	客户满意的得20分;客户基本满意的得10分;客户不满意的不得分。一次客户有效投诉扣10分
基础管理	贷款档案资料完整性	10	法律文书完善并及时归档整齐的得10分;有法律文书遗失的不得分
	信贷检查报告	15	报告内容翔实、确凿,及时发现预警信号,并及时报告,及早采取相应措施的得15分;对因客户情况报告失真、执行不及时、产生不良后果的,酌情扣减,扣完为止
	信贷规范化操作	10	未按规定操作的每发现一笔扣2分;形成操作风险的每笔扣10分,扣完为止
	完成报表、调查情况	10	按时完成各级部门布置的报表、调查任务及相关报告的得10分,未完成或完成不及时的酌情扣分,扣完为止
	认真及时完成领导交办的其他工作	5	未按规定要求完成的,每次扣2分,扣完为止

　　不良考核依据笔数不良率进行,不良贷款指标为0,此项得分100分;当0.5%≥不良贷款指标＞0%,此项得分80分;当1%＞不良贷款指标＞0.5%,此项得分60分;当1.5%＞不良贷款指标＞1%,此项得分40分;当2%＞不良贷款指标＞1.5%,此项得20分;当不良贷款指标＞2%,此项得分为0分。扣减当月绩效工资的100%,并且停止贷款营销工作,下岗清收不良贷款。客户经理根据不良指标得分情况进行排序,第一个25%部分给予95分,第二个25%部分给予85分,第三个25%部分给予75分,第四个25%部分给予50分。

　　7. 案例:某商业银行考核指标对客户经理"以中小客户为主"的引导

　　该商业银行地处浙江省,地域经济较为发达,特别是中小企业和个体工商户是该行信贷业务的主要客户群体。该

行在客户经理贷款业务的绩效考核中,坚持"黄金客户＝中小企业客户"的市场地位,实行金额和户数双考核的办法。金额考核是为了体现客户经理对全行信贷业务利润的贡献,而户数考核是为了体现客户经理开拓中小企业客户的工作量和辛苦程度。同时,为了引导客户经理专注中小企业客户,该行在客户经理考核中,采用"金额折算"和"户数折算"的方法,对大额贷款给予较低折扣,较好起到了以考核引导客户经理拓展中小企业黄金户的作用。其主要折算方法如下:

正常贷款每户10万元以下(含10万元)的贷款全额计算,户数折算为1户;每户10万元以上至30万元(含30万元)的贷款按40％计算,户数折算为1户;每户30万元以上至50万元(含50万元)的贷款按30％计算,户数折算为2户;每户50万元以上至100万元(含100万元)的贷款按20％计算,户数折算为2户;每户100万元以上至500万元(含500万元)的贷款按15％计算,户数折算为4户;每户500万元以上至1 000万元(含1 000万元)的贷款按10％计算,户数折算为5户;每户1 000万元以上的贷款按5％计算,户数折算为6户。

2.2.2　客户经理胜任素质模型

1. 胜任素质模型概述

胜任素质又称能力素质,是从组织战略发展的需要出发,以强化竞争力、提高实际业绩为目标的一种独特的人力资源管理的思维方式、工作方法和操作流程。著名的心理学家、哈佛大学教授麦克里兰（McClelland)博士是国际上公认的胜任素质方法的创始人。

胜任素质主要包括以下几个层面：知识——某一职业领域需要的信息（如人力资源管理的专业知识）；技能——掌握和运用专门技术的能力（如英语读写能力、计算机操作能力）；社会角色——个体对于社会规范的认知与理解（如想成为工作团队中的领导）；自我认知——对自己身份的知觉和评价（如认为自己是某一领域的权威）；特质——某人所具有的特征或其典型的行为方式（如喜欢冒险）；动机——决定外显行为的内在稳定的想法或念头（如想获得权利、喜欢追求名誉）。

员工个体所具有的胜任素质有很多，但企业所需要的不一定是员工所有的胜任素质，企业会根据岗位的要求以及组织的环境，明确能够保证员工胜任该岗位工作、确保其发挥最大潜能的胜任素质，并以此为标准来对员工进行挑选。这就要运用胜任素质模型分析法提炼出能够对员工的工作有较强预测性的胜任素质，即员工最佳胜任特征能力。

（1）个人的胜任力：指个人能做什么和为什么这么做。

（2）岗位工作要求：指个人在工作中被期望做什么。

（3）组织环境：指个人在组织管理中可以做什么。

胜任素质模型构建的基本原理是辨别优秀员工与一般员工在知识、技能、社会角色、自我认知、特质、动机等方面的差异，通过收集和分析数据，并对数据进行科学的整合，从而建立某岗位工作胜任素质模型构架，并产生相应可操作性的人力资源管理体系。

2. 培养中小企业客户经理的必要性

小贷款的运作思路是，在没有或只有少量抵押或担保品的情况下，帮助因社会或经济不利地位而无法得到传统金融服务的经营者获得一笔小额的创业启动资金，实现"自我就

业"。这些很难得到贷款的经营者通常是农户和微小企业经营者。这些业务与其他传统的信贷业务相比具有一定的特殊性,这些特殊性也使得中小贷款业务客户经理工作内容具有其特殊性。

这些特殊性表现在以下几点①:

第一,服务对象复杂性。

中小贷款服务对象主要是中低收入阶层、贫困人口、以家庭为基础的自然人和微型企业,它们广泛存在于社会经济生活的各个层面,覆盖第一产业、第二产业、第三产业。例如,第一产业中的林、牧、渔业,第二产业中的小型采掘、微型制造、建筑业以及第三产业中的交通运输、商业、餐饮业、仓储业等服务行业。中小贷款服务对象涉及的行业多、范围广,导致中小贷款金融服务对象具有复杂性。

（1）经营涉及多种行业。

中小贷款服务对象遍及社会经济生活各个领域,且多为社会底层,如失业人员和下岗人员,以及长期从事自然农作经济的农民等。这类客户群的创业需求高,但是缺乏合作意识和社会责任感,而且他们的创业不拘于规模且目的单一,只为赚钱。因此经常会出现一个经营单位却涉及多种行业的现象。例如有一个农民,自己拥有土地,每年种地,有收成,还搞养殖。他的儿子没成家,与他生活在一起,儿子在城里跑出租车,家中还开一个小型超市。这种经营形式就是典型的中小贷款服务的目标客户群,其以家庭为经营单位涉及多种行业的经营模式直接导致了中小贷款服务对象的复杂性。

---

① 参考文献:刘洛、陈树文,《微贷客户经理工作绩效五维度结构模型之构建》,《首都师范大学学报(社会科学版)》,2011年第2期。

（2）生产与生活资料相混合。

中小贷款的服务对象绝大多数产权私有，采用最经济的家族管理模式，所有权与经营权完全统一。虽然组织结构相对简单，但是他们的生产资料和家庭生活资料混合使用，没有建立现代企业的管理制度，这一管理特点导致了中小贷款服务对象的复杂性。

（3）粗放式管理制度。

中小贷款客户的融资渠道多数是自筹或是私人借款，在市场经济中完全由市场经济规律进行调节，他们既得不到国家政策扶持，也不会占用国家资源，是游离于国家行政管理权力范围之外、有时为利益与政府管理部门进行对抗、在经营中存在一定私密性和不公开性、难以进行合规性管理的一类群体，这导致中小贷款服务对象的复杂性。

第二，服务过程复杂性。

中小贷款服务过程包括市场营销、客户调查、贷款审批、贷款发放和贷后管理五个环节，由于中小贷款服务客户的复杂性，中小贷款客户经理在整个服务过程中必须尽职尽责，持续改进。

（1）市场营销复杂性。

由于中小贷款客户群分布的广泛性和分散性，给中小贷款的市场营销带来一定难度，因此中小贷款客户经理们首先必须打破传统，应该主动走出去采用拉网式的广告宣传、地毯扫街式的营销模式去市场中寻找客户。在支农服务中，中小贷款业务要延伸到农村和城乡结合部地区，深入地头田间，开展中小贷款的市场营销。其次，中小贷款的目标客户多为低收入阶层、下岗职工、农民和小型企业，这些人群大多数文化素质较低，接受能力较差。在市场营销过程中，由于中小贷款客户群普遍缺乏相关金融知识,导致了客户经理在与客户沟通时存在一定障碍,使得目标客户的筛选工作具有复杂性。

（2）客户调查复杂性。

中小贷款客户群多数缺乏与金融机构合作的经验,因此不具备可信的长期的银行信用记录,而且由于没有具有公信力的财务报表,使得中小贷款客户经理在客户调查过程中,不仅要收集客户的生产经营信息,同时还要去了解客户的家庭生活情况,从中挖掘提取一些软信息,从而保证该案例信息的真实性和全面性。

（3）贷款审批复杂性。

中小贷款的审批过程包括内部审贷会（Inner Credit Committee,简称 ICC）和正式审贷会（Official Credit Committee,简称 OCC）。ICC 是指导性阶段,要求中小贷款客户经理对初始数据进行一系列的技术处理,同时给出改进性意见;而 OCC 是中小贷款的最高决策机构,客户经理会面临案例被 OCC 否决的风险。能否顺利通过这个阶段,不仅要求中小贷款客户经理具有良好的语言表达和陈述能力,而且对客户经理的分析判断和沟通能力也有很高要求。同时,为了达到高效审批的目的,要求审贷委员会成员不仅要有丰富的一线业务经验,还要有相关综合知识。为实现真正高效审批,内部审贷会和正式审贷会对中小贷款客户经理的陈述时间有严格限制,同时审贷会做出的决策也必须非常迅速。

（4）贷款发放复杂性。

贷款发放是中小贷款服务的一个重要阶段,是风险控制的关键环节之一。首先,中小贷款具有笔数多、金额小的特点,这也是劳动密集型行业的特点。其次,贷款的发放是中

小贷款客户经理与银行作业系统人员、中小贷款后台人员共同配合的过程。中小贷款客户经理把案例材料交付后台人员后,后台人员要按照审贷会的决策编制一系列合同。如果审贷会的决议与中小贷款客户的主观意愿不能一致,难以签订借款合同,就需要中小贷款客户经理说服客户服从审贷会的决议,最终达成一致意见。如果客户难以按照审贷会的决议落实条款,那么中小贷款客户经理将申请重新上会,说明客观事实,请求审贷会修正决策。正是由于中小贷款服务对象的复杂性,风险控制方式应依据不同客户而量体设定,因此,银行与每个客户签订的合同要素不尽相同,针对每个客户需要核实的经济资料也不尽相同。此外,由于中小贷款服务所涉及产业非常广泛,客户的担保方式也体现出多样性,需要落实决议的过程也具有多样性。

(5)贷后管理复杂性。

中小贷款的贷后管理是尽职过程中的重要阶段,这一过程是贷后的维护阶段,也是银行了解客户需求、进行业务创新的阶段。所以客户经理应定期和不定期地回访客户,分析现状,预测未来现金流,与客户沟通,了解其使用的中小贷款金融产品是否满足需求。同时,客户经理还要及时洞察不利于还款的因素,采取化解金融风险的策略和方法,进行风险预警,防患于未然。对发生还款困难的中小贷款客户,客户经理要对借款人具体经营情况进行诊断,以帮助企业疏导。以开源为主,诉诸法律是最后的选择。

第三,服务技术复杂性。

针对中小贷款服务对象的特殊性,银行要想为微小企业提供商业化、可持续发展的融资渠道,就必须创新适合微小企业特点的信贷技术,这是对传统金融理念的挑战。因此,

中小企业贷款的开发管理

提供优质高效的服务,弥补微小企业自身的劣势,需要中小贷款客户经理的独特劳动技术和商业化运作模式。

(1) 数据收集识别技术。由于大多数微小企业没有建立健全的财务管理制度,它们所建立的账务是极其简单的流水账,仅仅为了满足记录的需要。因此,客户经理不能片面地依据客户的书面账表和文件做出判断,应通过与客户进行交谈、有意识地调查获取所有数据,包括客户的财务信息和其他软信息,利用交叉审核技术检验捕捉信息的可靠性。

(2) 第一还款来源的可支配资金技术。有别于传统的信贷技术,中小贷款客户经理判断能否给微小企业发放贷款以及贷款金额多少,不取决于有无抵押或抵押物的价值,也不参照保证人的实力大小,而是根据第一还款来源,即现金流。微小企业的还款能力是中小贷款客户经理基于现金流量基础上做出的客观判断,其技术核心就在于掌握现金流,化解贷款风险的也是现金流。中小贷款客户经理把数据搜集识别技术与第一还款来源技术相互检验,证明现金流量的真实性,从而测算出合理的贷款数额,并且设计出特定的贷款期限,这不仅可以节约客户的资金成本,同时也降低了银行的风险。

(3) 不拘一格的保证方式。中小贷款技术是基于中小贷款客户的真实经营状况而设计的,抵押担保只是一种形式。中小贷款客户经理通过贷前客户调查获取财务信息和软信息,运用组织行为学和工业心理学分析客户的心理定向,判断什么物品和什么人会对贷款人的心理产生一定压力,并以此来判断客户是否具备良好的还款意愿,再结合客户的经营状况,最终确定最为便捷的保证方式。涉及因素多,特别是包含内在心理定向,反映出中小贷款技术的复杂性。

第四,中小贷款服务协作复杂性。

中小贷款客户经理全方位的金融服务是建立在与组织内部各专业事业部充分协作配合的基础上的,通过组织内部相关专业事业部提供服务才能完成中小贷款业务全部过程。中小贷款业务作为劳动密集型服务行业,在贷款整个流程中需要中小贷款客户经理与内部系统的专业岗位进行服务交换才能实现高效的内部流程化。

(1) 与后台协作具复杂性。在业务申请阶段,信贷主管要对中小贷款客户经理递交上来的申请表进行第一次评估过滤。未通过的申请存入信贷管理系统,为客户的下次申请提供参考,同时通知中小贷款客户经理将否决决定告知客户;通过的申请也输入信贷管理系统,并同时转发给负责的中小贷款客户经理,便于客户经理的下一步工作。在分析过程临近结束阶段,后台人员将中小贷款客户经理的分析数据表录入信贷管理系统,为客户建档,为审贷会准备概要,同时把审贷会上作为案例提交的客户档案返还负责的客户经理。如果贷款通过,后台就要根据审贷会的决议签订合同,并对客户提交的文件进行核查。在贷款发放阶段,后台人员核查客户档案的完整性,以及所有签字文件的真实性,在借据上记录账户号码、并在收到前台的借款回执后,将信贷发放情况录入系统中。同时,将相关重要合同及担保文件等资料存档,部分客户档案归还客户经理。在贷后监控阶段,后台人员负责每天核对并确认会计进账情况,如果发现中小贷款借款客户现金流有异常变动,后台人员会及时通知客户经理,客户经理针对借款人的情况采取合理措施,从而化解贷款风险。中小贷款客户经理就是通过这样的协作,与后台人员共同支持中小贷款业务的贷后监控。

商
业
银
行
中
小
企
业
贷
款
核
心
问
题
解
析

（2）与审贷会协作具复杂性。中小贷款客户经理与审贷会的协作是中小贷款过程中非常重要的环节。审贷会的任务是评审客户经理提供的借款客户的个人资料，与其企业经营或者个人经营相关的财务和技术信息，以及与担保有关的其他情况。审贷会可以提出任何有助于对申请做出决定的问题，并且有义务确定客户经理做出的分析正确与否。审贷会对满足一定附加条件的信贷业务予以批准，客户经理必须不折不扣地执行审贷会做出的决策。如果审贷会的决策过于苛刻，不符合客观条件，客户经理可以向审贷会申请复议，陈述理由，说服审贷会变更决议，客观、合理地做出决策。审贷会的信贷业务审批条件随情况而变，客户经理要主动与审贷会合作，负责核实并向审贷会说明各类已经满足的条件，只有落实所有条件并与审贷会达成共识，中小贷款客户经理才能拟定合同。

由上述分析可知发展一大批具有专业技能的微小贷款客户经理，使得他们成为评估那些不正规的、没有完整财务记录的小企业的偿还能力及偿还意愿的特别专家十分必要和重要。

3. 中小贷款客户经理的胜任力模型构建①

在对中小贷款客户经理的访谈和对中小贷款客户经理工作的观察分析基础上，我们总结出了微小贷款客户经理所需要的核心胜任力，主要有：管理客户和服务客户的能力，沟通能力，良好的工作心态，适应性和灵活性，协调能力，责任心，市场营销的能力，采集需求能力，独立解决问题的能力，相关财务、金融知识和信贷知识，如表 2-6 所示。

---

① 参考文献：王晶晶，《基于胜任力模型的微小贷款客户经理人力资源管理研究》，北京交通大学优秀硕士学位论文，2007 年 6 月。

表 2-6

中小贷款客户经理胜任力模型

知　识	能　力	态　度	个性和动机
A. 相关财务、金融知识 B. 信贷知识	C. 管理客户和服务客户的能力 D. 沟通技巧 E. 协调能力 F. 市场营销能力 G. 采集需求能力 H. 独立解决问题的能力	I. 责任心 J. 良好的心态	K. 适应性 L. 灵活性

（1）沟通能力。

中小贷款客户经理必须有良好的交流沟通能力。微小贷款的客户通常不具备完整的财务记录和财务报表，所以所有关于客户的财务信息都需要通过中小贷款客户经理与客户的交流来获得。中小贷款客户经理掌握的每个客户的信息是非常重要的，因为贷款的决定不仅是要基于一些"硬性条件"，也要基于中小贷款客户经理对于借款人还款意愿和经营管理能力的判断。因为没有关于客户信息的记录，这些信息都必须通过同客户的交流获得。因此，中小贷款客户经理必须要具备良好的交流沟通能力。客户经理说当地语言或者方言的能力也很重要，这样与客户交流更容易。中小贷款客户经理还必须是一个好的听众，能够发现其中的问题和矛盾。每个客户的知识面、生活爱好各有差异，因此要求客户经理以客户为中心，根据沟通对象的特点调整沟通方式。为了避免无话可说的僵局，客户经理要不断地自我学习，有多元化的知识、技能，能在沟通中发现市场、挖掘市场、培育市场。

（2）管理客户和服务客户的能力。

中小贷款客户经理要具备管理客户和服务客户的能

力。客户经理的职责之一是管理客户。客户的管理可以分为对现实客户的管理、对潜在客户的管理和对客户需求的管理三个方面。对于现实客户,客户经理必须有敏捷的市场反应能力和宽广的知识面,通过观察和思考,把握客户心理,不仅要服务热情,还应提供个性化服务、多元化服务。为了帮客户量身打造金融产品,客户经理经常加班加点,因此还需要客户经理具有奉献精神,随着市场的发展变化,将不断有客户被淘汰,同时又有许多新的客户产生。潜在客户市场的变化将决定未来的市场份额,因此,客户经理必须能进行业务拓展,要积极地进行市场调研,挖掘优质客户,主动地、广泛地接触客户,推介银行金融产品服务。要全面了解客户,细致地调查客户、客观地评价客户,对客户经营状况进行细致分析和准确把握,力争将优质客户转为现实客户。客户需求管理是客户管理的重点之一。客户经理对客户的管理就是要通过满足客户金融需求来争取客户,争取市场。因此,客户经理必须了解客户的需求,并引导需求、创造需求、满足需求。

(3) 独立解决问题的能力。

中小贷款客户经理要具备独立解决问题的能力。因为客户经理的工作大部分时间是独自面对客户,与客户进行交流和访谈,了解客户的信息,以确定是否发放贷款,发放贷款后又要对客户进行回访,对客户的还款行为进行监督。而在这个过程中,中小贷款客户经理会遇到各种各样的问题,如客户有意拖延还款,或者联络不到客户等。这个时候,就需要中小贷款客户经理就具体问题进行分析,想出解决的办法。这就需要中小贷款客户经理具有很强的独立解决问题的能力。

（4）良好的工作心态。

中小贷款客户经理要有良好的工作心态。因为客户经理的工作是要走出柜外，深入到客户中去，遭遇"目标客户"的闭门羹时有发生。所以客户经理必须有良好的工作心态。不能因为一次的接触受到冷遇就放弃，要有永不服输的开拓精神。在与客户的沟通中，能够进行引导和控制，表达清晰、有条理、有说服力，对变化做出迅速反应，调整自己的行为，遇事灵活处理，富有挑战精神，挑战自我，战胜自我，超越自我，乐观。作为中小贷款客户经理，其责任与业绩不仅关乎中小贷款机构的发展，也关乎国家经济的繁荣昌盛，因此客户经理还必须用负责任的态度去对待每一个客户。

（5）适应性和灵活性。

中小贷款客户经理要有很强的适应性和灵活性。适应性和灵活性是指能快速高效地适应环境变化，并对之做出反应。其主要行为表现有：能透过事情的表面看到潜在的问题；具有敏锐的直觉；在有不确定因素的情况下，高效地完成工作；对市场状况保持敏感性；能在复杂的情境中分析出关键的问题；具有变通能力等。比如，中小贷款客户经理必须愿意接受弹性工作时间，如有的客户习惯在早上很早就开始工作。中小贷款客户经理应当保证他们的工作计划能适应客户的生活和工作习惯。而且，中小贷款客户经理必须准备和愿意大部分的工作时间是在户外，能够适应艰苦的工作条件。客户经理要才思敏捷，善于应变，能够发现造成某个问题的原因，并加以解决，不论遇到任何问题，都能随机应变。

（6）协调能力。

中小贷款客户经理还要具备协调能力。协调能力是根据客户经理的工作分工和定位，利用自身的工作特点和长

处,融洽业务部门之间,中小贷款机构与客户之间的管理。主要表现在:能化压力为动力,在锤炼中不断进步;富有表现力和感染力;处理好组织内部各部门之间的关系;处理好客户的冲突和危机;不断地为自己设置更高的目标,努力达到目标;愿意与他人交流。客户经理全方位的金融服务必须建立在组织内部各专业协调配合的基础上,客户的许多金融需求还必须由组织内部有关专业人员具体提供金融产品和金融服务才能满足。因此,协调职能是客户经理有效开展工作的基本条件。

(7)市场营销的能力。

中小贷款客户经理要具备市场营销的能力。中小贷款机构的任务,首先就是要解决提供什么样的金融产品去满足客户的金融需求,这就要制定好产品营销策略;其次是如何把开发出来的金融产品提供给客户。客户经理是具体执行营销策略的市场营销管理人员,在金融产品营销的各个环节都起着重要的作用。客户经理的工作职责就是要将银行金融产品进行优化组合、合理配置和综合运用,积极地将新产品向新老客户推荐,从而争取更多的客户、开拓更广的市场。客户经理要善于根据不同经济发展时期的客观需要,在现有的服务方式方法的基础上不断改进,不断合理配置、优化组合金融产品服务。

(8)采集需求能力。

中小贷款客户经理要具备采集需求能力。客户经理就是要通过满足客户金融需求来争取客户,力争市场。因此客户经理必须能采集客户需求。了解客户对现有金融产品和新的金融产品的需求,分析需求的整体发展趋势和变化特点,以便为客户提供更加满意的服务。一个客户的经营管理情况如何,是否能争取成为微小贷款的客户,就要靠客户经理的调研分析,客户经理在业务工作过程中,通过市场的接触,客户的调研分析,及时掌握第一手材料。

(9) 责任心。

中小贷款客户经理要具备强烈的责任心。客户经理的职责很重大。其客户资源的多少,关系着中小贷款机构社会服务网络的纵深,关系着中小贷款机构经营实力作用的发挥,关系着中小贷款机构经营效益的提高,关系着中小贷款机构对经济建设的支持。因此,客户经理要有高度的责任感,与客户坦率交流与沟通,相互信任。

(10) 相关金融、财务知识和信贷知识。

中小贷款客户经理要具备相关金融、财务知识和信贷知识。作为客户经理,相关的金融、财务和信贷知识是必不可少的,只有熟悉这些知识,熟悉银行的金融产品,还有相关的经济法律、法规,并加以灵活运用,才能为客户提供更优质和良好的服务。例如计算现金流和资产负债表、贷款评估的经验等要在工作中积累,还要具备相关行业的基本知识,实际的知识比理论的知识更加重要。只拥有某一专业的大学学位是不够的,应对相关行业深入了解。具备了这些胜任力特质的中小贷款客户经理将能够高效地完成工作任务。

2.3 中小企业贷款的激励约束机制问题

2.3.1 授信岗位的绩效考核与激励机制问题——以某银行为例

有关中小企业业务客户经理的绩效考核问题,在上节中已经做了比较详细的论述,这里我们主要对客户经理的正向激励问题再次加以强调。从中国商业银行目前的经营实践

中小企业贷款的开发管理

来看,存款考核主要是正向考核与激励,在一些资金相对贫瘠的地区,通过各种变相手段,对新增存款的激励甚至可以达到1‰。但是,长期以来,商业银行对客户经理的贷款考核主要是负向考核,即做贷款主要是对形成不良的处罚和责任终身追究制度,而缺乏激励业务人员积极性的正向激励措施。特别是授信业务的中台,即授信审查和审批岗位,由于不能够直接面对客户营销,很难得到营销的激励,而主要是风险的处罚措施。长期这样,就造成审查人员养成明哲保身的工作行为习惯,遇到贷款审查,只要不是十全十美的,就倾向于否定项目,因为这样做对自身避免风险处罚是最优的选择。这样做的直接结果就是,第一严重挫伤了营销人员的经营积极性,营销人员很多辛勤工作都被审查环节所否定;第二在客户群中产生了一些不良影响,很多客户认为客户经理说的话不算,关键还要看审查岗位的意见,进而造成营销难度增加,甚至是部分优质客户流失。

鉴于存在以上问题,我们认为对授信岗位人员不仅要加大不良处罚的力度,甚至大力推行贷款责任的终身追究制度,还要积极采取相关措施,从正向激励角度鼓励信贷人员在控制风险的前提下,尽量从服务客户、帮助客户解决问题的角度进行贷款的审查与审批。这样的做法,其实就是从风险管控和扩大贷款业务量的角度,谋求矛盾的平衡。

在实践中,将贷款营销岗位、贷款调查岗位和贷款审查岗位作为一个授信整体,进行考核和激励是一种不错的激励体制。在这样的体制下,一个调查人员对应数个营销人员,同时一个审查人员对应数个调查人员,营销岗位、调查岗位和审查岗位互相结成一个团队,对授信业务的风险处罚和营销奖励以小组为单位落实。小组内部、各个岗位之间,应根据岗位工作的难度设定不同的岗位系数,在小组内部,处罚与奖励均根据岗位系数进行组内的分配。这样做的好处是:一是可以防止岗位之间的推诿扯皮,更好地凝结团队战斗力,形成团队内部相互负责、协同作战的机制;二是可以将不同岗位之间的利益捆绑在一起,作为营销人员,项目质量不好形成风险,自己一样要接受处罚,作为调查和审查人员,从明哲保身角度处罚,阻碍业务发展,自身的利益也一样受到损害。笔者在 2009 年年初,帮助江西某商业银行在授信业务中,推行这样的激励约束机制,取得了不错的效果,这一机制的具体内容如下。

1. 人员分类、岗位系数与考核要项

授信相关岗位人员分为若干小组,每一个小组由一个审查人员和三个调查人员组成,调查人员负责贷款的营销、贷款调查报告的撰写、所有客户要项文件的准备;审查人员负责对客户资料的完整性进行必要审查,同时负责对客户进行信用、行业、风险度等评价,并为审贷会准备必要资料。调查人员负责自己所发放贷款的收息与贷后管理工作,审查人员负责督促、协调和检查小组内调查人员的贷后管理工作。部门经理负责全面工作的计划、组织、协调与控制。

对调查与审查人员的考核分为五个部分,分别为:贷款营销考核、不良贷款与应收欠息考核、派生存款考核、工作质量考核和贷后管理考核。为提高在岗人员的风险责任意识,严防不良资产,同时设置在岗人员的风险抵押金制度。

由于审查岗位要求的技术含量较高,同时审查岗在小组内实际处于组长的地位,所以审查岗的岗位薪点系数应高于调查岗,调查岗设定为 1.5,审查岗设定为 1.8。将这两类岗位人员的薪点系数调高主要有三个原因:一是此类岗位技术

含量较高;二是此类岗位有"工作质量"和"贷后管理"考核,而这两项考核采取扣分的形式,基本不可能拿到满分,扣分较多,对岗位工资的减少也较多;三是此类岗位人员还要扣除风险抵押金,而风险设定不良率为0。

2. 贷款营销考核

不为每位信贷调查与审查人员设定贷款营销任务目标,在岗人员的营销绩效决定于实现的加权平均贷款价格,贷款价格高低作为其岗位工资的调节系数。在岗人员的营销绩效也决定于贷款的信用条件,质押优于抵押。

为激励优质贷款客户营销,给予在岗人员贷款金额的0.5‰作为贷款营销费用,营销费用由部门总经理掌握,并根据情况,按照报账制度进行调节分配,分配方案必须上报分管行长同意。

加权平均贷款价格系数和加权平均信用条件系数如表2-7所示。

表2-7

加权平均贷款价格系数和加权平均信用条件系数

基准利率以下	基准利率	基准利率上浮40%	基准利率上浮40%~80%	基准利率上浮80%以上	质押	抵押
0.8	1.0	1.05	1.1	1.15	1.1	1.0

3. 不良贷款与应收欠息考核

为严控不良贷款的出现,2010年度的不良贷款率设定为0,出现不良贷款的放大10倍,按照(1—不良贷款率×10)调减岗位工资;出现应收欠息的,按照欠息的5%扣减工资收入。岗位工资的调减和欠息工资的扣减,调查与审查人员同时都有,即出现不良与欠息,该笔贷款的调查与审查人员同时扣除。

4. 派生存款考核

派生存款考核激励在岗人员提升贷款的派生存款比例,

尽量提高贷款客户对我行的综合贡献率。由于派生存款源自于贷款,所以要降低派生存款的计价,对于机关部室人员,普通存款的计价为 1‰,所以可将派生存款的计价降为 0.5‰。派生存款绩效奖金由部门总经理根据具体情况进行分配,分配方案必须报主管行长同意。

5. 工作质量考核

调查与审查质量是决定全行信贷决策质量的重要保证,也是防范风险和杜绝不良资产的基础。对调、审查人员的工作质量考核总计 100 分,分为:调查报告规范性考核 10%(是否严格按照调查报告的格式要求撰写调查报告)、调查报告的真实性考核 60%(是否如实了解客户真实信息,有无虚假填写相关信息情况)、调查报告的逻辑性考核 15%(调查中所采用的方法是否正确,得出的分项调查结论与提供的客户信息资料是否一致)、调查结论的科学性考核 15%(所得出的授信结论是否科学合理)。

工作质量考核由审贷会成员在每次审贷会中针对每份调查报告给出结论,总分 100 分,只有扣分没有加分。工作质量考核的结果作为调整调查、审查人员岗位工资的重要依据。由于调查与审查环节具有不可分割性,所以这种调整对调查与审查人员同时进行。

6. 贷后管理考核

贷后管理考核主要考核在岗人员是否严格按照总行贷后管理的相关规定,对已发放贷款进行规定频率的严格检查,并对发现的问题进行即时预警、汇报并采取相应应对措施,考核结果作为在岗人员岗位工资调整的重要依据。贷后管理考核总计 100 分,分为:检查频率考核 15%(是否按照总行相关规定进行标准频率检查)、贷后检查报告质量考核

15％(是否按照总行规定撰写高质量贷后检查报告)、即时预警考核 30％(是否第一时间、最快速度向相关领导与部门报告检查中发现的问题)、即时措施考核 40％(是否第一时间、最快速度采取权限内能够采取的必要措施)。

7. 风险抵押金的设置与管理

调查与审查人员是全行风险管理的一线,为严控风险,必须对相关人员设置风险抵押金,按照在岗人员(包括部门经理)薪酬总额的 5％提取风险抵押金,风险抵押金的冻结周期为 3 年,即:3 年以后,若第一年度贷款未发生不良,解冻相关风险抵押金,并双倍退还已经解冻的风险抵押金(相当于多 1 倍的奖励,但是只要出现一笔不良,即扣除全年抵押金),以后年度据此顺延。

8. 相关人员的薪酬构成

按照此考核办法,相关人员薪酬结构的计算公式如下:

调查、审查人员薪酬＝基本工资＋基本岗位工资×薪点系数×加权平均贷款

价格系数×加权平均信用条件系数×(1－不良贷款率×

10)×工作质量考核得分÷100×贷后管理考核得分÷

100×本部门考核分值÷100＋派生存款绩效奖金(此部

分由部门经理根据具体情况进行分配)(派生存款日均×

0.5‰)＋贷款营销费用结余(此部分由部门经理根据具

体情况进行分配)(营销贷款金额的 0.5‰)＋绩效奖金

(与全行其他人员相同,即:存款日均的 1‰)＋营销费用

结余(与全行其他人员相同,即:提取存款日均的 4‰)＋

年终奖－应收欠息×5％＋相应年度风险抵押金的解冻

返还

其中:加权平均价格系数＝$\sum$(每笔贷款金额÷贷款总金额)×该笔贷款价格

$$加权平均信用条件系数 = \sum(每笔贷款金额 \div 贷款总金额) \times 该笔贷款是$$

何种抵押 $\div$ 质押形式(即:抵押系数为 1.0,质押

为 1.1)

2.3.2 经营支行的绩效考核问题

从目前情况来看,中小企业贷款的营销组织形式主要是
两种:一种是专业事业部的组织形式;另一种是专业支行的
组织形式。

在实践中,也有一些商业银行没设立专门的经营机构,
而是将中小企业贷款业务分散在原先的各个经营支行,将中
小企业贷款业务与这些支行的其他业务混合经营。作为经
营支行,在经营初期,中小企业贷款显然是"出力不讨好"的
苦差事,中小企业贷款经营风险大、经营成本高、占用的人力
资源多,这就很难保证经营效果。

这说明,无论采取怎样的组织结构形式,为了鼓励中小
企业贷款业务的发展,特别是在中小企业贷款经营的初期,
应该在绩效考核和激励机制的基础上,给予中小企业贷款业
务宽松的风险处罚和更加宽松的营销绩效奖励,只有这样才
能够激励此类业务的快速发展。下面以某商业银行为例,其
激励中小企业贷款业务发展的主要措施如下。

1. 调整绩效考核中的风险权重

对于贷款主体符合标准定义的小企业,单户授信总额
500 万元以下和企业资产总额 1 000 万元以下;或授信总额
500 万元以下和企业年销售额 3 000 万元以下的各类从事经
营活动的法人组织和个体经营户贷款,可在绩效考核中的风
险权重调整为 0。对于贷款主体符合行内标准定义的中小企
业贷款,在绩效考核中的风险权重调整为 40%。

2. 设定中小企业信贷专用额度

由于 2010 年监管部门将继续完善风险监控,对各类风险管理的监管要求以及监督检查都将更为细致和频繁,对银行资本充足率、风险拨备和贷存比要求将不断提高,因此信贷紧缩是必然趋势。为了推动中小企业金融业务的健康快速发展,建议银行专列信贷规模预算用于投放中小企业,防止大客户信贷挤占中小企业信贷规模的情况发生。

3. 加大客户经理中小企业贷款奖励力度

在客户经理考核上,加大对中小企业支持力度,在中小企业贷款模拟利润加成计算中,对符合规定的小企业客户,贷款模拟利润按 2 倍计算,对符合规定的中小企业客户,贷款模拟利润按 1.5 倍计算。同时,在对机构经营业绩考核上,将中小企业风险资本系数从 0.7 调整到 0.4,小企业风险资本从 0.7 调整到 0。

4. 分离设立中小企业贷款的风险容忍度

在严格防范道德风险和操作风险的基础上,给予中小企业信贷业务一定的风险容忍度,设定中小企业信贷业务的不良率容忍度为 3%,即中小企业信贷业务不良率控制在 3%(含)以内的分(支)行,除道德风险和操作风险产生的问题外,原则上不追究经营管理者责任。对超过 3% 容忍度的分(支)行,总行将调整相应业务经营范围。

5. 建立中小企业法人贷款业务不良跟踪控制机制

建立中小企业法人贷款业务不良率跟踪控制机制,从业人员应严格按照本单位对从业人员的尽职要求,合规、尽责、勤勉地履行工作职责,防范和控制由于工作不尽职引发的操作风险。在发展业务的同时,有效控制风险,稳健开展小企业金融业务。

2.3.3 案例:江苏银行淮安分行中小企业贷款中的"四独立"①

小企业贷款不仅风险难把握,管理成本高,责任大,而且工作见效慢,在银行常规的以存款、贷款规模和利润为中心的考核机制下,作为经营性支行,会注重傍大客户、抓大项目,一般不愿意发展小企业、小贷款。而淮安分行通过建立独立的小企业工作团队、独立的审批机制、独立考核体系和独立的贷款担保方式,从主观上解决了小企业贷款难问题。

1. 设立了独立的小企业团队和服务几大市场小企业主的专业支行

分行共组织了8个小企业贷款走访调查小组,深入160多家企业,了解其生产经营情况和资金需求情况,其中当前有资金需求的企业140多家,有90%基本符合贷款条件,及时获得了贷款资金。

2. 建立了独立、高效的小企业贷款审批机制

分行成立了专门评审小企业贷款的审贷小组,建立了独立的小企业贷款审批机制。有的小企业贷款项目只需3个工作日就能完成贷款受理、调查、审查、审批和发放等五个环节。

3. 建立了独立的小企业贷款考核机制

首先,该行提高了小企业不良贷款容忍度,并按照尽职免责原则,对无个人责任的不良贷款免除责任追究;其次,实施独立的小企业贷款绩效考核,即在正常考核存款、贷款和利润指标的同时,对小企业贷款指标单独下达任务,并严格

---

① 参见:http://www.zgjrw.com/News/20091110/index/578556222700.shtml。

考核。

4. 推出了独立的小企业贷款担保方式

该行在做好传统的房地产抵押担保贷款、担保公司担保贷款等小企业贷款业务的同时,近期又针对小企业推出、推广了存货滚动质押贷款、企业主个人联贷保证贷款和中小企业联贷联保贷款。新的小企业贷款产品或者新的贷款担保方式的推出,大大拓宽了小企业贷款担保渠道,有效化解了小企业贷款担保难题。

2.4 中小企业贷款的产品政策和客户政策

2.4.1 实施产品政策和客户政策意义

在信贷业务中,产品是载体、客户是目标。无论是从拓展业务的角度,还是从控制风险的角度,实施产品政策都是可持续发展中小企业贷款业务所必需的。

1. 循序渐进的产品政策

从收益角度看,有些产品的收益高,而有些产品的收益低;从风险角度看有些产品的风险高,而有些产品的风险低;从风险与收益的平衡角度来看,较高收益的产品其风险度一定较高,而较低收益的产品其风险度也会较低。实施高效的产品政策,就是为了在获得一定收益的情况下,尽量压低经营风险,在风险与收益之间求得较好的平衡。

一般来说,质押类别产品的风险低于抵押类别,担保类别产品的风险高于抵质押类别;期限较长产品的类别高于期限较短类别。当然,各类产品的收益又与其风险度呈现出负相关关系。在实际经营中,特别是在中小企业贷款业务发展的初期,应该本着循序渐进的策略,先经营风险较低的产品,待到经验丰富与完整之后,再逐渐经营风险较高的产品。例如,在抵质押类别的产品中,产权清晰的房产抵押是最好的抵质押品,此类产品的经营既可以保证一定的收益性,又可以通过抵质押品的变现而实现资产的安全。同样是在房产抵质押产品中,住宅类抵押物就优于办公房抵押物,而办公房抵押物又优于厂房类抵押物,还有风险由低到高的区分。在保证方式的选择上,房产类抵押物就明显优于担保公司的担保,而在担保公司的选择上,政府担保公司就优于民间商业担保公司,也是一样的道理。所以,实施循序渐进的产品政策,是发展中小企业贷款重要的经营模式。

2. 有所为有所不为的客户政策

从客户角度来看,同样是中小企业,由于其所处的生命周期阶段不同,客户本身的风险特征也是不一样的。企业和人一样都是有生命周期的,企业的生命周期一般分为四个阶段:初创期、成长期、成熟期和衰退期。从现金流角度来看,企业在四个阶段所表现出的特征是不一样的:初创期的企业,由于投资规模较大,而企业的产品与服务可能还没有获得市场的认可与接受,所以企业的现金流一般是负数;成长期的企业,企业的产品和服务正在迅速获得市场的认可与接受,企业的市场占有率正在迅速提升,但是由于持续的投资惯性,企业的现金流可能还是负数;成熟期的企业,企业的产品已经获得了比较高的市场接受程度,其市场占有率已经达到了比较高的水平,这时候企业大规模的扩张性投资也已经基本结束,企业已经成为一个现金流充裕的"金牛"型企业;而衰退期的企业,企业的产品已经进入被新产品逐渐替换的阶段,市场占有率日趋下降,这时候现金流正开始逐渐由正转负。

对于银行来说,"流动性、安全性和收益性"中,首要的是安全性,从这个角度出发,中小企业贷款业务应该积极进入产品有市场、发展有潜力、现金回流比较充分的企业,而对一些产品虽然技术含量较高、创意较为新颖,但是还没有被市场所广泛接受的新企业,银行应当采取积极关注而审慎介入的经营模式。

在我国以政府为主导的市场经济的经济环境下,那些围绕政府而发展的中小企业,能够获得政府政策甚至是资金的支持,也应该成为中小企业业务发展所积极关注的对象。例如,一些政府园区内的企业,政府为了支持其发展,往往通过土地使用、税收返还、信用担保、政府采购等形式,给予这些企业明确的支持。在拓展这些企业贷款业务的时候,政府往往可以运用自己的渠道,为银行征信待查、企业监管和不良清收等工作提供有力的支持,所以这些企业理应成为重要的客户资源。

产业集群因素也是在确立中小企业客户政策中所必须考虑的重点因素。所谓产业集群是指集中于一定区域内特定产业的众多具有分工合作关系的不同规模等级的企业与其发展有关的各种机构、组织等行为主体,通过纵横交错的网络关系紧密联系在一起的空间积聚体,代表着介于市场和等级制之间的一种新的空间经济组织形式。在产业集群内,往往有处于龙头地位的核心企业,而核心企业一般是实力强、信誉好的优质企业,很多企业都是大型国有企业集团甚至是上市企业。对于围绕这些核心企业生存与发展的中小企业,由于其处于核心企业产业链的上游或是下游,与其发生业务往来的主要是这些优质的大型企业,所以银行往往可以通过巧妙的产品设计,通过信用增级的形式,用优质大企业的信用覆盖(增级)中小企业的信用,使得本来不具备授信资格的中小企业获得轴心的支持。这些年风行的贸易融资,特别是付款人为大企业的应收账款质押融资,就是这种支持中小企业形式的具体体现。

总体来看,为了持续推动中小企业贷款业务的发展,在客户的筛选上,必须采取有所为、有所不为的客户政策,选择适合自身信贷业务特征、符合国家产业结构发展方向、自身较为稳定成熟、能够获得政府支持的客户,积极拓展中小企业贷款业务,而不是急躁冒进、为利涉险,在中小企业贷款业务的发展中,要循序渐进,有所为、有所不为。

3. 案例:某银行中小企业贷款业务的产品政策

总体原则:大力拓展标准化房产抵押类、政策性担保公司担保类授信业务,重点支持还款来源可靠性强的应收账款质押类授信业务,积极探索发展科技型中小企业的创新业务;重点发展表内业务,把表外业务作为对优质客户的增值服务和中间业务的收入来源,在表内业务的基础上有条件、有选择地给予一定配比;重点开展流动资金贷款业务,谨慎介入中小企业固定资产项目贷款。

(1) 标准化房地产抵押类业务。

房地产抵押类流动资金贷款、法人按揭、中长期房地产抵押贷款。标准化房地产抵押以抵押房产作为主要风险控制措施,除去个案因素总体来看该类业务的风险主要来自于房产市场的系统风险,而房地产市场的系统风险因素主要取决于金融环境、经济波动和突发事件。该银行所在城市房地产在经历了 20 多年的发展,尤其是近 10 年的高速发展,已形成市场化程度较高、规范化程度较强的房地产市场,房地产作为我国经济发展的重要产业之一,对宏观经济发展起到

巨大作用,且牵涉面较广,因此从长远来看,房地产市场的将趋于越来越成熟、稳定,房地产市场的长期向好是此类授信业务的前提之一。在具体操作中,经营单位在落实抵押物的同时,要兼顾企业自身的还款能力及对抵押物价值、变现能力的审核。

a. 房地产抵押类流动资金贷款。

作为一项标准化程度高的授信产品,应重点审核信贷用途,强化对抵押物评估管理和动态管理。在抵押物的选择上,重点支持住宅商品房、商业用房、办公用房、市级工业园区内的标准厂房和物流仓库。

b. 法人按揭。

支持有稳定经营收入的中小企业购置自用房产的按揭贷款,鼓励以房地产开发贷款项目、工业园区招商引资项目为该业务的介入点,批量化地开展业务。

c. 中长期房地产抵押贷款。

支持经营模式稳定、未来现金流可期、发展前景良好的中小企业以房产抵押方式的中长期流动资金贷款,尤其是以有稳定经营收入的抵押房产的租金收入作为主要还款来源的中长期抵押业务,对该类业务,主要侧重抵押房产的租赁对象、租约状况的可靠稳定程度。

(2) 政策性担保公司担保类业务。

大力加强与区县政府、财政的合作力度,联手支持中小企业发展,充分发挥政府风险抵补担保对中小企业的信用增级作用,通过以各区级财政性担保公司、政府担保基金和其他一些经过资格审核的商业担保公司为平台的风险分担方式,增强授信业务的风险保障程度,同时获取好的授信客户资源。积极用足核定的财政性担保公司的担保额度,优先支持各区县政府纳入地区特色及优势产业中的龙头企业和成长型科技企业,培养并形成一批经济效益好、诚信程度高、抗风险能力强、具有区域特色和产业集群优势的优质成长型中小企业客户。

(3) 应收账款质押类业务。

支持以付款能力强的核心企业的应收账款回笼、已签订销售合同或购货订单履约后的货款(或未来应收账款)为还款来源的供应链融资业务,该类业务侧重于买卖双方的合作历史、卖方同类产品的履约经验、买方的支付能力。重点支持应收账款或未来应收账款的付款人具有以下特征的质押业务:

a. 跨国公司等实力型企业或国际采购中心。

b. 纳入各级政府采购、政府公共服务外包支付项目的买方。

c. 为国家级及市级重大项目配套的项目主体。

d. 该行当年对公信贷投向中积极支持的授信行业中的大中型企业。

(4) 科技型中小企业创新业务。

积极探索科技型中小企业的信贷支持方式,通过与政府、园区、股权投资机构、创业投资机构等合作,创建新的合作模式,建设新型合作平台,通过风险共摊、信息共享、利益互补等手段,获取企业信息,提高对企业行为的监控,并以此作为拓展科技型中小企业的有效渠道,批量开发科技型中小企业业务,从而建立银、政(政府、园区、投资机构)、企之间新型业务合作模式,确保业务健康、可持续发展。在具体业务方式上,可在建立上述合作平台的基础上,综合运用科技贷款补贴、项目资助、财政担保、投贷联动、专家咨询、知识产权

质押、股权质押、科技保险等途径,丰富担保方式和风险缓释手段,实现适应科技型中小企业经营模式和融资需求、风险收益匹配的金融服务方式。

4. 案例:某银行中小企业贷款业务的客户政策

中小企业授信客户的选择应侧重产业集群化效应,借助政府、园区、供应链、与政府关系密切的优质小贷公司、优质的商业性担保公司等渠道获取批量化的客户群体。

(1) 鼓励支持以下类型客户:

a. 市级以上开发区、特色工业园区、创新园区中的优质中小企业。

b. 各区县政府纳入地区特色及优势产业的、有稳定经营收入的中小企业。

c. 各区县政府通过产业基金、担保公司、税收补贴等方式倾斜支持、鼓励的中小企业。

d. 获得政府采购、政府公共服务外包项目的中小企业。

e. 为大型企业集团和知名跨国公司配套,购销渠道落实,并已建立稳定协作关系的上下游产业链上的中小企业。

f. 国内外知名品牌 PE、VC 等风投企业重点、持续投入的高成长型中小企业。

g. 能提供足值房地产抵押担保的中小企业。

对于科技型中小企业,围绕政府产业结构调整的相关战略,确定的九个重点领域,积极支持新能源、民用航空制造业、先进重大装备、生物医药、电子信息制造业、新能源汽车、海洋工程装备、新材料、软件和信息服务业等重点领域的科技型中小企业的信贷需求以及节能减排的融资需求,从科技型企业所处的不同发展阶段判断可能的还款来源,并结合适用的产品考虑不同的授信方式与准入要求。

（2）重点支持具备以下特征的科技型中小企业。

有科研开发能力、拥有自主技术、知识产权和品牌、在一定领域有较强竞争力，且在产品生产、技术与销售方面具有一定成熟度，已形成产业化经营规模，能产生持续现金流量和盈利，销售达到一定规模并趋于稳定。对于上述重点支持客户，鼓励按市场化的条件、以科技企业的创新业务方式开展信贷支持。

（3）支持具备以下特征的科技型中小企业业务。

未具备重点支持的科技型企业的特征，但由政府相关部门（包括市高转中心、火炬中心等）重点推荐，同时销售虽未达到一定规模，但已有科技成果转化项目，项目已投产并已实现一定销售收入。对于此类客户，需提高风险缓释措施，以产品政策中传统产品方式为主开展授信支持，并可通过增加新型担保方式适当的增加抵押成数、降低政策性担保公司担保敞口的担保要求。

（4）审慎介入以下类型中小企业：

a. 资产负债率高、销售资金回笼缓慢，现金流不稳定。

b. 产业属于传统劳动密集型，行业准入门槛低且在行业内无特色产品，市场竞争力较弱。

c. 企业主要经营管理者行业经验较浅、个人信用记录较差。

（5）禁止准入以下类型中小企业。

与国家产业政策相抵触或没有达标的，仍在采用列入被淘汰名录的旧工艺、旧技术的中小企业；环境污染严重、存在安全隐患的中小企业；五级分类结果为后三类的中小企业；企业业主或关键控制人在历史上有过重大不良品格记录的中小企业；重大不良品质记录包括但不限于：曾在中国人民

银行公布逃废债企业名单、银监会不良客户清单以及在中国人民银行征信系统中有不良贷款记录的企业担任过负责人个人从业经历中有破产行为并且有逃废银行及社会债务的，或者其他恶意欠债行为(含信用卡恶意欠债行为)等；有恶意偷税、逃税记录；被公安机关行政处罚或因触犯刑律被刑事处理的；有赌博、吸毒记录的；其他表明企业主或关键控制人的重大不良品质的情形；存在虚假注资或非现金出资部分价值明显虚增的中小企业。

第 3 章

中小企业贷款的贷前调查研究

中小企业财务信息严重失真,对客户承贷能力和风险程度的把握非常困难,创新和优化适合中小企业贷款的贷前调查技术,是控制贷款风险的重要手段。

3.1 中小企业贷款决策中的几组重要关系

3.1.1 违约的三个层次分析

1. 违约的三个层次分析

对贷款信用风险的分析集中在违约可能性的分析和在此基础上违约概率的测算。违约的可能性取决于借款人各种情况下进行违约的主客观行为因素,而违约概率的计算主要是在现代统计技术的支持下,在量化各种违约因素的基础上,利用各种统计分布模型具体测度违约的概率。

传统的分析方法在判断违约可能性的时候,往往是将违约可能性的决定因素归结为能够获得同时能够量化的财务因素,利用各种财务指标的计算和动态变化来判断借款人违约的可能性。这样的方法对于大企业贷款(大额贷款)是有一定适用性的,但是对于小企业贷款的适用性显然很弱,这是因为小企业贷款的财务数据经常有很大的不确定性和失真性,进行违约可能性判断的基础数据不能支撑我们做出正确的违约可能性判断。而这也提示我们对中小企业违约可能性的判断不能简单依赖财务数据。

一般来说,借款人违约会有三个层次[①],如图 3-1 所示。

第一层次是客观违约。这是指借款人并不是主观上愿意违

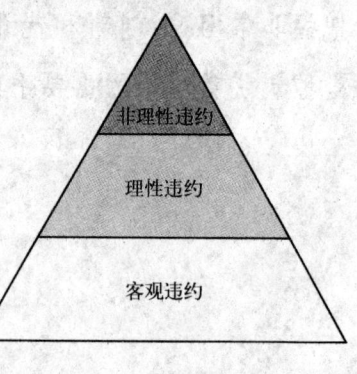

图3-1 违约的三个层次

非理性违约

理性违约

客观违约

---

① 参见:吴劲军,《抵押贷款违约可能性判断的三层分析框架》,http://www.doc88.com/p-94659907783.html。

约,而是由于经营环境出现了重大变化,或是经营过程中出现了重大错误,造成企业经营出现困难,各项经营指标严重下滑,主要财务数据严重变坏,进而导致企业还款能力出现严重下降的情况。在这种情况下,即使企业不想违约,但是第一还款来源也已经出现了重大问题,企业很有可能不能够依赖经营现金流实现正常的还本付息。

第二层次是理性违约。所谓理性违约,是指借款人通过理性的成本收益核算发现,违约所得到的收益大于违约所要承担的成本,所以即使这时候借款人具有充分的还款能力,他也有可能受到违约利益的诱惑而实施违约行为。

第三层次是非理性违约。所谓非理性违约是指借款人在具有较好还款能力的情况下,在计算了违约收益后发现违约收益小于违约成本,但是由于法律制度的缺失或是社会文化的缺陷等因素,借款人依然不履行贷款合同,实施违约行为,属于恶意的主观违约。在社会信用缺失、社会文化蜕化、社会道德沦丧的情况下,发生非理性违约的可能性较大。

在三个层次的违约中,第一层次的违约是最常见的,也是正常的客观违约,杜绝这类违约的根本在于银行在信贷调查前,要对客户的还款能力、经营能力、产品竞争力、宏观经济环境、行业发展周期等情况进行详尽的尽职调查,由此判断借款人动态的还款能力,并提出安全性较高的授信方案。第二层次的违约比较少见,因为违约收益大于违约成本的情况一般只会在信用贷款的情况下出现,而银行信用贷款是很少的,即使是信用贷款一般也会放给信誉度很高的企业,但是在某些特殊的情况下(如在高通胀引起的利率倒挂、抵质押物价值严重下降、社会法律环境纵容等),也会出现这种违约。防止这种违约的方法是,产品设计上要引入较高的违约

惩罚机制,抵质押物要选择价值稳定的标的等。第三种情况的违约情况在社会信用环境很差的改革开放初期是比较常见的,那时候很多借款人在借款之初就没有准备还款。但是这些年来,随着改革开放的深入,中国经济的高速发展以及社会信用环境的优化,这样恶意逃废银行债务的情况已经比较少见了。

从以上三种违约的分析我们可以看出,如果我们能够显著提高借款人的违约成本,大大提高借款人的违约损失,我们就很有可能抓住信贷决策的关键,进而有效控制信贷业务的风险。在下一节中我们将要论述,提升违约成本,使得借款人的违约成本远大于借款金额,就能大大降低借款人违约的可能性。

2. 案例:利率倒挂情况下理性违约的产生①

利率倒挂,历史上一度使取得信用借款的借款人也没有还款动力。实行商业化改革以后,我国执行的是基准利率与浮动利率相结合的利率制度,1999 年 6 月 1 日,中国人民银行公布的 1 年期流动资金贷款利率,存在明显利率倒挂现象:规定基准利率为 5.85%,中小借款人可最高上浮 30%,即执行 7.605%,而不良贷款利率为 7.56%。对中小借款人来说,贷款逾期、呆滞甚至呆账比正常贷款支付更少的利息,所以说在 1999 年 6 月 1 日至 2001 年 6 月 1 日,我国利率市场上一直执行这种倒挂的利率,我们在非强制条件下,讨论的借款人主动还款情况不存在。借款人不存在还款动力,借款人主动违约。当然,在这种情况下,借款人也不愿意办转贷手续或任何形式的借新还旧,甚至还希望贷款早日到期被

---

① 参见:刘淑贞,《借款人还款意愿及政策激励》,《辽宁大学学报》,2003 年 11 月。

转入不良贷款。因此这一段时间以来,中国商业贷款人的不良贷款不断上升,特别是在向资产管理公司剥离以后不良贷款的只升不降,这也是其中的一个原因。

3.1.2 违约成本与贷款金额

1. 提升违约成本是降低违约率的关键

古典经济学的基本假设之一是人的理性,即假设"人之初,性本恶",每个人都是理性的,在行为之前都要测算这种行为的成本收益,当收益大于成本的时候它就会实施这种行为,当成本大于收益的时候就不会实施这种行为。信贷关系中的借款人也是一样的,当借款人发现违约成本较低,特别是违约的总成本远远小于其贷款金额的时候,就会实施违约。当违约总成本大于贷款金额的时候,就可能不会违约。

在信贷调查中,判断借款人的违约成本是重要的调查内容。所谓违约成本是指借款人违约所要承担的各种经济的和非经济的损失之和,主要包括:抵质押物的损失、违约罚息、自身信誉的损失、担保人担保损失、法律制裁损失、来自于社会方方面面压力造成的心理损失等。但是对于中小企业贷款来说,获得借款人的真实信息是非常困难的,这是因为中小企业普遍缺乏信息披露的相关约束和渠道,特别是中小企业的财务信息存在严重失真的问题。在实践中,国内中小企业融资先进银行,纷纷打破依赖财务信息判别企业违约成本和违约概率的约束,更多的通过现场查访和利益相关者评价的方法来获得针对中小企业的更多有用信息。

在信贷决策中,如果能够在信贷产品的设计上或是在交易结构的安排上,设置某些机制用来提高借款人的违约成本,就有可能大大降低借款人的违约概率,降低资产损失。抵质押物的设置其实就是一种提高借款人违约成本的机制,当借款人不能够守约还贷的情况下,银行方面将会处置抵质押物,实施资产保全,进而提高借款人的违约成本。

设置保证人担保也是一种提高违约成本的手段,当借款人不能够按期偿还贷款本金和利息的时候,担保人作为第二还款来源,必须代偿银行贷款,而担保人之所以为借款人担保,要么是为了获得担保费收入的商业行为,要么是因为保证人与借款人是紧密的利益相关者,无论是哪一种情况,担保人均能够运用自己与借款人的紧密联系形成对借款人的牵制机制,造成对借款人的压力,进而提升借款人的违约成本。商业担保公司会要求借款人提供反担保,在自身代偿银行债务的情况下,会处置借款人的反担保物,紧密的利益相关者,或是借款人的上下游关系企业,或是与借款企业控制人有着某种利害关系,他们可以通过业务交易、应收应付关系、甚至是血缘亲情关系来约束借款人的违约行为。

即使是在纯信用贷款的情况下,违约成本与贷款金额的这种关系,也是进行信贷决策的重要依据。当违约成本远大于贷款金额的情况下,即使是纯信用贷款,借款人违约的可能性也是很小的。例如,某商业银行一直给予蒙牛乳业在当地的总经销 100 万元的纯信用贷款,此授信业务属于随还随贷,已经滚动使用多年,从未出过不良情况。这家总经销是一家贸易型的小企业,根本不能拿出合格的抵质押品,但是他的生意 1 年的流水有上亿元,纯利润有 120 万元。另外,作为蒙牛乳业的地区级总经销,还必须在蒙牛乳业上存 100 万元信誉保证金。在这样的情况下,如果借款人违约,其所承担的最低违约成本就是保证金 100 万元加年净利润 120 万元,也就是 220 万元,由于 220 万元违约成本远远大于 100 万元贷款金额,所以在正常情况下借款人是不会违约的。笔者 2009 年中在广东东莞调研某商业银行 10 万元以下无抵押小额贷款时发现,此种产品的不良率很高,远超过正常情况下应有的水平。经过调研发现,10 万元以下的产品本地人是不会借款的,借款人主要是一些在东莞当地打工的外来人口,这些借款人利用贷款资金从事微小贸易经营的居多,而这种小生意的年销售额很低,利润水平也很低,加之当地贸易市场摊位的经营权均是不超过一个季度的短期租赁。如此情况下,外来人口的违约成本只有摊位剩余租期成本和转换期间经营停止的利润损失,这样的违约成本远小于贷款金额 10 万元,进而造成很多流动人口经营稍有挫折即会离开东莞,逃废银行债务。

针对这种情况,笔者当时提出的建议是:一是要压低贷款金额,将每笔 10 万元的投放变为两笔 5 万元的投放,这样就会降低单笔贷款金额,使得违约成本超过贷款金额,从根本上杜绝逃废债务的动因;二是要变革客户经理绩效考核机制,将笔数和金额双重考核,转变为只考核笔数,按照笔数发放营销奖励,这样做的原因是若是考核金额,客户经理就会尽量提高放款金额,而这样做又会拉高贷款额度,造成贷款金额大于违约成本。

鉴于中国的现实国情,在正常情况下,通过抵质押物的设置增加借款人的违约成本,以及通过常规渠道获得借款人真实信息的有效性都是很低的。所以,积极探索创新机制,提升违约成本,拉大违约成本与贷款金额之间的正差,才是防范信用风险的良策。

2. 案例:泰隆银行用亲情增加违约成本①

泰隆银行是中国中小企业贷款的一面旗帜,针对如何控制不良问题,董事长王钧认为:一是小企业信息对称比较难;二是资产抵押比较难;三是商业可持续的问题。关于低成本获取信息问题,泰隆银行大幅增加客户经理岗位比重,以50%的客户经理进行数据锁定,最后形成信息规模效应;关于担保问题,泰隆银行93%是保证信用贷款,7%是抵质押,而不良率是0.65%。他认为,从事后违约惩罚的成本,常规来看,质押可能很保证,感觉没有担心,但是这里面实际的执行成本也很大。在泰隆银行,基本上以亲情、友情的担保方式,用道义上控制借款人,而这种违约惩罚成本,是很低的成本;关于可持续问题,泰隆适中管控低成本,通过充分向支行授权,缩短管控链条,增加规模、降低成本。在泰隆银行,支行行长可以批800万元。

3. 案例:用信息公开加大违约成本②

针对助学贷款不良率居高不下的情况,湖南省近日出台《湖南省利用开发性金融开展地方普通高校国家助学贷款业务暂行办法》,规定学生如果违约,国家开发银行可在不通知的情况下,在大学生就业网公布违约学生名单,将违约学生的信息导入社会信用系统,通知用人单位。

"违约学生是指未按借款合同约定偿还贷款本息的借款学生。"该《办法》称,出现违约情况时,国家开发银行有权在不通知违约学生的情况下,采取包括但不限于如下措施:①将学生的违约情况提供给其他银行等金融机构和相关单位;②在大学生就业网、学历文凭查询网站及国家助学贷款

---

① 参见:http://finance. sina. com. cn/g/20100626/18108185926. shtml.

② 参见:http://news. qq. com/a/20070926/001461. htm.

网公布违约学生名单;③在有关媒体上,公布违约学生的相关信息,将违约学生的违约信息导入各类社会信用征信系统;④在校园网、校友网上公布违约学生相关信息,并向用人单位通报情况。

3.1.3 还款能力与还款意愿

1. 现金流对还款能力和还款来源的判断

客户经理信贷调查的重要内容之一是评价客户的还款能力,这是非常正确的。对还款能力的把握主要是两个方面的内容:一是借款人经营产生的利润,特别是借款人经营产生的现金流是评价借款人还款能力的重要内容;二是企业以及业主个人的资产特别是净资产,因为在企业不能通过正常经营所产生的现金流偿还银行债务的情况下,也可以通过企业甚至是个人资产的变现来实现债务的清偿。

对借款人经营利润的评价在信用评级的章节中会有专门的财务指标,在此就不再做专门的论述了。由于"权责发生制"的存在,企业的现金流与企业的利润之间往往是不一致的,这就使得对经营现金流的把握成为了判断企业还款能力的重要因素。企业的现金流无非是三种:经营活动现金流、融资活动现金流和筹资活动现金流。如果企业的现金流为正,说明企业包括贷款本金和利息支付在内的现金流出小于现金流入,企业当然具备还款能力。但是如果企业现金流为负,却也并不能说明企业不具备相应的还款能力,这还要看企业三种现金结构的关系。关于这一点,向金做出了精彩论述①,其论述的精妙之处在于:运用现金流量表判断企业的

---

① 参见:向金,《现金流量表在借款人还款能力判断中的应用》,《审计与理财》,2004 年第 3 期。

还款能力时,不仅要考察企业能否还款,更要考察企业还款的来源,经营活动产生的利润和现金才是正常的还款来源。

第一种情况:经营活动的现金净流量大于0,净利润大于0,分配股利时若投资活动的现金流量大于0,经营活动产生的现金在发放股利后偿还贷款;不足时,用投资活动的剩余资金;仍然不足时,借款人要借新债还旧债。这时的还款来源可能是经营活动,也可能是投资和融资活动。投资活动的现金净流量小于0,经营活动产生的现金在发放股利后,首先要弥补投资活动的现金需求,然后偿还贷款;不足以弥补投资需求或还款时,借款人要对外融资。这时的还款来源要么是经营活动,要么是融资活动,但融资活动要考虑融资的可能性及融资成本。

第二种情况:经营活动的现金净流量大于0,净利润小于0,那么借款人不需要分配股利,而可以直接还款或弥补投资活动的现金不足。

第三种情况:经营活动的现金净流量小于0,净利润小于0。

若投资活动的现金净流量大于0时,首先要弥补经营活动的现金流出,然后才能还款;不足以弥补经营活动的现金流出或还款时,借款人就要对外融资。这时的还款来源要么是投资活动,要么是融资活动。

若投资活动的现金净流量小于0,那么借款人必须进行融资,以弥补经营活动和投资活动的现金流出。这时的还款来源只能是融资活动。

第四种情况:经营活动的现金净流量小于0,净利润大于0时,借款人的处境是雪上加霜,因为他还可能要面对分配股利的压力。

在现实经营中,许多商业银行也采取控制企业现金流的方法,来控制企业的还款来源。这种方法的机理是在贷款合同中约定一个企业的账户组合,而这个账户组合实际上是对企业不同性质资金流入和流出的一种控制,通过这种办法银行就可以较好控制企业的现金流,有效降低违约率。以项目贷款中国际流行的账户控制为例[①]:

(1) 账户协议。作为商业银行来说,最希望做到的是现金流控制,退而求其次也要做到现金流监测,而对企业来说这是最不希望见到的,所以账户协议具体如何实现,主要看两者的博弈实力了。

(2) 收益账户。它包含项目全部的现金流来源,包含主营业务、适当的投资业务等。除项目账户协议明确允许,项目实体承诺不提取任何收益账户的资金,所有收益账户资金的支取,项目实体必须至少提前 3 个工作日书面申请,并经贷款人或贷款人代理行同意。

(3) 运营账户。它根据项目实体拟定并经贷款人同意的预算,拨付的成本、费用。

(4) 小额现金账户。它主要用于税款、临时性等额度范围内的支出,其账户总额(累计支付)受到限制,但使用不受限制。

(5) 大修储备账户。它每月从收益账户中转入一定资金额,保证项目大修资金的预提,转入资金数量由项目实体与贷款人协商。

(6) 偿债支付账户。项目运营期开始后,根据贷款偿还的方式确定即将偿还的金额,每月按比例将资金转入,以备

① 参见:http://www.treasurer.org.cn/2009/0715/8603.html。

下一次偿还。

（7）偿债储备账户。项目实体应建立和维持偿债储备账户的一定资金余额，弥补可能出现的现金不足，账户中存入相当于1次或2次还款需要的资金，只有在资金周转困难时可以动用。

（8）受限支付账户。项目收益只有在满足上述所有账户需求，并经共同条款的财务测试（主要是偿债覆盖率）后才进入该账户，该账户资金项目投资人有权自主处置。

（9）与账户设置相匹配的现金流顺序是：经营费用、大修预提、偿债支付、偿债储备、分红。虽然账户设置的较为复杂，但是只要按账户设置和现金流的使用顺序，对项目现金流进行控制，就可以使贷款人在贷款期间彻底掌控现金流，防止项目实体的资金滥用，在收益达到预期的情况下，使贷款得以有效偿还。

2. 还款意愿的判断

还款能力的判断固然是信贷调查和决策的重要依据，但是还款能力不等于还款意愿，在很多情况下，有还款能力的不等于有还款意愿，对还款意愿的分析也是信贷决策的重要内容。例如，某商业银行小额贷款调查中有一个指标为主营业务收入占比＝（主营业务收入÷全部收入）×100%，从还款能力来看，主营业务收入占借款人全部收入的比重越低，表明借款人收入来源越多，偿还贷款的能力也越强，所以这个指标越低越好。但是从还款意愿来看，这个指标越高，表明借款人主要以该主营业务作为自己的收入来源，除此之外其他收入来源很少，也就是说主营业务收入是借款人全家主要的收入和生活来源，那么如果借款人违约，银行肯定会利用各种保全手段占有借款人的经营收入，甚至会造成借款人

丧失这一主要收入来源,从这个角度来看,借款人违约的可能性反而很小,因为违约意味着失去了全家的饭碗。所以这一指标越高,借款人的还款意愿越强。同一指标,站在不同的角度为我们提供了不同的信息。

3. 案例:某商业银行中小企业贷款中现金流控制的运用

该银行在小企业贷款风险控制中,非常强调归行率指标的控制,具体如下:

小企业贷款客户在该行办理贷款业务后,其相关结算业务必须在该行办理。办理地点可以是支行所在的营业网点,也可以是小企业办公所在地就近的辖内营业网点。

(1) 销售归行率的计算方式:

销售归行率 = 销售归行额 ÷ 企业借款后实际销售收入

(2) 小企业贷款客户必须在该行办理结算业务,销售归行率应达到借款合同中约定的水平。原则上该行贷款占比100%的,销售归行率应高于80%;该行与他行同时有贷款的,销售归行率应与贷款占比匹配。如未达到约定要求60%水平的,客户经理应做出书面说明并限期整改。

(3) 客户经理应密切关注企业实际销售额,如企业实际销售收入与预期销售收入(以贷款报告中数据为准)差距较大,连续3个月月均销售收入均低于预期月均销售收入50%水平,应进行风险预警并采取必要措施,有效防范风险发生。

3.1.4　还款来源与抵质押物

1. 还款来源与抵质押物的辩证关系

在银行融资中,贷款企业的还款来源分为两类:第一还款来源和第二还款来源。所谓第一还款来源,是指贷款企业自身的业务经营收入,标志指标为企业的现金流;所谓第二

还款来源,是指贷款企业为债务提供的自身或他人的物保或是人保,其标志为担保的方式,分为抵押、质押和担保三种方式,其中质押方式效力最强,其次分别是抵押和担保方式。但是,现实中两种还款来源的意义是不同的。

从银企关系角度来看,银行是科学评估了企业经营利润特别是现金流的情况后,认为企业有能力依赖正常经营来偿还贷款本金与利息的情况下,才向企业发放贷款的。在这样的情况下,最终的结果是企业与银行的双赢,银行通过信贷业务赚得了利差收入,企业利用银行贷款实现了业务规模的扩大和净资产收益率的提高,这样的贷款关系才是良性的,才能够建立可持续的良好银企关系。从这个角度来看,银行最应该重视的是企业的第一还款来源。但是现实中,由于信息不对称因素的存在,以及信用环境欠佳的现实情况,银行往往把保证方式看得很重甚至是决定贷款决策结果的最主要依据,这就是平常所说的"当铺银行"。

从目前的信用现实来看,否定"当铺银行"显然是不妥的,因为银行资产的保全,金融资产的质量是事关国家长期稳健发展的核心问题。"当铺银行"的出现,对中小企业贷款尤为不利,因为越是需要资金支持的中小企业其实越是没有能力拿出银行认可的抵质押品,越是能够找到信誉卓著、实力强大的保证人担保,从某种意义上说,"当铺银行"的提法就是专门针对中小企业融资难的。

2. 扩大还款来源与形成相互牵制的机制

为什么抵质押物能够约束企业的违约冲动呢?那是因为在风险管理过程中,银行会处置押品,用此收益来实现银行的资产保全。当押品被处置的时候,企业形成了损失,也就是形成了企业的违约成本,抵质押率设定的越低,企业的违约成本就越高，这是对企业的心理威胁。在这里，抵质押品实际上就是银行的第二还款来源，其实银行在贷款前并不希望出现处置押品的情况，其所希望的还是正常情况的第一还款来源，但是押品在充当第二还款来源的时候，也形成了对借款人的有效牵制。从这个机理出发，对于缺乏有效抵质押品的中小企业来说，通过一定的机制设计，既要扩大还款来源，又要形成牵制作用，就可能成为降低违约概率的重要手段。

"联保"产品其实就具有这样的作用，其运行的机理就是如上所说的。在联保户的选择上，"同市场、同规模、同性质"是重要的联保户选择标准，同市场决定了企业之间互相了解，容易形成风险共担的联保体；而同性质决定了个体之间的商业模式是相同的，互相之间对经营风险的理解是共同的；同规模使得双方之间在贷款规模，担保责任大小等方面是可比的，互相担保的基础是存在的。在实践中，联保经常发生在同乡之间和亲友之间，而亲友和同乡在血缘和乡情上是互相依存关系，背叛亲友和同乡无论是心理上还是经济上都会受到相应惩罚，这就形成了联保体内各个主体之间的互相牵制作用。所以说，联保形式就是既能够扩大还款来源，又能够形成互相牵制的重要担保形式。

2010年，针对公职人员消费信贷市场日渐饱和的现状，山东临沂兰山农合行审时度势，推出了公职人员联保消费信贷业务。在公职人员消费贷款采用常规抵押、两人以上担保或质押等方式的基础上，进一步拓宽思路，将"大联保体"担保方式引入公职人员消费贷款业务，为进一步拓展公职人员信贷市场提供了有力的产品支持。兰山农合行市场营销部在了解到市区国税局职工集中缴纳个人住房款的情况后，联

合该行风险管理部,根据"自愿联合、多户联保、依约还款、风险共担"的原则,修订了相关协议,为 75 名申请人(分为 9 个联保体)办理联保贷款 750 万元。这一模式就是扩大还款来源与形成牵制机制相互融合的重要实践,同一单位的国家公务人员,自愿结成联保体,扩大了还款来源。一个人违约会有多人代偿,平均每人的代偿比率并不高;同在一个单位,知根知底,很容易形成自然组织的联保体;同在一个单位,同为国家公职人员,谁违约就会殃及同事、老朋友,这就是互相牵制机制。

3. 通过自然人无限连带责任扩大还款来源

有限责任的形成是现代企业组织形式的一次伟大革命,在有限责任条件下,企业法人以出资额对企业债务承担有限的偿付责任,即当企业净资产无法偿付债务的情况下,企业将会破产清算偿还债务,企业的债务责任也随之消失。但是个人无限连带责任不同,自然人是无限责任,即自然人的所有财产都可以作为清偿债务的还款来源。从这点出发,在确立担保方式的时候,追加企业法人代表、亲友、主要股东甚至是上下游利益相关者的个人无限连带责任,将把企业所有利益相关者的个人利益,"没有上限"地与银行贷款的安全性捆绑在一起,所以追加利益相关者个人无限连带责任担保,往往是扩大还款来源,形成对借款人强力牵制的重要方式。

3.2 "软信息"分析问题

3.2.1 "软信息"分析在信贷决策中的必要性分析

所谓软信息,是指非财务的信息,这类信息不像财务信息那样,是在严格的财务制度约束下,由专业的财务人员或是专业的中介机构编制,信息定量化、格式化和制度化,无论是信息的主要内容、指标的计算方法、遵循的制度以及信息披露的格式、时间、频率等都是严格制度化规定的。

软信息一般是通过走访企业的上下游客户、探访企业主要相关部门,询问企业经营者、股东等渠道搜集到的,相对来说软信息获得的成本较高,获取的渠道有限,获取的难度较大。

但是软信息在中小企业信贷决策当中,却具有非常重要的作用。这是因为:第一,中国目前的现实国情是,社会信用基础较为薄弱,"硬信息"财务信息失真度较高,很难真实描述企业经营状况和财务实力,有很多企业对银行一本账、对税务一本账、对股东一本账、对老板自己又是一本账。在这样的情况下,银行不得不依赖非正规的信息渠道,获取表征企业经营管理、业务发展和个人素质的"软信息",来弥补"硬信息"的失真;第二,前面已经论述,控制贷款风险的根本是判断借款人的违约可能性,而违约可能性与借款人个人的人品和素质有着很强的关联性,所以通过各种渠道了解借款人的个人品行,就成为利用"软信息"把握信贷风险的重要手段;第三,前面已经分析过,在中小企业贷款中,由于中小企业很难拿出合格的抵质押品,也不能求得有效的保证人担保,所以通过交易机制的设计,形成对借款人的牵制就成为重要的风险防控手段,形成牵制机制无非就是要从借款人的社会关系、亲朋好友和生意伙伴角度入手,而这些都必须建立在对借款人充分了解的基础之上才能够实现。

3.2.2　主要的软信息分析与调查指标设计

下面我们将对软信息的主要类别、这些软信息的作用和信贷调查中需要的表征指标进行较为详细的介绍。我们认为,借款人的软信息主要包括四个方面的内容:一是业主个人信息;二是企业经营信息;三是企业管理信息;四是行业发展信息。

1. 业主个人信息

第一,年龄。

客户的年龄与客户的社会经验、经营经验、事业发展和心态稳定程度等是密切相关的。我们有理由相信,只有到了一定的年龄,业主才能够积累较为丰富的经验和较为宽泛的社会关系,他的事业发展也才能够进入一个相对成熟的阶段,同时他的心态也才较为成熟稳定,不会急躁冒进。

在指标设计中,我们一般将 30~45 岁这一区间,作为最高的打分区间,大于和小于这一区间相对得分要低一些。

第二,受教育水平。

尽管我们不能说受教育水平完全能够表征个体的信誉度,但一般来说受教育水平与客户的信誉是正相关的,一般来说受教育水平较高的借款人信誉度较高,而受教育水平较低的借款人信誉度要低一些。

在指标设计中,我们往往给予更高的学历以更高的得分。

第三,家庭生活状况。主要涉及以下几种:

a. 婚姻状况。

结婚生子是绝大多数人人生历程上的必经阶段,一个人只有建立家庭、生养子女之后,其心智才能成熟,其社会责任感才能够牢固建立起来,对家庭的责任也是对自己事业的责任,也是对社会的责任。我们有理由相信,一个整天为家庭纷争而烦恼的人,很难有心思做好自己的事业,很难身心健

商业银行中小企业贷款核心问题解析

康地投入企业的经营管理。所以婚姻状况是表征借款人成熟度、信誉度和责任感的重要指标。

在指标设计中，我们给予结婚、家庭幸福和育养儿女的业主最高分，而对为家庭纷争所烦恼的业主给予最低分。特别是对于多次离婚的业主，我们甚至可以认为其对婚姻的不慎重，可能今后就是对银行贷款的不慎重，而拒绝为其发放贷款。

b. 对待家庭成员态度。

关爱社会，在家庭生活上最具体的体现就是关爱子女，信贷员在走访借款客户家庭的时候，通过其对子女的态度和一些家庭矛盾的处理方式的观察上，能够洞悉借款人对家人的关爱，进而折射出其对社会的关爱和责任。

在指标设计中，我们可以设定一些细节指标，例如业主是否定期陪家庭成员旅游、是否经常接送子女读书、是否经常为子女烧饭、是否经常参加子女的家长会等。

c. 家庭生活现状。

许多商业银行在小额贷款的调查中，要求信贷员必须走访借款客户家庭，观察其家庭生活状况，进而对其家庭生活的幸福度、业主个人身心健康程度、业主对家庭的忠诚度、业主的社会责任感和业主能否集中精力经营管理等做出判断。

在指标设计中，可以设计家庭清洁程度、家具家电档次、家庭成员精神面貌、家庭成员与客户经理交流的愿望和深度、家庭住房的档次等指标。

第四，性格特征。

从严格意义上说，性格特征与诚信度之间是没有相关性的，但是中小企业贷款尤其是小额贷款不同，小额贷款"软信息"的分析非常重要，是贷前调查、贷款审批和贷后管理的重

要依据，如果业主性格开朗、善于沟通，心态平稳、细致周到，银行获得软信息当然就会相对容易，在今后的贷后管理中也比较高效。另外，性格暴虐的人其实心理不健康，这样的人为人处世缺乏正确的价值观和技巧，处理问题简单粗暴，而这样的性格特征，对于保护贷款的安全性都是十分不利的。

在指标设计中，我们往往通过面谈，特别是新客户首笔面谈的形式，了解借款客户的性格特征。另外，也可以按照"阳光信贷"的做法，通过外调评价的形式，深入了解借款客户的性格特征，做出正确的信贷决策。

第五，不良嗜好。

中小企业成长与业主个人的关系很大，在很多情况下，业主个人就代表了企业整体。改革开放以来，一大批人先富了起来，所谓"导弹不如茶叶蛋、手术刀不如剃头刀"就是真实的写照。中小企业主很多人出身贫寒，借助改革开放的契机先富了起来，许多人具有胆大、好赌的天性。所以，在信贷调查中，应该利用外调评价的形式，详细了解借款客户的一些不良嗜好情况，尤其是赌博、吸毒、"养二奶"等不良嗜好，往往是摧毁其生意的重要因素。天性好赌的人，往往会挪用银行贷款，进行一些高风险的投资，炒股票、炒期货，甚至是炒 100∶1 保证金的外汇期货，这样的高风险投资行为，往往是形成贷款风险的最大和最直接诱因。

在指标设计中，信贷人员应该通过走访乡邻、街道办事处、亲朋好友等形式，了解借款客户的不良嗜好和高风险投资行为，并根据结果调整对客户的信用评价。

第六，户籍关系。

从诉讼角度来看，借款客户最好是当地人，即户籍关系最好在当地，这是传统信贷风险控制理念。但是，在经济高速发展、人口流动很强的今天，单纯依赖户籍关系来控制借款人风险，显然不是明智的做法。在现实中，很多优质的客户，往往是掌握重要信息资源、具有较强经济实力的外地商人，如果简单以户籍关系来决策，就会失去这些优质客户。对非本地户籍人口的把握我们认为，主要是看业主事业的重心和生活的重心是否在当地，如果业主事业和生活的重心都在当地，就是优质客户。

在指标设计中，客户在本地经商的时间长短就是判断客户事业重心的重要指标，相似的指标还有：客户是否在当地购置营业场所或工业土地、客户在当地的大型机器设备占比、客户主要上下游关系在当地的比重等。客户家庭主要成员是否在当地生活是判断客户生活重心是否在当地的重要指标，类似的指标还有：客户子女是否在本地上学或是就业、客户配偶是否是当地人、客户是否在当地购置居住用房、客户在当地有无其他亲朋好友等。

第七，客户的社会声望。

管子说"仓廪实而知礼节"，当借款人客户从小到大逐渐壮大起来的时候，他会非常重视社会声望的积累，这不仅是一种事业的成就感，也是个人心理的一种满足与享受，是很多优秀企业家追求社会贡献的结果。客户社会声望是判断社会信誉度的重要参照指标。

在指标设计中，客户是否是全国、省级和地市人大代表或政协委员，客户是否是全国、省级或地市优秀企业家；客户在"希望工程"、社会慈善基金的捐款情况；企业家协会、政府公职人员、街道居委会等外部主体对客户的评价；客户对其员工是否拖欠工资，是否有造假贩假、污染环境行为等，都是重要的表征客户社会声望的指标，客户的社会声望评价越高,也越应该获得相应的信贷支持,这一点无论是从资金的安全性,还是从社会贡献性角度考虑,都是科学合理的。

2. 企业经营信息

第一,客户的经营经验。

经营经验显然是非常重要的考察角度,只有长期从事本行业经营,经历过完整行业周期的业主才能够正确理解行业生意模式的内涵,同时具备应对风浪、可持续发展的基础。对借款人经营经验的把握可以通过外调评价的形式获得,也可以通过面谈的形式获得。

在指标设计中,客户从事本行业经营的时间、客户企业注册的时间、与客户实际控制人面谈的感受、利益相关人的评价、上下游关系企业控制人的评价等,都是判断客户经营经验和能力的主要指标。

第二,客户企业的历史沿革。

对客户企业历史沿革的分析,是判断企业经营稳定性和成长性的重要内容,从客户企业的历史沿革中,有经验的信贷人员可以把握客户企业资产积累的过程、主营业务的发展情况、客户企业可能出现的变化以及未来发展的趋势等。在实践中,我们可以将客户企业发展的历程分为四类:

a. 技术优势企业。

这类企业在成长初期往往是依赖业主个人的专利成果、专有技术、知识产权而发展起来,这些企业长期占有技术的垄断性优势,可替代性较弱,市场垄断的程度较高,这样的企业理应成为优质的贷款对象。

b. 家族背景企业。

家族背景往往是民营企业的常态,家族企业可以从正反两个方面来考察:一是好的方面,家族企业往往利用家族的

血脉纽带,相互资金支持、相互信息传递、相互平台提供,这样的企业能够应对较大的经营风险。特别是在关系型贷款的开发中,家族成员对同一问题的回答,是判断借款人真实情况的重要检测依据;在相互牵制机制的运用中,家族企业互保也是形成相互牵制机制的重要方式;在自然人无限连带责任担保的设定中,家族关系也是联保体形成的重要基础。二是坏的方面,家族企业由于很难做到市场化运作与管理,现代企业经营管理所必需的职业经理人模式很难在家族企业得到较好的运用。特别是一些家族企业,会面临交接班的问题,家族的第二代或是第三代接班人,往往在经营经验、经营能力、个人素质和心智模式等方面,与前辈存在较大的差距,如果交接班没有处理好,顺利过渡没有完成,家族企业会由于内部原因而陷入经营困境。一些后代接班人会有自己的经营思路和发展规划,在接班后会改变主营业务的模式和方向,甚至盲目投资新的产业领域,为企业的持续发展埋下隐患。家族企业的接班人经常年轻气盛,很难获得企业内部原有管理团队的认可,这也是家族企业交接班问题中重要的隐患。

在指标设计中,企业最近 3 年实际控制人是否发生变更、变更原因是什么,企业的主营业务最近 3 年内都发生了哪些变化、变化的结果怎样,企业管理团队的稳定性,企业公司治理结构是否完善等,都是洞悉企业家族背景优劣势的重要指标。

c. 社会关系企业。

企业发展离不开外部因素的支持,社会关系是业主经营企业重要的资源要素,良好的社会关系对于业务的开拓,品牌的推广,渠道的建设,都具有重要的作用,也是考察企业发

展前景的重要因素。但是,有些企业,特别是一些政府官员通过各种变相方式开办的企业,其自身并不具备相应的核心竞争力,而是借助一些重要的政府资源和社会关系拓展业务,支撑企业发展,这样的企业往往依赖某一渠道实现销售。"铁打的营盘,流水的兵",关系渠道不能构成企业的核心竞争力,否则,关系一旦消失,企业的发展将丧失最主要的基础,进而进入萎缩甚至消失的窘境。这是社会关系型企业最致命的弱点。

在指标设计中,信贷人员可以通过调查企业发展历史发现企业是否为关系型企业,也可以通过前两大客户销售收入占比、前两大供应商采购占比、企业实际控制人个人履历等指标,来做出判断。一般来说,关系型企业对实际控制人社会资源的依赖很强,无论上述采购占比还是销售收入占比的集中度都很高。

d. 商机发现企业。

从风险角度考虑,银行的经营模式理应是"锦上添花"而不能是"雪中送炭",银行信贷资金支持的行业和企业,理应是成熟度较高、需求较为稳定的行业,和产品较为成熟、市场占有率高、销售较为稳定、品牌优势较强的成熟企业。新行业、新产品、新企业,由于其商业模式还不清晰,产业链还不完整,市场需求还不稳定,品牌还未为大众接受,在信贷业务上,银行理应采取慎入的态度。支持这些新兴行业和企业发展应该是政府财政资金或是风险投资资金,而不应是风险容忍度较低、以盈利作为持续发展基础的商业银行。金融创新是必需的,特别是中小企业信贷业务,创新是推动业务发展的不竭动力,但是过度的创新,在看不清楚的情况下,盲目介入新兴行业、新兴企业,扶持不成熟的产品,却是应该回避的一种高风险创新。

在指标设计中,我们可以通过产品市场占有率、有关机构对产品品牌的评价、行业成熟度、产品成熟度、企业经营的时间等指标,来判断创新的风险。

第三,客户经营记录。

在现实中,确实是有很多中小企业业主伪造企业财务信息和经营信息,所以中小企业贷款难的信息不对称问题相对大企业更加严重。但是,"雁过留声",企业的经营是不可能不留下经营痕迹的,再高的假账高手,也不能按照严格的逻辑伪造所有的信息,信贷人员可以通过深入企业、现场作业的模式,对企业的账本、原始凭证、单据、银行对账单和报表等信息进行查验,进而洞悉企业经营的真实情况。企业的资料是分类别的,有财务资料、生产记录资料、库存管理资料、购销往来资料、投入产出资料等,尽管企业有可能在某一类别资料中造假,但是生产、销售、物流、管理等方方面面的资料相互之间是有逻辑印证关系的,通过印证关系的核对,往往能够发现企业的真实情况,这就是"道高一尺,魔高一丈"的道理。交叉检验技术往往就是企业经营记录核对的核心,关于交叉校验技术我们将在下节中专门论述,在此不再过多探讨。

第四,客户的前期投入。

生意是借款人的事业平台,也是其个人成就的积累。借款人对生意的前期投入,往往能够揭示借款人对事业的专注程度,银行贷款是用来支持企业主营业务发展的,最重要的还款来源也应该是企业的主营业务收入,而不应该是其他。趋利避害是银行资金的本性,特别是一些中小银行,资金实力有限,而银行是典型的高风险杠杆型经营模式,银行的总

资产是经杠杆放大净资产得到的,所以稍有不慎,一笔贷款的损失就会严重侵蚀银行的资本金,进而导致银行经营陷入困境。从这个角度来说,贷款资金是流动资金,不应该拿来投入固定资产,在流动资金贷款中,前期的铺底流动资金也不应该是银行贷款的主流,最安全的应该是补充流动资金。客户的前期投入往往用来购置土地,添加固定资产,或是作为铺底流动资金,如果客户有比较大的前期投入,往往表征银行资金将被用来作为补充流动资金,这是相对安全的投放模式。

在指标设计中,借款人前期投入指标非常重要,客户固定资产情况,是自购的还是租赁的;客户经营场地情况,是租赁的还是自购的;贷款占客户周转流动资金的比例高低;客户周转流动资金的收支周期,与贷款申请周期的匹配性等。这些指标都是把握客户能否严格按照贷款合同约定使用资金的重要内容。

3. 企业管理信息

第一,企业周期阶段。

企业所处生命周期阶段与企业的现金流量关系密切,一般来说处于成熟期的企业现金流量稳定且充沛,是银行贷款重点投放的企业。对于初创期的企业,银行贷款不宜介入,最适合的资本介入是创业投资资本,因为这些资本的本性是"高盈利、高风险"。对于成长期的企业银行资金要非常审慎,因为这一阶段的企业,发展非常迅速,往往会诱导银行资本的介入,但是这一阶段,企业的商业模式往往并不清晰,产业链的搭建也不完备,市场对其接受程度也有待观察。衰退期的企业往往是一些产能严重过剩的企业,这些企业的现金流已经开始走下坡路,甚至企业所处行业都已经在"日落西山",对于这样的企业,银行资金只能选择退出。

在指标设计上,企业连续 3 年的销售额增长情况、企业连续 3 年的经营性现金流增长情况、企业连续 3 年的市场占有率情况、企业连续 3 年成本收入比情况、企业连续 3 年的经营费用与销售收入比情况等,都是把握企业生命周期特征的重要指标。

第二,企业管理方式和实际控制人情况。

中小企业中绝大多数属于民营企业,民营企业的公司治理结构非常复杂,在企业发展到一定阶段之后,如果不能够引进职业经理人队伍负责企业的具体运作,企业的成长性就会十分有限了。在现实中,对民营企业主的实际访谈往往是信贷人员获取企业真实信息的重要手段,但是一些民营企业的实际控制人与营业执照上的法人代表可能并不是一个人,法人代表是幌子,有幕后真正的实际控制人。所以了解企业的管理模式和实际控制人的情况就是非常重要的信贷调查内容。

在指标设计上,企业的实际控制人、法人代表、主要股东的法人代表以及这些人的身份证号码等指标,都是非常好的。

第三,企业的市场地位。

任何一个行业都有龙头企业,龙头企业往往具有较大的资产规模、较强的品牌优势、较高的市场占有率和较为忠实的客户群体,这就是企业市场地位的标志。银行信贷资金用来支持市场地位高的企业才是安全的做法。

第四,企业的雇员外调。

最了解企业的是企业业主,其次应该是亲身参与企业经营管理和生产的企业各级员工,中小企业贷款中缺乏的"软信息"往往可以通过对企业员工的访谈来获得。企业员工群体数量很大,每个人都能从自己亲身感受的一面来向客户经理提供

中小企业贷款的贷前调查研究

有用的信贷调查信息。员工对企业的诉求与老板不同,员工对老板的抱怨,往往是了解企业真实一面的重要渠道。

在指标设计中,企业员工对企业的打分、企业员工对企业生产经营管理的看法、企业员工用工情况、企业员工的流动率、企业员工的薪酬福利待遇、企业员工对企业的忠实度、企业主是否经常拖欠员工工资、企业销售人员对企业销售和市场前景的看法等都是反映企业真实信息的重要内容。

第五,企业的上游供应商情况。

企业的原材料采购情况对于了解企业的真实信息很有益处:

一是可以通过连续数年原材料的采购情况,了解企业生产经营的真实产出和销售额信息;

二是可以通过借款人是否建立了长期稳定的采购渠道,了解其产能扩张的潜力;

三是可以通过企业与上游供应商的合作历史考察,辨析企业的诚信状况。

其实银行资金和原材料一样,也是一种生产要素,银行也是企业的上游供应商,企业在以往历史上与供应商的合作是否愉快,其实就是未来与银行能否长期合作的基础。

在设计指标中,企业主要的供应商是谁、合作历史怎样、赊购条件是什么、供应商的数量是多还是少、各个供应商的采购占比情况、供应商的地域分布是否广泛、供应商的市场地位怎样、供应商企业的规模、供应商企业的性质,企业是否与有实力的供应商建立了长期战略合作关系等都是重要的信息。

第六,企业的下游客户情况。

所谓企业的下游客户,就是代理企业销售产品,或是直接使用产品,使实物资本转化为货币资本的企业客户。数量庞大、地域分布广泛的客户群体,使得企业能否在长期内,保持稳定的销售和快速的扩张,而不为"一时一地"的经济波动所严重影响。企业客户的市场地位、是否是优质名牌企业,表明了企业产品的接受程度,表明了产品的市场基础,越是名牌大企业采购企业的产品,越是说明他的竞争实力强。企业给予下游客户的赊销情况,反映了借款企业的市场地位,也反映了借款企业权责发生制下,现金流量充足的程度。

在指标设计中,客户的数量多少、地域分布是否广泛、单户的单户集中度怎样、前 3 位大户集中情况怎样、企业给予下游客户的赊销内容是什么、下游客户企业性质怎样、是否是大型名牌企业、是否是世界 500 强企业等,都是重要的"软信息"指标。

4. 行业发展信息[①]

行业发展信息也就是贷前的行业分析,是银监会要求的重要贷款调查信息。这是因为企业都是在某一行业中经营的,除了自身独有的特征之外,企业更多的是大家共有的行业特征。行业是有其固定的盈利模式的,任何一个企业都是按照这一盈利模式发展的;行业是有自身独特的财务指标特征的,房地产类企业的资产负债率普遍较高,高于一般的工业制造企业,零售业的周转率指标要显著优于房地产类企业等;行业发展是有周期规律的,行业发展有繁荣也有萧条,有高潮也有低谷,而行业内的企业发展中也会具有显著的周期性,完全反周期的企业几乎是看不到的。所以对行业的分析,在很大程度上能够帮助我们把握行业内企业的发展规律

---

① 参见:李立群,《信贷决策中的非财务因素分析》,《金融理论与实践》,2004 年第 9 期。

与特征。这就是行业分析在信贷决策中的重要作用所在。行业分析的主要内容包括：

第一，成本结构。

各种行业有特殊的成本结构。客户的行业成本结构对行业风险、利润和业内公司间的竞争有重大影响。成本分为固定成本和变动成本两大类。如果一家公司的固定成本比例比变动成本高，说明它经营杠杆高。那么，高产量相当其生产能力比低产量更能盈利。如果一公司的变动成本比例比固定成本高，说明它经营杠杆低。在产量下降时这类公司就有优势，因为它能很容易地降低变动成本。如果一个行业的经营杠杆高，随着产量的增长，平均生产成本通常降低。生产能力的初始成本（如研发和生产设备投入）将分摊到大量的产品中，产生规模经济。经营杠杆和规模经济将影响一个行业和单个公司的盈利能力。公司将在业务量上激烈竞争，因为销售上升，平均成本下降。成本低的公司比成本高的公司有竞争优势。假定所有其他风险相同，当销售量波动明显且难以预测时，经营杠杆高的公司比经营杠杆低的公司更危险。

第二，行业成熟度。

行业发展经历三个主要阶段，即新生、成熟和衰退。新生行业成长迅速，市场增长率每年可达到20％～100％，似乎每天都会变化；成熟行业成长较缓，市场增长率可能每年超过15％，但不像新生行业那样爆炸式成长，产品和服务更标准化，新产品的开发速度不频繁；衰退行业市场需求逐渐萎缩。我们可以根据行业销售的增长率、新公司进入和原有公司离开行业的比率推断出公司所属行业处在哪个阶段。在给处于不同行业阶段的公司贷款时，成熟行业风险最低，新

生行业和衰退行业风险较高。成熟行业由于存续足够长有良好的业绩记录,产品已标准化,行业格局基本明朗,可能发生的意外事件少。

第三,业务周期性。

业务周期是指行业受经济定期起伏影响而形成的波动。不同行业对经济波动的反应不同,有的正相关,有的则反之,如汽车修理和配件业,在经济衰退期,人们倾向修理汽车而不是买新车。有些行业周期性不明显,如食品业等必需品行业,其业务不受繁荣、衰退的影响。当查看借款人的行业时,必须要弄清楚其周期性程度、行业的销售和利润与经济的升降相关程度、波动幅度等问题。行业波动幅度越大,银行的风险越高。风险最小的行业是那些不受经济周期影响的行业。风险最高的行业是那些处于衰退期的、对经济周期又比较敏感的行业。

第四,盈利能力。

维持公司的经营需要盈利能力。长期不盈利的公司将倒闭,因为费用将超过收入,以致公司的经济存活能力消失。整个行业也是如此。如果一个行业中多数公司由于费用超过收入而赔钱,行业的持续存活能力就有疑问。对银行的最大风险是一个普遍不盈利的行业。对银行的最小风险来自一个在繁荣和萧条时期都持续稳定盈利的行业。

第五,依赖性。

判断借款人的行业受其他行业影响的程度,需要分析借款人的行业和其依赖的行业。应从供给方面和需求方面考虑依赖关系。明显依赖的行业有房地产、钢铁、玻璃、轮胎制造、汽车制造业等。总之,借款人所处行业对一个或两个行业的依赖程度越大,贷款给该借款人的风险越大。行业的供

给线和客户群越分散,风险越小。

第六,可替代程度。

在考察对替代产品的脆弱性时,我们将既看整个行业,又看市场或行业的一部分。在一个行业产品与其替代品的价格差太大时,消费者通常将转向替代品,因此,替代产品在平时限制了利润,在繁荣时期减少了暴富。如果贷款给其产品很容易被替代的行业或行业部分,风险将大于贷款给其产品没有替代品的行业。如果没有替代品,行业对成本价格差的控制更牢。

第七,政府监管。

政府监督有多种,诸如控制污染的监管、水质监管、产品质量或产品特征监管以及产品定价监管等。监管可能对一个行业有利,亦可使其在某一时期不可能盈利。在衡量行业风险时,尤其要关注正在构思中的监管是否会极大地改变行业的经济性。例如,一项要求所有燃煤、燃油电厂安装空气净化器的监管规定,将为电厂的所有者带来成本负担。保护自然环境的监管规定影响许多行业。生产过程产生有毒废物的行业明显地处于风险程度表的最前列。借款人的行业受这些监管规定责任的影响程度是我们风险评价因素之一。

5. 案例:泰州姜堰农村合作银行的"阳关信贷"[①]

通过以上的分析我们已经认识到,在中小企业贷款的决策中,"软信息"的把握对于提高中小企业贷款的质量具有重要的意义。但是,很多"软信息"属于业主或是企业的"私密"信息,获得信息的渠道是非常规的,那么如何能够在低成本约束下,高效获得企业的"软信息"呢? 泰州姜堰农村合作银

① 资料来源:宋燕华,《中华合作时报》,第 2141 期。

行,经过长期摸索和经验总结,在借款人"软信息"的收集、分析和评判方面摸索出了创新的技术和方法,他们创造的依赖"软信息"拓展中小企业贷款的模式被称为"阳光信贷"模式,这一模式获得了国家银监局、中国人民银行、江苏省政府以及全国同业的高度赞扬。"阳光信贷"服务模式,将贷款调查、授信、定价、操作流程和公开承诺服务等全过程置于社会公众和银行的有效监督之下,开门办银行,透明放贷款,有效缓解了银企双方"信息不对称"和"贷款难"的矛盾,有力促进了农民增收和中小企业的发展。截至 8 月末,该行中小企业贷款户数达 4 226 户,余额 21.2 亿元,占贷款总额的 49%,分别比"阳光信贷"实施前增加 1 145 户、5.4 亿元。

第一,一个平台实现银企信息对接。

农户、中小企业融资难的原因很多,银企间的信息不对称是其中一个重要因素。一方面企业并不十分清楚怎么向银行贷款,需要哪些条件,怎么去完善这些条件;另一方面银行对哪些企业需要贷款,这些企业的真实状况如何,也不是很清楚。因此,在银企之间建立一种双向的对接、交流、沟通、联络机制,为它们的成功合作牵线搭桥,尤为重要。为此,姜堰农村合作银行积极做好阳光调查,建立农户和中小企业融资"潜在项目库",对农户和企业信息进行了解的同时,主动营销,加大宣传力度,真正实现银企信息沟通、交流、对接。

第二,多方评议实现信贷风险防控。

邀请分管工业的镇长、镇企业管理站站长、企业代表、企业所在村村干部以及在当地有一定威望的村民代表组成中小企业贷款评议小组,对企业的授信申请进行公开评议。同时,针对中小企业财产与个人财产难以厘清、无规范的财务

制度和报表、不能提供有效的抵押担保等现状,引入工商、税务、电力、供水等部门构成第三方评议,通过查询借款方的税款缴纳情况、用电用水量、人行征信记录等佐证借款方运行状态。

姜堰农村合作银行充分发挥信贷队伍"情况熟、人头熟"的优势,采取"两查两听"的调查方法:调查了解中小企业法人代表的品行,调查中小企业的税款缴纳、用电量、应收账款回笼和对外负债等情况;深入企业车间,听取一线工人或管理人员对本企业经营管理的看法,了解原材料出入库、产品销售、应收账款等情况,走访相邻企业或同行,了解该企业的运行状态。

6. 案例:江苏银行淮安分行的"三表"、"三品"贷款①

江苏银行淮安分行通过注重"三品",看好"三表"实施小企业贷款发展模式,竭力化解小企业融资难,取得了显著效果。2009 年年底,该行中小企业贷款余额达到 47.2 亿元,比 2009 年年初增长了 8.6 亿元。"三品"、"三表"评估法,即注重"人品、产品和抵押品",看好"电表、水表、工资表"。

淮安分行在弱化对小企业形象、资产规模、信用级别等要素审评的同时,更注重企业老板人品、企业产品和贷款担保抵押品的审查。"不以企业大而为之,不以企业小而不为",分行作为贷款准入第一道关的是企业老板人品好,而不是企业大;在审查企业产品时,只要是符合国家产业政策、科技含量高、环保节能、有市场的产品,分行都大力支持;对能提供贷款抵押品的,分行则重点审查抵押品的足值性和有效性。不能提供抵押品的,也可以选择企业存货质押担保、担

---

① 参见:http://www.zgjrw.com/News/20091110/index/578556222700.shtml。

保公司担保、中小企业联贷联保等担保方式。该行在评估小企业贷款项目,分析企业财务状况时,不仅将资产负债比率、流动比率、速动比率、销售利率等指标作为参考,而且更注重从企业"电表、水表和工资表"的动态变化中,分析掌握企业生产经营的实际情况。因为机器是不会说谎话的,工厂的生产如果是有效率的,并且是发展的,它的变化会在它的电表和水表中体现出来。小企业效益怎么样,是盈利还是亏损,看看工资表就知道了。近期就有 5 家小企业财务报表反映的经营情况很一般,但是用电、用水和工人工资情况都很正常,也从该行顺利贷到了款。

3.3 交叉检验与财务报表自制技术

3.3.1 交叉检验的内涵

企业经营管理的信息内容很多,有企业的生产信息,物流信息、销售信息、管理信息、人力资源信息等。企业信息的传递渠道也很多,有财务报表反映的内部信息,也有利益相关者、上下游关系、工商、税务、商检、海关、银行等反映的外部信息。不管企业的信息类别是什么,也不管企业信息来源的渠道是什么,这些信息反映的都是企业经营管理的情况,从对象上来讲,这些信息反映的是同一内容。

企业的财务信息是最抽象的,是企业经营管理结果的财务数据反映,由于其抽象于企业经营管理的真实活动,而体现为具体的财务数据,企业的财务信息是最容易被当事人操控的。但是企业具体经营活动的信息,例如企业的进出库记录信息等,由于是每天都要发生的,记录企业每个时点上的具体经营状况,其被操控可能性就较小,而且操控的难度也较大。

企业内部的信息容易被操控,而来自于上下游关系、原材料采购、缴纳税款情况、生产耗费、使用原材料、银行资金往来、工商税务部门检查监督等信息,却是由企业的外部主体所控制的,这些信息被企业内部人操控的难度很大,企业完全虚构这些信息的可能性很小。

企业信息虽然各有各的内容和分类,同时各有各的来源渠道,但是由于这些信息都是对企业生产经营中相同事务的不同侧面的反映,这些信息之间就必然存在互相印证的关系,这一点和财务报表科目之间的勾稽关系非常相似。

所谓交叉检验技术,就是在信贷调查中,信贷员利用不同渠道获得不同类别的信息,对企业经营管理中的同一情况做出相互印证的检验。若相互之间能够印证,说明反映了真实信息,若不能相互印证,存在较大误差,则说明对这一情况的反映是不真实的,客户经理就必须通过其他手段获得有关这一情况的真实信息。这就是交叉检验技术的核心内涵。打个比方,交叉检验技术很类似于警察破案和法官定罪,都要靠证据,无论是企业业主描述的情况,还是企业经营记录或是财务报表反映的情况,信贷人员都必须利用交叉检验技术,找到支持这些情况的"证据",找证据就是交叉检验的核心,只不过是多个角度、多重渠道的证据要相互之间支持和印证,所以就称为"交叉"检验。

3.3.2 主要交叉检验的线索分析

1. 客户经理获取信息的"听、看、盘"

客户经理获得借款人信息的渠道可以总结为"听、看、盘"。

所谓听，是指客户经理应该在调查中对企业的实际控制人、各级员工、利益相关者、上下游关系人等，进行深入的访谈，倾听他们的描述，了解企业情况。

所谓看，是指客户经理必须深入企业，查验企业的所有经营记录，查看企业的所有凭证、往来记录、合同等，从书面信息了解企业的现实情况。

所谓盘，是指客户经理必须深入企业车间，查看企业的生产经营状况、员工的工作量、机器设备的数量、质量和运行情况；客户经理必须深入企业的仓库，查看企业的存货情况，了解企业的原材料库存、产成品库存等信息，用资产盘点方法，了解企业的真实情况。

2. 交叉检验的主要线索

董强等人在《微贷款模式理论探讨与实践》一文中，对交叉检验的主要思路或是线索进行了较为深刻的解析[1]，我们就在此基础上，对交叉检验的主要思路展开深入的剖析。

第一，"听、看、盘"三渠道信息的一致性检验。

"口头提供的信息是否与书面信息、与实际状况相一致。如口头表述是否与原始单据、发票、银行对账单、经营记录等相一致；经营记录与实物状况相比较，通过盘点库存验证是否正确；或审查客户的收入与客户的生活质量是否匹配。"

解析："听、看、盘"是信贷人员获取企业信息的三个渠道，三个渠道中的信息传递者是不同的。听的时候，企业业主会谈，信贷员还能够访谈企业各级员工获得信息，不同的信息释放主体，对同一事务提供的信息可能是不一致的，甚至是冲突的；看的时候，信息传递的主体是各种经营记录，掌

---

① 参见：董强、于长海、隋绍楼，《微贷款模式理论探讨与实践》，《理论界》，2008 年第 5 期。

握主动权的是信贷人员自己,他们可以通过查验方法,获得企业详细的经营情况,同时不同的经营记录是由不同的主体提供的,很多主体是独立于企业实际控制人的,他们不会受到实际控制人的控制,提供的信息更有真实性;盘的时候,把握信息主动权的更是客户经理自身,客户经理深入企业车间和仓库,对实物资产和生产状况的分析,完全在于客户经理自身,别人是很难操控的。

有一个真实的案例:某从事苗木生产的借款人来到银行,申请小额贷款引进新品种苗木,属于流动资金贷款。客户经理随同申请人来到生产现场,发现其生产经营状况良好,苗木基地规模很大,工人忙忙碌碌,见到申请人时都称:"老板,你好!"。客户经理对当前状况非常满意,但是客户经理坚持中小企业贷款调查必须深入客户家庭采集信息的原则,提出到申请人家里走走。申请人非常不情愿地引领客户经理来到家里,这一下露了马脚。申请人家里凌乱不堪,家具电器非常陈旧,房间里弥漫着臭味,子女和其妻子见到客户经理后均低头不语,似有隐情。客户经理又走访了申请人的老父亲,老先生坦诚告诉客户经理:不能给他贷款。原来,申请人前几年与其父亲分家,获得了很大规模的苗木生产基地,但是该申请人有赌博恶习,很快就输光了所有的苗木基地,其父看其一家生活没有着落,就把他请回来帮助自己管理苗木生意,工人们之所以称其为"老板",是因为他是总经理也是真正老板的儿子。

第二,历史数据一致性检验。

"客户提供的不同时间的数据是否相互矛盾。如每天的营业额累计起来是否与每月的营业额基本相同,启动资金加上每年的盈利、扣除每年非商业支出是否与实有权益大体相同。"

解析:企业的经营记录即使是残缺的,但可能是连续的,这些连续的经营记录累积起来,就能反映企业目前的现状。业主若是造假,对最终结果造假只要一次就行了,成本很低,但是对所有过程记录造假却需要修改多次,而且修改的结果累积起来还必须与现实的最终结果相一致,这样做的难度很大,成本很高。这一检验的基本逻辑就是:"一个人说一次假话不难,难的是天天说同样的假话。"

第三,行业平均数据的一致性检验。

"客户提供的信息是否与当地该行业的平均水平大体相当。如营业额、营业费用、利润水平、员工的工资水平与当地平均水平的差别。"

解析:企业都是在某一特定行业和特定区域生存的,行业和区域的共性通常是企业无法回避的。同一行业、同一区域的不同企业,在规模大小基本相当的情况下,很多指标是具有很强可比性的,这一可比性其实就是企业的行业"标杆数据"。企业的实际数据若是严重与标杆数据相背离,说明企业一定造假。在信贷决策中,应该善于利用标杆数据,对照企业数据进行信贷决策。

第四,群体信息的一致性检验。

"不同的人对同一问题的回答是否基本一致。如客户的家庭成员对贷款目的的说法是否一致,客户和客户的合伙人对营业额、利润的说法是否一致。"

解析:企业的利益相关者很多,家庭成员、合伙人、上下游企业等,不同的人对同一问题的回答很难完全相同,即使这些人串谋,也很难将众多的企业信息描述为同一情况,而将这些人对同一问题提供的信息进行对比,如果出现严重偏差,就说明企业信息的虚假情况较为严重。这一检验的基本逻辑是："一个人说假话容易，很多人说同一个假话很难。"

第五，类别信息一致性检验。

"客户提供的不同数据和信息之间的关系是否合理。如销售额、淡旺季、市场需求状况与申请贷款的时间、额度是否匹配，营业额与应收账款的关系是否合理。"

解析：信息是分类的，有些信息是销售信息，有些信息是生产信息，有些信息是财务信息等。不论企业信息种类多少，它们都是指向企业经营状况这一同一事物的，这些信息之间是有互相联系和印证关系的。企业生存于现实的社会、经济、人文、地理和气候环境中，企业信息与外部信息之间也必须具有联系性和嵌套关系。例如，在北方地区，冬季是不能够进行土建施工的，而一个建筑企业突然为了在北方某地承接一项大型工程提出开具保函，而且期限刚好是冬季，那么企业内部信息与外部信息显然是相互矛盾的。

第六，投入产出数据的一致性检验。

"客户的投入与产出之间的关系是否合理。如员工数量与营业额，固定资产数量与营业额，每月耗电量与月营业收入等。这种投入产出关系不仅可用来检查数据的合理性，还能够与行业平均水平相比较判断客户的经营能力。"

解析：这是最重要的一种交叉检验技术，中小银行客户经理在从事中小企业贷款业务，进行贷款调查的时候，必须能够熟练运用这种技术。现代工业是大机器工业，是标准化工业，所以现代工业的投入产出关系是非常明确的。现实中，许多工业品的成本管理都可以施行定额管理，生产 1 吨钢，需要投入多少人工、水电、铁矿石、铁精粉等，都是具有相当精确的投入产出比例的。这种精确的投入产出关系，就成为我们检查企业销售收入、利润和成本情况的重要检验渠道。业主可以对销售收入造假、可以对利润造假，但是其所消耗的水费、电费、缴纳的税费、购买原材料产生的运费、仓储费等，都是由外部提供的信息，这些信息是很难被业主所控制的。通过这些信息，信贷员可以借助投入产出比例关系，倒算出企业的销售收入和利润情况，进而掌握企业最真实的经营情况。

在现实中，很多商业银行专门针对某些特定行业拓展信贷业务，走行业专业化的道路。在行业信贷中，我们要求每一个客户经理必须深刻理解该行业的主要特点，甚至要求必须了解主要产品的生产工艺流程，熟悉某些产品的主要机器设备等，这都是从投入产出关系上获取企业真实信息的重要保证。

3. 交叉检验与自制财务报表技术的运用案例①

下面以某商业银行小额贷款为例，就交叉检验及自制财务报表技术，做一个案例演示。

第一步，客户经理深入客户经营场所和家庭，通过"听、看、盘"了解客户信息。

（1）客户家庭及个人基本信息。张老板，女、非本地户籍，20 岁就开始在本地经营塑料制品零售生意，今年 35 岁，1996 年 12 月初投资 8 000 元开始在辉南小商品市场经营至今。张老板在本地结婚，丈夫为本市某事业单位正式职工，月工资为 2 500 元。张老板在本市有按揭住房 1 套，每月按揭支出为 1 000 元。张老板有一个儿子，在本市重点小学读书，张老板每月孩子的补课费用支出为 300 元；每月家庭开支在 2 000 元左右。

---

① 此案例参照中国邮政储蓄银行业务培训案例。

（2）客户商业模式。张老板从事塑料制品零售业务,主要客户是一些散户消费者,属于纯贸易型商业模式,低价进货,高价出货,价差形成利润来源。

（3）收入和利润情况。塑料制品批发生意淡旺季不是很明显,一般月均营业额在 2 万元左右,但是年前两个月卖的比平时好一些,大概能有 3 万多元,夏季 7、8 月份营业额较低。

张老板坚持每天都记账,调查时信贷员看到其账本记录,累加其每日营业额获得张老板 2008 年 1 月至 2008 年 11 月的营业额如表 3-1 所示。

表 3-1

连续 11 个月的销售收入情况

单位:元

项目	2008 年 1 月	2008 年 2 月	2008 年 3 月	2008 年 4 月	2008 年 5 月	2008 年 6 月	2008 年 7 月	2008 年 8 月	2008 年 9 月	2008 年 10 月	2008 年 11 月
收入总额	31 235	15 815	25 937	17 542	23 939	20 355	11 890	8 959	20 014	21 946	33 079

客户经理抽取账本 11 月 17 日至 11 月 23 日的销售记录看到其日营业额分别是:795 元、865 元、910 元、890 元、830 元、1 170 元、1 030 元。

张老板坚持薄利多销的原则,以走量为主,所以毛利在 40% 左右。

（4）客户成本费用情况。具体情况如下:

工资:有一个雇员,工资分为基本工资和提成工资两部分,月基本工资为 700,营业额超过 10 000 元,按 1% 提成;营业额超过 20 000 元,除了有 1% 的提成外还额外奖励 200 元,张老板说上个月发了 1 200 元的工资,客户经理与营业员沟通,证实了这一信息。

租金:目前店面年租金 25 000 元。

交通费用:每个星期去壶口进一次货,来回成本 130 元。

通讯费:每个月的通讯费 100 元。

水电费:1 年 400 元。

税:每个月 280 元。

(5) 客户资产情况。经过客户经理逐一清点,店内有未售出塑料制品若干,总价值约为 4 662 元。

(6) 客户非经营性大额收支情况。自经营以来,客户因其弟弟当兵、结婚给了共计 50 000 元;因其孩子上大学及现在上研究生总计给了 50 000 元;给双方父母 60 000 元;买房子自己支出 140 000 元,贷款 30 000 元。

第二步,客户经理利用获取的信息自制企业财务报表。

在客户经理"听、看、盘"利用多种渠道收集信息之后,客户经理利用收集到的信息为客户自制了资产负债表和存货明细表如表 3-2 和表 3-3 所示。

表 3-2

自制的资产负债表

单位:元

资　产	金　额	负债及权益	金　额
现金及银行存款	29 700	应付账款	
其中:现金	700		
银行存款	29 000		
应收账款	0	预收账款	
待摊费用(房租)	2 083	短期借款	
存货	4 662		
固定资产	170 000	长期借款	20 000
		权益	186 445
资产合计	206 445	负债及权益合计	206 445

表 3-3

存货明细表

名称	数量(件)	金额	进价	售价
A	112	3 920	35	65
B	6	72	12	25
C	3	75	25	55
D	5	50	10	20
E	1	45	45	65
F	2	60	30	55
G	2	60	30	55
H	10	300	30	65
I	1	35	35	65
J	1	45	45	65
			加权毛利率	46.6%

商业银行中小企业贷款核心问题解析

第三步,客户经理利用交叉检验技术验证财务报表的真实性。

(1)权益检验。权益检验的基本思路是,客户的初始投入,加上客户的历年利润,加减客户非主营业务的大额收支情况,此数据与盘点得到的实际权益相对比。

客户的初始投入 8 000 元+平均年利润 30 000 元×12 年-(弟弟结婚 50 000 元

+爱人孩子上大学及研究生总计 50 000 元+给双方父母

60 000 元+银行贷款 20 000 元) = 188 000 元

与实际盘点得到的净资产 186 445 元相差 0.83%。

(2)员工收入检验。按照业主所述员工的薪酬支付规则,员工上个月得到 1 200 元的工资,照规则倒算销售额,与当月实际销售额基本相符。

(3)存货检验。参照实际盘点得到的存货表,结合存货价值占比,若存货销售出去,测算所得的加权毛利率为

46.6％,与业主口述毛利率40％,相差14.17％。

第四步,得出结论。

业主各种信息之间存在明显的一致性关系,自制财务报表可以作为审贷会的决策依据。

3.4 交叉检验与财务报表还原技术

3.4.1 报表还原技术的原理

1. 报表还原的基本内涵

前文已经多次论及,中小企业贷款最困难的地方就是中小企业信息的不对称性,鉴于国内信用环境缺失的现状,商业银行很难根据中小企业的财务报表,通过财务指标的分析,对中小企业贷款做出决策。在这样的情况下,"软信息"的收集,分析与判断就成为对中小企业贷款进行决策的重要依据,但是软信息毕竟是定性指标,虽然可以大致把握企业的风险,对贷与不贷做出判断,但是如果完全失去财务信息,对中小企业贷款的决策就会失去科学性和严谨性,因为到底贷多少这个问题,简单通过软信息是很难得出科学结论的。在这样的情况下,信贷人员就必须通过某种方式,对企业的真实财务状况做出基本的判断,这里的某种方式就是报表还原技术。

所谓报表还原技术,就是指信贷员在信贷调查中,以交叉检验技术为基础,对中小企业提供的财务报表进行各种形式的交叉检验,将其中虚假的财务信息,根据交叉检验的结果还原为真实的信息,最后信贷员将把经过还原的主要财务项数据填写进财务报表内,这样就形成了经过真实还原的财务报表,这样的财务报表才能够作为审贷会进行信贷决策的基础。

2. 调查、审查的"四性"要求

一般来说,国内银行界认为信贷调查有"四性":真实性、合法性、完整性和有效性。

(1) 所谓真实性是指信贷调查的每一项内容都必须经过信贷人员认真调查核实得出,信贷人员必须确保调查报告的所有内容,在自己能够掌握的信息下与企业的实际状况是一致的,只有做到信贷调查报告的真实性,信贷审查和其后的信贷审批才能够在真实信息的基础上进行,如果信贷调查报告的真实性不能够得到保证,信贷审查和审批环节所做出的结论就会是错误的,这些环节存在的必要性也就没有了。我们可以设想一下,如果信贷员不能够保证信贷调查报告的真实性,审查环节就会对借款申请人进行二次调查核实,甚至审批环节就会对借款申请人进行三次调查核实,那么信贷业务的效率何在? 客户的利益何在?

(2) 所谓合法性是指借款申请人的主体资格是否合法合规,是否符合国家相关法规的要求,借款人借款目的是否合法合规、借款人贷款用途是否合法合规、借款人可能提供的还款来源是否合法合规、担保方式是否合法合规、保证人主体资格是否合法合规等。另外,除了是否符合国家法规之外,还要符合商业银行自身的信贷规程。

(3) 所谓完整性是指借款申请人所提供的资料是否齐全完备、借款申请人所应该履行的手续是否已经履行、借款申请人所必需的签字,以及银行内部各个环节所应该履行的尽职手续是否齐备。

(4) 所谓有效性是指借款申请人所提供的各种资料是否具备法律效力、银行内部各个环节所履行的尽职手续是否齐备并符合本行各相关管理制度的要求(例如,在有些情况下,尽管审贷会已经批复了贷款,但是审贷会要求最低的参加人数是 9 人,半数以上通过有效,如果这一批复的审贷会只有 5 人参加并全部通过,由于这一审贷会违反了该行相关规定,实际无效)。

信贷员岗位是接触客户的最前端岗位,从风险管理角度讲,其所进行的信贷调查,是后续审察、审批和贷后管理等诸多环节的基础,如果信贷员的调查结果有瑕疵甚至存在较大失真情况,后续的环节将失去进行科学判断的基础和存在的必要性。相对来说,合规性、完整性和有效性能够在后续的审察和审批环节中得到更好的落实,但是真实性是必须由信贷员调查环节来保证的,所以我们说,从中国商业银行的现实情况来讲,确保调查结果的真实性,是我们对信贷员最基本的也是最核心的要求。

3.4.2　案例:某商业银行客户经理对真实性的承诺与评价

某商业银行在信贷梳理中要求,信贷员调查质量唯一和核心的要求就是:必须保证调查结果的真实性。为了实现这一要求,该行要求信贷员必须在调查报告的首页对真实性做出明确的承诺并签字。调查的后续环节会对调查报告的真实性进行评价,评价结果若是真实的,则即使贷款最后形成损失,也与调查信贷员无关,予以免责;评价结果若是否定了真实性,则会对信贷员进行相应的处罚。调查报告中信贷员对真实性的承诺如下:

我们在此声明与保证:此报告是按照《某某银行小企业信贷管理办法(试行)》和有关规定,根据信贷客户提供的和

本人收集的资料,经我们审慎调查、核实和分析后完成的。报告反映了我们了解的全部客户信息,我们对贷款申请人的法律地位、本报告所涉及数据与企业有关报表的一致性、真实性负责。声明与保证人某某。

3.4.3　报表还原技术中的交叉检验

1. 报表还原的基本原则

外来凭证可认可、自制凭证需检验、无凭证需多重交叉检验。

2. 外来凭证可认可

在生产经营中,企业会发生对外的多种联系,企业采购原材料会和上游供应商签订合同并获得上游供应商出具的发票;企业缴纳税费,会获得税务部门的缴税凭证;企业使用电力必须缴纳电费,会获得电费单据;企业用水会缴纳水费,会获得水费单据;企业产品经过质检部门检验,会获得质检证明;企业出口申报,会获得海关凭证等。这些外来单据在渠道上由外部主体控制,企业本身很难对这些渠道传递的信息进行有效的干预,更不用说修改信息了。所以,外来凭证是检验企业实际状况的重要交叉检验依据,在实际信贷调查中,从效率和成本角度考虑,我们一般认可外来凭证的真实性。

3. 自制凭证需检验

企业的自制凭证,如企业的财务报表、产品检验表、物料发送单等,这些信息渠道是由企业自身控制的,企业业主在需要的时候,可以修改这些信息,进而对信贷调查工作产生严重干扰。所以,对于企业的自制凭证,我们必须进行相应的交叉检验,即寻找另一线索去证实这一信息的真实性。

4. 无凭证需多重交叉检验

如果企业的信息完全是业主个人或是利益相关者口述的,此类信息被操纵的成分就更重了,虚假的可能性就更大了,在这种情况下,信贷员必须利用多种交叉检验方法,对此类信息的真实性做出评价。

3.4.4 以交差检验为基础的报表还原技术应用

企业财务报表主要是资产负债表、利润表和现金流量表,企业财务报表中的科目繁多,如果是明细表那就更加繁杂,为了提高调查的效率,信贷员并没有必要对所有的明细进行逐一的检验与还原,而是要抓住企业主要的科目,也就是大类的科目,进行检验与还原就可以了,这样做既可以提高调查的效率,又可以基本把握企业的风险点。之所以大科目就可以了,是因为交叉检验技术本身就是一种仿真的方法,其本身就不可能是完全精确的。以下我们对企业主要的财务科目进行分析。

1. 资产项数据的还原

(1)货币资金主要还原方法:核对银行对账单、实地清点。

(2)短期投资主要还原方法:查验投资合同原件、所有权凭证、付款凭证。

(3)应收票据主要还原方法:查验未背书自有银行承兑汇票。

(4)应收账款主要还原方法:核对应收账款发票与凭据、查验购销合同与发货单据、向债务人核实。同时要逐笔分析应收账款客户、应收金额、账龄以及形成应收的原因,对于客户拖欠所形成的应收要单独列出并明确标注。

（5）预付账款主要还原方法：核实付款凭证、查验购销合同、向收款人核实。

（6）存货主要还原方法：现场盘点、查验所有进出库记录。查验购货合同与发票。客户经理要深入企业仓库，对原材料存货、在产品存货和产成品存货分别进行清点，确认价值。

（7）长期投资主要还原方法：查看投资合同原件、查验投资所有权凭证、分类标明长期投资项目名称以及投资金额。

（8）固定资产净值主要还原方法：验证施工合同价值、核实付款凭证与发票、必要时借助中介机构估算价值。对所有固定资产分类，标明购置时间、价值和现值。

（9）无形资产主要还原方法：市场价值估算、查验取得权利证书、查验付款凭证。对所有无形资产分类标明项目名称、总投资金额和已投资金额。

2. 负债项数据的还原

（1）短期借款主要还原方法：核实借据或合同、查询贷款卡信息。逐项对借款金额、期限、利率、贷款用途和在他行的五级分类结果列出标明。

（2）应付票据主要还原方法：查询贷款卡信息、查验保证金账户。逐项对汇票金额、期限和缴纳保证金比例进行列出标明。

（3）应付账款主要还原方法：核对应付账款、查验购销合同、查验入库记录。逐项列出应付人名称、金额和约定付款时间。

（4）预收账款主要还原方法：核实购销合同、核实收款凭证。逐项列出预收账款客户名称、金额、账龄和约定发货时间。

（5）应付工资主要还原方法：进行员工访谈、查询劳动仲裁机构。

（6）应付税金主要还原方法：核实企业销售收入、确定企业纳税政策、推算税金数据。

（7）长期负债主要还原方法：查询人行征信系统、查验相关借据。逐一列出长期借款金额、贷款人、期限、利率、贷款用途和他行五级分类结果。

3. 所有者权益数据的还原

（1）实收资本主要还原方法：查验会计师事务所验资报告、核实实物出资相关凭证、进行实地盘点与勘察。

（2）资本公积主要还原方法：查验验资报告、核实货币出资收款凭证、核实实物出资相关凭证、进行实地盘点与勘察。

（3）盈余公积和未分配利润主要还原方法：根据经营业绩进行倒算。

4. 收入与成本费用数据的还原

（1）主营业务收入主要还原方法：主要是运用投入产出关系，查验原材料入库单以确定投入要素量、查验银行对账单以确定资金往来结算情况、查验机器设备等生产经营能力以确定产能储备、查验产品出库单以确定产出的实际情况、根据纳税金额倒算销售收入，查验水费、电费以确定投入要素量。

一般来说，中小企业的进出库记录是真实的，有经验的客户经理能够通过原材料和产成品的进出库记录来推算销售收入和利润。这是因为，如果连进出库记录都是造假的，业主自己就不知道自己的资产情况了，"连自己都给骗了"。

（2）主营业务成本主要还原方法：客户经理要能了解该行业的生产工艺流程，对主要的产成本定额要心中有数，要明细列出主要的成本是哪些项目、数量、金额等。

（3）主要费用还原方法：按照行业标杆指标进行合理估算。

（4）所得税主要还原方法：查验纳税凭证。

（5）净利润主要还原方法：通过纳税凭证倒算企业利润、通过行业标杆值合理估算。

在客户经理对主要财务项数据进行还原之后，客户经理就可以对资产负债表、利润表和现金流量表进行重构，重构后的财务报表才是进行财务指标分析的依据，也是后续审查和审批环节的决策依据。

第 4 章

中小企业贷款的信用评级研究

　　中小企业的特色决定了不能采用一般的信用评级技术,而应该根据中小企业自身的财务和非财务特性,创造性地运用适合中小企业的信用评级技术。

4.1　企业信用评级概述

4.1.1　信用评级的内涵和特征

1. 信用评级的内涵

信用评级是随着市场经济的发展、借贷关系不断成熟而形成的产物。信用评级在发达国家已有 100 多年的历史,在我国仍处于萌芽阶段。随着国内信用评级意识的增强,我国理论界在借鉴国外比较标准和市场化的定义的基础上,根据我国实际情况也对信用评级的定义做了较为全面的界定。

信用评级也称为信用评估(Credit Rating)是由独立、中立的专业评级机构或部门,受评级对象的委托,根据"公正、客观、科学"的原则,以评级事项的法律、法规、制度和有关标准化的规定为依据,采用规范化的程序和科学化的方法,对评级对象履行相应经济承诺的能力及其可信任程度进行调查、审核和测定,经过对评级事项有关的参数值进行横向比较和综合评价,并以简单、直观的符号(如 AAA、AA、BBB 等)表示其评价结果,公布给社会大众的一种评价方式。而商业银行对客户的信用评级是指商业银行对作为其授信对象的客户通过分析研究客户的经营环境、管理质量、经营水平、资产负债情况、盈利能力等方面的综合情况,根据客户的盈利表现和资产安全性,对客户的整体信用状况做出综合判断。

2. 信用评级的特点

信用评级是通过采用定性和定量分析方法对各类企业所承担各种债务能否按期还本付息的能力的评估,具体对本书中的商业银行信用风险而言,是对企业债务偿还风险的评

价。本书中,商业银行信用评级的对象主要是目标授信企业,商业银行通过对企业的考察、评定相应的等级,并出具信用评级报告以反映企业对于某项债务偿还能力的强弱和违约风险的大小,同时披露规避风险的机制。

信用评级采用定性分析和定量分析相结合的方法,已经形成了一套完整的方法体系,在该体系中需要运用定量分析工具计算大量的数据和指标。但更为重要的是在定量的基础上进行难以量化的定性分析,如行业地位分析、管理层素质分析等。因此,信用评级方法应以定量分析为主,定性分析作为重要补充。

归纳起来,信用评级的特点可概括如下:

(1) 全面性。商业银行对企业进行信用评级是对企业资信状况的一次全面评价,具有全面性的特点。商业银行对企业信用评级要对受评企业的经营管理素质、财务结构、偿债能力、经营能力、行业地位、发展前景等方面进行全面揭示,综合反映企业的整体状况。

(2) 复杂性。由于各个企业的性质不同,有工业企业、商业企业、外贸企业、建筑安装企业等;不同的企业有着不同的行业特点和资金结构,因此信用评级的重点和要求都不相同。

(3) 信息性。企业信用评级能为国家宏观调控提供比较完整的有关企业资信状况的信息,由于信用评级内容全面,方法科学,而且评估人员均为专业人才,因而评估结论具有相当的权威性,不仅可以为贷款银行作为贷款依据,而且还可为各个方面的投资者提供信息,有助于对金融市场的宏观管理。

(4) 简洁性。信用评级结果以简单明了的字母数字符号

反映企业的评级状况,是一种对企业进行价值判断的简明的工具。

(5) 公正性。信用评级由有资质的信用评级机构做出,评级机构秉持客观、独立的原则,较少受外来因素的干扰,能向社会提供客观、公正的信用信息。

(6) 可比性。信用评级体系使同一行业受评企业处于同样的标准之下,从而揭示受评企业在该行业中的信用地位。

(7) 形象性。信用评级是企业在资本市场的通行证,一个企业资信级别的高低,不但影响到其融资渠道、规模和成本,更反映了企业在社会上的形象和生存与发展的机会,是企业综合经济实力的反映,是企业在经济活动中的身份证。

(8) 时效性。信用评级的结论,作为一种信息,是在一定时间、一定地点,根据一定条件,经过综合评价而形成的,只能在一定时期内有效。时间、地点、条件变化了,信用等级的评定结论也应随之改变,否则将失去其可靠性。

4.1.2 信用评级的作用

1. 定量化揭示借款人的信用风险

信用评级的目的是信用评级机构通过债务人提供的可靠资料、自己的实地调查所掌握的信息对债务人的信用风险做出客观、准确的评价。就商业银行来说,作为银行信用评级中受评主体的企业与银行等金融机构有着密切的信用关系,银行对企业的授信是企业开展其经营活动的资金来源之一。因此,企业生产经营活动状况的好坏直接关系到银行信贷资金的安全。银行通过对受评企业准确、合理的信用评价可以对企业未来的经营状况及偿债能力等给予科学的评价,以此来确定贷款项目的可行性,最大限度地保证银行信贷资金的安全。另外,在新巴塞尔协议中,要求商业银行在信贷资产风险管理过程中,要充分借鉴内部评级与外部评级的结果。但在使用外部评级结果时,国内某商业银行规定,对于已由穆迪、标准普尔及惠誉三家国际评级机构评级的,可直接对应使用;对于其他外部评级机构的评级可做参考。

2. 降低借贷交易成本

在银行信贷过程中,授信形式、授信额度的确定必须建立在对信贷客户信用风险全面评估的基础之上,这样才能保证银行既从对客户的授信中获得最大收益,又能将客户信用风险控制在最低限度。交易成本是商业银行在对受评企业的评级过程中,由于搜集和整理客户信息、根据获取的信息进行信用评级所付出的人力和物力。从商业银行的角度来看,商业银行可以根据受评企业在其他商业银行的信贷记录,在该行办理的存款业务及其他相关业务等信息减少搜集企业信息的成本。从客户角度来看,信用评级降低了企业通过银行进行融资的成本,企业良好的信用等级既可以提升企业自身的信用形象,又可以使其在与商业银行的经济交往中获得有利的信用政策,吸引更多的投资人和客户与之合作。

3. 评级结果是贷款定价的重要依据

目前,我国绝大多数商业银行都将信贷客户信用评定等级作为银行对其授予的贷款的定价基础,并以此为基础决定该客户可以在该行办理的其他业务品种,如银行承兑汇票、保函、信用证等业务。客户信用等级的高低直接决定了银行信贷资产的风险程度,并以此为依据决定呆坏账准备金的提取比例。这充分体现了银行信用评级工作对贷款定价的重要意义。

4. 根据评级结果确定授信额度

授信是银行对客户办理贷款、担保、承兑、开立信用证、贸易融资以及信用卡透支等各项信贷业务的总称。额度授信是对客户确定一个使用各种信用的控制额度,即根据客户的资信情况、信用需求、银行提供资金的可能及对风险的把握,给予客户一个使用表内外形式的全部本外币信用的最高限额。相应的授信额度就是通过额度授信对客户确定的授信控制总量,是额度授信数量化表示。授信控制量是银行确定的对单一客户所有本外币、表内外余额的风险控制界限。开展额度授信的出发点是防范风险、提高效率、增强竞争能力。

在企业授信额度的确定中,企业的信用评级是前端工作,企业授信额度的测算的重要依据之一就是企业的信用评级结果。例如,某商业银行授信额度调节系数 S 与信用评级结果的关系如表 4-1 所示。

表 4-1

某商业银行授信额度调节系数与评级结果关系

客户信用等级	AAA	AA	A	BBB	BB	B	F
授信额度系数	小于100%	小于90%	小于80%	小于70%	小于50%	小于30%	0

5. 案例:某商业银行的企业内部信用评级以及评级结果的运用①

第一,该银行内部信用评级的方法。

该商业银行于 20 世纪 90 年代中后期引入内部信用评级法,大多采用的是基于 Excel 模版的评分方法。该商业银

① 资料来源: http://www.360doc.com/content/07/0704/10/29613_593557.shtml。

行根据企业所属的行业类别或其特性,将客户分为 11 个大类,分别制定了相应的可以自动测算的 Excel 信用等级评分表。信用等级评分表包括非财务因素(占总分的 40％ 左右)和财务因素(占总分的 60％ 左右)。非财务因素包括企业经营者素质、经营管理制度、产品与技术,以及重大事项等。财务因素主要是企业在经营规模、偿债能力、营运能力和盈利能力方面的财务指标。不同的因素被赋予不同的权重。在输入相关信息之后,信用等级评分表自动得出企业的信用分数,根据该行信用分数和信用等级对应表,得出企业的信用级别。该行将客户的信用等级分为 13 个级别,其中 CCC 级以上是可交易级,DD 以下是风险级。

在信用评级的基础上,该行对于每笔授信业务进行信贷风险度管理:

单笔业务的风险度 ＝ 客户风险度×担保方式系数

客户的风险度由客户的信用等级决定,信用等级越高,客户风险度就越低。如果是企业担保贷款,提供担保的企业的信用等级越高,担保方式系数就越低。该行的风险度是对债项的风险度量,对风险度的控制是该行信贷风险管理的核心内容之一。

第二,该银行内部信用评级起到的作用。

便于总行和分行的整体信贷管理。总分行不可能了解每笔授信业务的具体情况,由于信用等级和风险度是可以量化并具有可比性,总分行可以通过信用等级对授信业务进行整体管理和信贷授权管理。例如该行规定:原则上不发展 DD 级以下的业务,对 C 级以下的存量贷款要重点清收;要使 AA 级以上的客户占全行信贷客户的 10％,争取达到 15％;全行信贷资产加权风险度要争取达到 0.65 以下等。通过像

上述的一些规定,商业银行可以将整体的信贷资产的风险控制在一定范围。在信贷授权方面,对于信用等级不同的客户,该行的总行对分支行的授权金额是不同的:对 AAA 级的客户,信贷授权金额是在基准授权金额的基础上增加一倍;而对于 D 级企业,授权金额仅是基准金额的 10%～30%。

信用等级在贷前调查中起到协助作用。由于信用等级结果包含了企业的股东和管理层背景、经营制度、产品和市场、企业信誉和财务状况等大量的信息,信用等级结果有助于客户经理对企业建立起一个整体的可量化的认识。信用等级对授信方案的设计起一定的作用:对信用等级低的企业,客户经理会降低其授信的风险敞口,或者提高授信的担保比例。信用等级对贷款定价也起到辅助作用,例如该行规定信用等级为 A 以上的客户贷款利率可下浮,而信用等级为 DD 以下的客户,贷款利率要求上浮。

信用等级是贷前审查的必查内容。该行的信审员会按规定核查企业的信用等级的计算,并在审查意见上告知最终评定的企业信用等级和风险度,作为最终贷款审批决议的依据之一。信贷审查时,审查员会根据企业的信用等级和其他资料核算出该企业的最高授信额度,对企业授信的敞口必须小于该额度。该行的信贷审查比较重视对每笔业务的风险度管理,该行的风险度界限全行统一为 0.7,风险度超过 0.7 的授信业务必须加强担保。同时,信用等级表和风险度计算表是该行放款时必须提交的资料。

4.1.3 信用评级的一般方法

1. 定性分析方法

定性分析方法是一种最古老的信用风险分析方法,是商业银行在长期信贷活动中所形成的一种行之有效的信用风险分析和管理制度。该方法的典型特征是信贷负责人掌握银行信贷决策权,即由经过长期训练并具有丰富经验的信贷人员负责是否贷款的决策。因此,信贷决策过程中信贷负责人的专业知识、主观判断及某些应考虑的关键要素权重,均为最重要的决定因素[1]。比较典型的定性分析方法有以下几种:

第一,5C 要素分析法。

在使用这一方法时,信贷专家对以下 5 个因素做出权衡,并最终给出等级评定:

a. 债务人品格(Character),即通过考察债务人的偿债意愿和偿债历史来对其声誉做出评估。一般从企业的付款历史记录、管理层的素质及管理规范程度来进行度量。

b. 债务人资本实力(Capital),即通过考察债务人的财务杠杆率来对其违约风险做出评估。净资产、营运资金、销售收入等是常用的考量指标。

c. 债务人偿付能力(Capacity),即通过考察债务人的盈利波动性来对其还款能力做出评估。对企业财务状况及经营状况的分析是研究债务人资本实力的基础。

d. 贷款抵押品(Collateral),即通过考察银行对抵押品的优先受偿权以及抵押品价值对贷款的覆盖率,来对银行可能遭受的损失做出评估。

e. 经济或行业周期形势(Condition),即通过对经济或行业当前形势和未来前景的分析,来对银行可能遭受的损失做出评估。

第二,5P 要素分析法。

---

① 参见:李家军,《信用风险控制的博弈》,西北工业大学出版社,2006 版。

a. 个人因素（Personal Factor）分析，主要分析企业经营者品德，是否诚实守信，有无丧失信用前科；还款意愿是否可靠；借款人的资格必须是依法登记、持有营业执照的企事业法人；还款能力包括企业经营者的专业技能、领导才能及经营管理能力。

b. 资金用途因素（Purpose Factor）分析，主要分析资金用途通常包括生产经营、还债交税和替代股权等三个方面。如果用于生产经营，要分析是流动资金贷款还是项目贷款；对新产品、新技术的研制开发，要分析项目在经济和技术上的可行性，确保贷款能够收回；如果用于替代股权或弥补亏损，更应慎重。

c. 还款来源因素（Payment Factor）分析，主要有两个来源，一是现金流量；二是资产变现。在分析中主要应侧重于现金流量方面，要分析企业经营活动现金的流入、流出和净流量，现金净流量同流动负债的比率；资产变现方面要分析流动比率、速动比率以及应收账款与存货的周转情况。

d. 债权保障因素（Protection Factor）分析，包括内部保障和外部保障两个方面：内部保障方面要分析企业的财务结构是否稳健和盈利水平是否正常；外部保障方面要分析担保人的财务实力及信用状况。

e. 企业前景因素（Perspective Factor）分析，主要分析借款企业相关的产业政策、竞争能力、产品寿命周期、新产品开发情况等。

第三，CAMPARI法①。

a. 品德，即偿债记录（Character）是指借款人是否具有和

---

① 参见：张玲、张佳林，《信用风险评估方法发展趋势》，国家留学回国科研资助费资助项目，2000年1月。

银行订立借款合同的资格。借款人的品德是否良好直接关系到债务到期时借款人的偿还意愿。

b. 借款人偿债能力(Ability)指借款人在技术、管理、财务方面的实力；也可以指一个企业是否能够监控其营运风险、提高其资产流动性，以创造足够的现金流偿还债务。

c. 企业从借款投资中获得的利润(Margin)是考虑能否从借款人那得到的利息利益。如果借款人(个人或企业)没有获利能力，也就是说以后将很难归还贷款以及利息，银行将不会贷款给贷款人。

d. 借款的目的(Purpose)是指借款人向银行贷款的用途应该是明确的、可接受的。银行在将款项贷给客户之前，必须明确客户获得这笔贷款的具体用途，银行才能比较准确的判断债务到期时债务人偿还的可能性。

e. 借款金额(Amount)是指贷款规模必须和资金用途保持一致，贷款金额也必须能满足企业使用。借用资金的费用应和净资产收益相匹配。

f. 偿还方式也称偿还能力(Repayment)，债务到期时客户的偿还能力是商业银行对企业进行评级时的一个主要考虑因素，特别强调的是客户未来的偿还能力是以客户未来的现金流量做保证的。

g. 贷款抵押(Insurance)是指当贷款不能偿还时，银行仍能保证其资产安全。考虑一笔借贷请求时，其抵押担保物当然不是首先被考虑的；但如考虑抵押担保物，它的价额应相当于在贷款金额的基础上加上充裕的差额，而且抵押担保物要易于估价、变现和取得。

2. 定量分析方法

第一，KMV 模型。

KMV 模型是取其三位创立者 Kealhofer、McQuown、Vasicek 首字母命名的。该模型是在有关期权定价模型(即 BSM 模型)研究的基础上,将期权定价理论用于信用风险度量领域的一个成功例子。该模型在分析评估企业的信用风险时,不仅只分析公司财务,还考虑到企业的负债水平、股价及其浮动情形等。KMV 公司利用改进的期权定价公式计算违约距离,收集了包括 3 400 家上市公司和 40 000 家非上市公司自 1973 年以来的资料,建立了庞大的企业信用资料数据库,取得了良好的预测效果。KMV 模型的一个创新之处是从借款企业的股权所有者的角度来看待企业借款偿还的激励问题,即把股东对公司的股权看做一种期权。由于企业资产的市场价值 V 和资产市场价值波动率 σ 这两个变量不可观测。KMV 模型采用了如下两种途径解决这个问题:①企业股票的市场价值和企业资产的市场价值的"结构关系";②企业资产波动性与企业股票价值波动性之间的关系。一旦计算出这两个派生变量的值,借款者的预期违约概率(EDF)便可计算出来。

· 第二,信用度量术模型(Credit Metrics Model)。

信用度量术模型是世界上第一个评估信用风险的量化度量模型,它是由美国 J. P 摩根财团与其他几个国际银行——德意志摩根建富、美国银行、瑞士银行、瑞士联合银行和 BZW 在 1997 年共同研究推出的。该模型以资产组合理论、VaR 理论等为依据,不仅可以识别贷款、债券等传统投资工具的信用风险,而且可用于互换等现代金融工具衍生工具的风险识别,已运用于发达国家大银行的信贷风险管理中,迅速成为行业标准模型之一。Credit Metrics Model 的理论基础是 VaR 理论。VaR 即风险值,定义为给定的一定时间

和置信度水平 σ 下,测量投资工具或资产组合的预期最大损失的方法。它的意思是"在一个给定的时期内,一个组合的价值的下跌以一定的概率不会超过的水平是多少"。VaR 的最大优点是以一个简单易懂的数字表明一个机构在市场上所面临的风险。在数学上可表示为:

$$p(\Delta X \leqslant VaR) = \alpha$$

式中　ΔX 为某个有价资产或资产组合的市场值的变化;

　　　α 为给定大概率。

该公式的意思是,发生的损失大于 VaR 的概率小于 α,也就是说,可以以 $1-\alpha$ 的概率保证损失不会超过 VaR。

第三,加权评分法。

这是目前信用评级中应用最多的一种方法。通常做法是根据各具体指标在评级总目标中的不同地位,给出或设定其标准权数,同时确定各具体指标的标准值,然后比较指标的实际数值与标准值得到级别指标分值,最后汇总指标分值求得加权评估总分。加权评分法的最大优点是简便易算,但也存在三个明显的缺点:第一,未能区分指标的不同性质,会导致计算出的综合指数不尽科学。信用评级中往往会有一些指标属于状态指标,如资产负债率并不是越大越好,也不是越小越好,而是越接近标准水平越好。对于状态指标,加权评分法很容易得出错误的结果。第二,不能动态地反映企业发展的变动状况。企业信用是连续不断的,加权评分法只考察 1 年,反映企业的时点状态,很难判断信用风险状况和趋势。第三,忽视了权数作用的区间规定性。严格意义上讲,权数作用的完整区间,应该是指标最高值与最低值之间,不是平均值,也不是最高值。加权评分法计算综合指数时,是用指标数值实际值与标准值进行对比后,再乘上权数。这

就忽视了权数的作用区间,会造成评估结果的误差。如此,加权评分法难以满足信用评级的基本要求。

第四,功效系数法。

功效系数法是根据多目标规划原理,对每一个评估指标分别确定满意值和不允许值。然后以不允许值为下限,计算其指标实现满意值的程度,并转化为相应的评估分数,最后加权计算综合指数。

由于各项指标的满意值与不允许值一般分别取自行业的最优值与最差值,因此,功效系数法的优点是能反映企业在同行业中的地位。但是,功效系数法同样既没能区别对待不同性质的指标,也没能充分反映企业自身的经济发展动态,使得评级结论不尽合理,不能完全实现信用评级所要实现的评级目的。

4.1.4 案例:某商业银行内部评级指标体系

该商业银行评级指标体系的主要内容如下。

1. 企业素质分析

(1) 领导者素质。现任高级经营管理人员的学历、年龄、工作经历及行业经验;市场意识,开拓能力,决策能力,敬业精神,进取精神;信用意识,社交背景,社会声誉,奖惩记录;领导班子的团结合作及稳定性等。

(2) 职工素质。职工素质是指企业员工的精神面貌、技术能力、身体状况及人员结构的合理性等反映出的综合能力。职工素质包括职工的文化水平、技术职称、年龄结构、培训情况等。

(3) 技术水平。技术水平通常是指企业拥有的生产、检测及开发手段。研究开发能力,科技投入(研究开发费用投入占销售收入的比例）、重大技术成果、未来一段时期的总体研发计划等；生产工艺及设备的技术含量、先进程度、利用情况等。

（4）企业规模。一般来说，规模大的企业历史较长，经历风险较多，抗风险能力较强。企业规模分析主要包括固定资产与职工数量，固定资产规模、厂房面积或营业面积、职工人数、下属机构等；销售收入分析主要包括主要产品近 3 年产量、利润总额；经济规模分析主要包括产能是否已达到经济生产规模、企业在行业内或地区内的地位。

（5）企业管理素质。企业管理素质通常是指企业管理的基础工作如各种技术标准、定额、规章制度是否完善，信息管理系统是否健全，员工的基础训练状况以及各项计划、组织、激励、控制等基本管理职能的水平，特别是以体制为基础的机制状况，还包括现代化管理科学技术成果的应用状况。

（6）股东状况。股东投资企业的目的及企业对股东的重要性；股东的经济实力、资信状况，要求提供控股股东前 3 年的财务报表；股东对企业的实质性支持，包括资金支持、经营管理、原材料供应、市场销售、配套服务、人员委派等方面；股东的控制风险，如资金占用、价格政策、利润分配政策等。

2. 财务状况分析

（1）资本结构指标。

资产负债比率计算公式如下：

$$资产负债比率 = 负债总额 \div 总资产 \times 100\%$$

资产负债率反映在总资产中有多大比例是通过借债来筹资的，也可以衡量企业在清算时保护债权人利益的程度。

负债比率越大,企业面临的财务风险越大,获取利润的能力也越强。如果企业资金不足,依靠欠债维持,导致资产负债率特别高,偿债风险就应该特别注意了。资产负债率在60%～70%,比较合理、稳健;达到85%及以上时,应视为发出预警信号,企业应提起足够的注意。

资本化比率计算公式如下:

资本化比率 = 长期负债总额÷(长期负债总额＋所有者权益总额)×100%

该指标主要用来反映企业需要偿还的有息长期负债占整个长期营运资金的比重。该指标越小,长期偿债压力越小;该指标越大,公司负债的资本化程度越高,长期偿债压力越大。该指标一般应在20%以下。

(2) 盈利能力指标。

净资产收益率计算公式如下:

净资产收益率 = 税后利润÷所有者权益×100%

净资产收益率反映公司所有者权益的投资报酬率,也叫净值报酬率或权益报酬率。该比率越高,说明所有者投资带来的收益越高,是从所有者角度考查企业盈利水平高低。

销售收入利润率计算公式如下:

销售收入利润率 = 税后利润÷销售收入×100%

该指标反映每1元销售收入带来的净利润是多少,更加准确地反映了企业的盈利能力。

(3) 偿债能力指标。

流动比率计算公式如下:

流动比率 = 流动资产÷流动负债×100%

流动资产越多,短期债务越少,则流动比率越大,企业的短期偿债能力越强。通常该指标设置的标准值是2,若低于正常值,企业的短期偿债风险较大。营业周期、流动资产中的应收账款数额和存货的周转速度是影响流动比率的主要因素。

利息保障倍数计算公式如下:

$$利息保障倍数 = 税前利润 \div 利息支出 \times 100\%$$

利息保障倍数又称已获利息倍数,是指企业生产经营所获得的息税前利润与利息费用的比率。它是衡量企业偿付负债利息能力的指标。企业生产经营所获得的息税前利润对于利息费用的倍数越多,说明企业支付利息费用的能力越强。因此,债权人要分析利息保障倍数指标,以衡量债权的安全程度。

(4)现金流量指标。

现金流量比率计算公式如下:

$$现金流量比率 = 经营现金流量 \div 流动负债 \times 100\%$$

该比率反映企业经营活动产生的净现金流量偿还短期债务的能力。实际上,企业在债务到期时偿还的主要的来源就是现金流量,如果这一指标超过50%,则企业偿还债务的能力较强;反之,则较弱。

(5)企业成长性指标。

净资产增长率计算公式如下:

$$净资产增长率 = 本期净资产增量 \div 上期净资产 \times 100\%$$

该指标是代表企业发展能力的一个指标,反应企业资产保值增值的情况,净资产收益率较高代表了较强的生命力。如果在较高净资产收益率的情况下,又保持较高的净资产增长率,则表示企业未来发展更加强劲。

主营业务收入增长率计算公式如下:

主营业务收入增长率 = 本期主营业务收入增量 ÷ 上期主营业务收入 × 100%

这是判断企业所处生命周期阶段的重要指标,一般来说,如果主营业务收入增长率超过 10%,说明公司产品处于成长期,将继续保持较好的增长势头,属于成长型企业。如果主营业务收入增长率在 5%~10% 之间,说明公司产品已进入稳定期;如果该指标低于 5%,说明公司产品已进入衰退期,主营业务利润开始滑坡,将步入衰落。

(6) 营运能力指标。

应收账款增长率计算公式如下:

应收账款增长率 = 销售收入 ÷ 应收账款额 × 100%

应收账款周转率是指分析期间内应收账款转为现金的平均次数。应收账款周转率越高,说明其资金收回越快;反之,说明营运资金过多呆滞在应收账款上,影响正常资金周转及偿债能力。

存货周转率计算公式如下:

存货周转率 = 销售成本 ÷ 平均存货 × 100%

存货的周转率是存货周转速度的主要指标。存货周转速度反映存货管理水平,存货周转率越高,存货的占用水平越低,流动性越强,存货转换为现金或应收账款的速度越快,企业的短期偿债能力也越强。

3. 信用记录和或有负债分析

信用记录主要通过对企业多年银行往来记录、海关记录、工商部门记录、外汇部门记录及保险等情况的考核,从历史追溯的角度判断企业的信誉状况。担保情况主要考察企

业是否以自身的资产向银行等机构抵押,或者反映贷款企业是否具有相关担保人以及担保人的整体实力等。

4. 外部环境分析

企业的外部环境因素是决定企业发展空间和成长性的主要变量,在对企业的评级过程中,应该关注企业所处行业地位及背景,包括政府的产业政策、产业景气性、产业竞争程度、产业特征、宏观经济环境。产业政策的分析要点有:国家对该行业潜在的政策支持;国家的产业政策导向,确定本产业在国民经济整体中受重视和支持的程度,是政策鼓励、支持发展的产业、一般产业还是限制发展的产业;近期国家公布的相关产业政策,以及这些产业政策对产业发展的影响。产业竞争程度分析要点有:产业竞争程度。分析该产业的竞争激烈程度,是独家垄断、寡头垄断,还是竞争激烈。产业特征分析要点有:产业对国民经济的重要性,与其他产业的关联关系;资本、技术、雇员对本产业的重要性等;产业进入的门槛高低、难易程度、主要障碍等。

4.2 适合中小企业信用评级的方法

4.2.1 中小企业信用评级的特殊性分析

1. 财务信息失真

鉴于中国目前的应用环境,财务报表失真是几乎所有企业都出现的经常性问题,即使是上市公司,财务报表被操控、财务信息失真乃至恶意的财务信息造假都已经不是什么新闻了。但是,财务信息失真问题对于中小企业来说显得尤为严重。造成中小企业财务信息失真的原因是多重的:有企业实际控制人恶意为之的原因;有国家财务法规不适合中小企业的问题;有财务审计监管体系疏漏的问题;也有企业财务人员素质低下和道德风险的原因。在这样的情况下,商业银行很难凭借企业的财务信息对企业的信用状况做出科学有效的评价,对中小企业来说尤为如此,特别是对一些个体工商户来说,在经营中甚至都没有基本的财务信息记录,更不用说能拿出符合要求的和有一定质量的资产负债表和利润表等财务报告。在这样的情况下,银行过分依赖财务信息进行企业信用评价就显得非常不科学了。

2. 获得中小企业信息的渠道有限

中小企业与大型企业不同,不是当地经济的主导企业,甚至很多企业工商等级和税务记录也非常不完备,这些企业也往往不是公共信息渠道所关注的主流。在这样的情况下,信贷人员很难通过常规的渠道获得企业的真实信息。即使是银行最擅长的交易信息查询,也因为中小企业主大量运用现金结算和个人银行卡转账的形式而显得效率低下。

3. 企业经营波动性大

中小企业一般来说经营规模很小,产品所占市场份额不高,缺乏相应的管理、技术和品牌优势。另外,中小企业一般为大型企业提供配套服务,提供生产原材料或是进行产品销售,也就是说,一般处于产业链的上端或是末端,缺乏核心的竞争能力。再加之中小企业主在经营决策上个人意志起决定作用,经营随机性较大,同时很多中小企业主喜欢投机,决策中盲动的成分较多。由于以上因素的存在,中小企业一般应对不利形势的能力较差,进而造成其经营的波动性较大。在这样的情况下,静态的企业信用评级方法与常规的信息获得渠道,很难满足对中小企业科学授信的要求,这也要求在

中小企业的评级中,银行要创新专门针对中小企业的评级技术与方法。

4. 个人因素在中小企业信用评级中所占比重较大

和大额贷款不同,小额贷款的金额与业主个人财产的比例较低,也就是说中小企业贷款一旦出了问题,业主个人的还款意愿将起到资产保全的决定性作用。如果业主个人诚实授信、道德素质较高,即使企业经营困难,正常经营难以维持还本付息,但是业主个人的其他收入和现金流也能够起到部分保全资产的作用。而这些都取决于对业主个人品行信息的分析与把握,所以在中小企业贷款的评级当中,业主个人因素的分析,特别是其个人信誉度的评价就成为评级结果重要的影响因素。

4.2.2 中小企业信用评级的关键因素

鉴于以上中小企业信用评级的特殊性,实践中我们对中小企业的信用评级必须采取适应中小企业评级的技术手段、信息渠道和指标体系,科学运用专门的体系实现中小企业的信用评级。主要的关注点为以下几个。

1. 增加非财务指标占比

在中国目前的信用环境下,由于中小企业的财务指标和大企业相比具有更低的真实性,所以传统评级法对财务指标的依赖在对中小企业的评级中就必须被打破。在对中小企业的评级中,非财务因素的占比必须提高,而传统评级所依赖的财务因素的占比必须降低。在非财务因素的指标当中,业主个人履约状况、经营管理能力、个人生活习惯等因素能够成为判断业主个人道德风险的重要因素,所以也就成为了非财务因素分析的重要内容。例如,某商业银行对业主个人情况的评价方式如表 4-2 所示。

表 4-2

某商业银行对借款人个人情况的评价

指标	评价内容	计分办法与规则解释
个人基本信息	学历情况	按照研究生以上、大学本科、大学专科分别记分,学历越高,相对信用状况越好
	从事本行业时间	从事当前行业的时间,按照时间长短分段记分。时间越长,表明客户的经营经验越丰富,得分也越高
	遵纪守法情况	施行扣分制,凡是被国家或某种社会组织进行过处罚的,根据处罚情况进行相应扣分
	婚姻稳定与家庭幸福	分为四种情况,得分逐次降低:结婚、有子女且家庭幸福;结婚无子女且家庭幸福;未婚、丧偶和已离婚;结婚但婚姻关系不稳定
同行商誉	行业信誉	采用外调评价的形式,信贷员走访同行业主或是同业商户对业主的个人商誉进行评价,主要关注同行的商品赊销情况,并按照优、良、一般、劣依次降分
社会信誉	社会角度的信誉	采用外调评价的形式,信贷员走访业主相关的社会主体,调查与评价业主个人的社会信誉,主要关注业主行为曾经的不良影响,生活上的不良恶习,以及业主个人的社会知名度,对社会公益事业的贡献等,按照优、良、一般、劣依次降分
运作管理能力	业主的经营管理能力	采用外调评价、面谈和问卷调查的形式对业主的社会关系、社会交游、活动能力、经营思路敏捷、市场应变能力、决断能力、经营意识、经营稳健、务实踏实等方面进行评价,按照优、良、一般、劣依次降分

2. 增加反映企业经营活力的指标

从较长时段来看,中小企业的经营具有很大的不确定性和波动性,这一点与大企业显著不同。所以对中小企业经营状况的把握,以及对其财务能力的判断主要针对其能够反映其经营活跃程度的指标,抓住这些指标就能够在短期贷款中有效杜绝中小企业的财务风险,实现资产的安全收益。能够反映中小企业经营活力的指标主要有:应收账款周转率、存货周转率、现金比率、经营性现金流净资产比率、资产负债率、净资产收益率等。例如,某商业银行中小企业贷款评级中反映经营活力的指标如表 4-3 所示。

表 4-3

某商业银行反映中小企业经营活力的指标

指标名城	计分方法	计算公式	备注
净资产收益率	10%(含)以上(7分) 0(0分) 区间内线性调整 亏损:扣5分	税后利润÷[(期初净资产余额＋期末净资产余额)÷2]×100%	含扣分项(扣5分)
资产负债比率(%)	40%(含)以下(8分) 80%(含)以上(0分) 区间内线性调整 80%～90%:扣5分	负债总额÷资产总额×100%	含扣分项(扣5分)
应收账款周转率	4(含)以上(5分) 1(含)以下(0分) 区间内线性调整	全年销售收入÷[(期初应收账款余额原值＋期末应收账款余额原值)÷2]	
现金比率	50%(含)以上(8分) 10%(含)以下(0分)	(货币资金＋短期投资)÷流动负债×100%	
经营性现金流净资产比率	20%(含)以上(8分) 0(0分) 区间内线性调整	经营性现金流÷净资产×100%	

3. 增加以往信用记录的指标

信贷人员不是万能的,信用评级机制也不是能够"洞察一切"的,所以在信贷调查以及企业信用评级的时候,一个重要的前提假定就是:企业的历史就是企业的未来。也就是说,我们往往能够通过对企业以往历史的分析,来预测企业的未来状况。虽然我们不能说"法官的儿子就是法官,贼的儿子就是贼",但是对企业以往信用记录的分析,能够有效地帮助我们对企业未来违约可能性的把握。我们的基本理念是:以往有过违约记录的企业,很可能在未来出现同样违约的情况。所以,在对中小企业信用评级的时候,对企业以往信用记录的分析,能够帮助我们判断企业未来违约的可能性,能够帮助我们对企业目前的信用状况做出相对准确的评价。以下是某商业银行对中小企业以往违约情况的分析与评价。

表4-4

某商业银行对中小企业以往违约记录的评价

指标	计算公式	记分办法
到期贷款偿还	到期贷款归还金额/到期贷款总额×100	分四种情况:在评级时点前连续2年能按期归还贷款本金;发生信贷关系1年,1年内能按期归还贷款本金;逾期后偿还贷款的,扣分;贷款逾期均未归还的,扣分
到期利息偿还	到期贷款利息归还金额/到期贷款利息总额×100	分三种情况:在评级时点前连续2年按期结息;建立信贷关系1年,1年内能按期结息;未按期结息的,扣分
到期担保贷款偿还	担保贷款到期贷款归还金额÷担保贷款到期贷款总额×100	考察所担保贷款的本金偿还情况,记分同上
到期担保贷款利息偿还	担保贷款到期贷款利息归还金额/担保贷款到期贷款利息总额×100	考察所担保贷款的利息偿还情况,记分同上

4. 增加企业发展潜力指标分析

正常情况下,银行都希望与企业建立长期的合作关系,对企业的产品支持与服务提供希望是可持续性的。从中小企业生命周期来看,中小企业的发展潜力是决定其能否完成整个生命周期历程的关键,企业越是具有发展潜力,就越是有可能在未来获得更多的现金流,越是有可能再为了获得强大的财务实力,越是有可能按约偿还银行的贷款和本金,就越是有可能成为银行长期的合作伙伴。从这个角度来看,相对大企业,对于正处在成长过程中的中小企业来说,通过相应指标判断其未来发展的潜力,是决定企业信用等级的,进而决定企业能够获得银行授信支持力度的重要指标。中小企业成长潜力指标如表4-5所示。

表 4-5

中小企业成长潜力指标

指标	评价标准	计算方式	备注
销售增长程度	连续2年增长且平均增长20%(含)以上(6分);连续2年增长且平均增长10%(含)以上(4分);连续2年增长且平均增长5%(含)以上(2分);未能连续2年增长且平均增长20%(含)以上(0分)		
盈利增长程度	连续2年增长且平均增长20%(含)以上(6分);连续2年增长且平均增长10%(含)以上(4分);连续2年增长且平均增长5%(含)以上(2分);未能连续2年增长且平均增长20%(含)以上(0分)		
用电增长率	与上年同期相比的增长量:≥20%(2分);0～20%之间线性调整;-30%～0之间(0分);<-30%(扣3分)	数据取自电费单:今年用电数÷上年同期用电数	
年纳税额	从0开始每5万元得0.5分,满分7分		以实际缴纳税款为依据

5. 增加企业上下游关系指标分析

　　这些年来,中国银行界从中国中小企业信用缺失的角度出发,开发出了一系列针对中小企业的信用评级方法与技术,使得对中小企业的信用评级获得了崭新的突破。但是,总体来看,把握中小企业的信用状况依然是很难的一件事情。在这样的情况下,我们往往倾向于从产业链的角度来把握中小企业的信用状况,这一方法的核心就是,在中小企业自身情况很难清晰把握的情况下,从产业链入手分析中小企业的情况,往往能够事半功倍的获得中小企业的更多信息,特别是要注意从中小企业的上游供应商和下游客户角度获得中小企业的更多信用信息,如表4-6所示。

表 4-6

中小企业信用评级中的上下游关系指标

指标	评分办法	计算方法	备注
下游客户集中度情况	最大两位买家合计占 30% 以下（5 分）30%（含）~50%（3 分） 50%（含）~70%（1 分） 70%（含）以上（0 分）		
上游供应商集中度情况	最大两位买家合计占 30% 以下（5 分）30%（含）~50%（3 分） 50%（含）~70%（1 分） 70%（含）以上（0 分）		
下游客户地域集中度情况	根据以省为单位的客户分布情况打分，最高 5 分		
上游供应商地域集中度情况	根据以省为单位的供应商分布情况打分，最高 5 分		

6. 增加银企关系的指标

贷款业务不同于存款业务，存款业务是从客户那里把钱拿到银行，相对来说信用风险很低，但是贷款业务是把钱从银行拿给客户，相对来说信用风险很高。所以在实践中，贷款业务的发生是一个客户储备的自然结果，而客户储备除了是优质客户的积极拓展之外，更多的是银企关系的建立与长期维持，通过银企间交易记录的分析，我们往往可以发现企业经营的真实信息，以便做出正确的信用决策。另外，现代商业银行的客户经营中，非常强调客户对银行的综合贡献度分析，也就是说和银行长期合作，在历史上对银行发展做出较大贡献的客户理应成为银行的优质客户，理应获得更高的信用级别，如表 4-7 和表 4-8 所示。

表 4-7

客户以往交易记录评价

指标	评分办法	计算公式
在我行开户结算年限	3（含）年以上；1 年（含）至 3 年；半年（含）~1 年；半年以下	
销售收入归行率（其主要销售收入在我行结算比例）	唯一账户，100% 归行；70%（含）~100%；50%（含）~70%；30%（含）~50%（4 分）；10%（含）~30%；10% 以下	销售收入归行率＝归行的销售收入÷企业销售收入

表4-8

客户对银行的综合贡献度评价

指标	指标说明	记分办法
与银行业务往来	近2年与银行业务关系情况	近2年结算、储蓄业务均有;只有结算业务;只有储蓄业务;有贷款和储蓄或贷款和结算业务;只有贷款业务;无任何业务往来
存款贡献度	在银行的日均存款余额	在评级时点前2年内,存款日平均余额情况
利息贡献度	近两年缴纳利息情况	在评级时点前2年内,客户缴纳利息情况

7. 增加企业前期投入的指标

贷款对于贷款人银行和借款人企业,在某种程度上有点类似于赌局的设定,站在银行角度来看,如果客户对需要贷款支持的生意付出越多,这个生意对他来说也越重要,他遵守贷款合同的可能性就越大,而违约的可能性就越小。这是因为,如果违约,银行将动用法律诉讼在内的一切手段实现自身资产的保全,那么客户重要的事业基础和生意平台也将由此而丧失。所以对客户企业前期投入指标的分析,能够从侧面反映客户违约的可能性以及变更贷款资金使用方向的可能性。另外,客户前期投入的指标以及客户个人财产能力的指标,也是判断客户个人经济实力,以及出现经营不善情况下,客户动用其他收入来源和资产,保全银行信贷资产能力的重要指标。判断客户前期投入的指标如表4-9所示。

表4-9

判断客户前期投入的指标

指标名称	评分办法	计分说明和计算公式	备注
业主个人资产情况	5 000万元以上;3 000万元(含)～5 000万元;1 000万元(含)～3 000万元;500万元(含)～1 000万元;300万元(含)～500万元(含);300万元以下		

指标名称	评分办法	计分说明和计算公式	备注
生产经营场地的情况	若经营场地是自购的,入账价值300万(含)～500万元(3分);入账价值100万(含)～300万元(1分);100万元以下 若经营场地是租赁的,租赁期限3年以上;3年(含)～2年;2年(含)～1年;1年以下		

4.3 信用评分卡在贷款风险控制中的应用

4.3.1 信用评分概述

信用评分①是指根据银行客户的各种历史信用数据,利用信用评分卡模型,得到不同等级的信用分值,根据客户的信用分值,分析客户按时还款的概率,并据此决定是否给予授信以及授信的额度和利率。

1. 信用评分的基本原理

信用评分的基本原理是银行首先通过对企业历史数据的分析,选择与信用风险密切相关的若干变量建立模型,然后根据模型对借贷申请人的未来还款能力进行预测并做出信贷决策(见图4-1)。

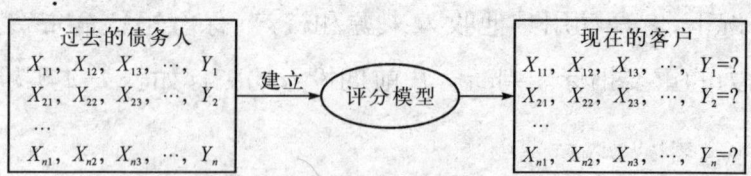

图4-1 基于历史数据分析的信用评分

左边的方框里的变量为解释变量,表示第 i 个客户的第

---

① 参见:黎月红、徐艺心,《我国小企业贷款应用评分技术的研究》,《区域经济研究》,2010年第10期。

j 个指标值；Y_i 为被解释变量，即第 i 个客户的信用风险的预测值。Y 可以只取两个值之一，如违约(为 0 分)或不违约(为 1 分)，也可以是一个表示违约可能性的连续分布的得分(从 0 分到 100 分)。银行将基于自身所能接受的风险程度设置一个得分下限，贷款申请人得分超过这一下限的，计算机系统计算出的结果将建议发放贷款，否则拒绝放贷，整个过程只需数分钟。

2. 信用评分系统可能运用到的统计方法

在信用评分中，可选择运用多种统计方法，如线性概率模型、logit 模型、probit 模型以及多元判别式分析模型。前三者是运用历史数据以及借款人特征估计违约可能性的统计方法，其中线性概率模型假设各解释变量与违约可能性之间存在线性关系；probit 模型设定违约可能性为累积正态分布；logit 模型假定违约可能性呈逻辑概率分布；多元判别式法则根据得分将借款者划分为信用风险不同的类别。近年来，信用评分过程中还出现了决策树、选择权定价理论模型以及神经网络技术等统计方法。

4.3.2 信用评分技术在中小企业贷款中的运用

1. 信用评分技术在中小企业贷款中应用的起源

中小企业信用评分技术在企业贷款领域的应用开始于 1995 年 3 月，美国一家著名的计算机软件设计商与一家银行协会合作创建了中小企业信用评分服务系统。在此过程中，银行协会的每家成员银行提供约 300 个中小企业的信贷数据(100 个好企业、100 个差企业和 100 个由好变差的企业)、两位企业所有者的消费者信用局报告以及一份关于企业自身的商业信用报告。银行发现，对于 10 万美元以下的贷款

而言,预测中小企业贷款履约情况最重要的指标是企业所有者的信用,而非企业本身业务经营情况。企业所有者的信用记录比企业净值或盈利性更具预测力,银行可以借助于类似处理消费者信贷申请那样的评分系统来处理中小企业信贷。

2. 微小信贷业务与个人信贷业务的相似性

微小企业贷款业务与个人贷款业务在某些方面具有相似性:笔数多,单笔金额小,交易成本高。其一,微小贷款业务的贷款额度往往由几千元到几十万元不等,而个人贷款业务的额度也基本在这个范围之内。其二,微小贷款业务主要针对个人客户,虽然被称作微小企业,但事实上这些企业基本上都是以家庭为单位的,家庭开支与企业开支经常混淆,家庭成员的其他收入也可以作为清还债务的来源之一。其三,除了经营性现金流之外,企业主个人的还款意愿也是贷款偿还的关键因素。由于以上这些相似性,广泛运用于个人贷款业务中的信用评分卡业务也可以运用于微小企业贷款业务中还贷能力就有道理可循了。

3. 国内银行的小企业信用评分现状[①]

十多年来,小企业信用评分技术已在美国、欧洲和亚洲地区不同国家得到广泛应用。在小企业信用评分方面,部分国内银行尤其是中小银行逐渐明确其市场定位,一直在进行相关的探索和实践,并取得了一定的进展。大银行以中国工商银行为代表,针对不同类型的中小企业建立了相应的信用评分模型,部分已上线运作,效果良好。中小银行中如宁波银行对企业贷款实施"打分卡"审批,也就是依据对目标企业的信用评分来确定是否发放贷款,这个打分卡目前已经进入

---

① 参见:潘慧,《我国小企业信用评分的实践和建议》,《征信》,2010 年第 1 期。

试运行阶段。福州市商业银行结合自身市场定位和小企业经营特点,创新设计了符合小企业融资需求的"打分卡"信贷技术,探索出小企业信贷管理的新模式。

目前,虽然在小企业信用评分方面国内银行基本还停留在引进国外的现有模型阶段,缺乏自主研发能力,但至少很多银行已经认识到引进新的信贷管理技术的必要性,且已经进入实际操作阶段。

我国银行在小企业信用评分方面无疑还处于探索和初步的实践阶段,与国外银行相比尚存在不少问题。

(1) 银行有不同的市场细分标准,对小企业的认定也不同,导致在评分系统的开发方面各自为政,成本较高。国内银行有各自的市场定位,关于小企业的判断标准也不同,在小企业信用评分系统的开发上,呈现出典型的蜂拥而上、各自为政的特点。这样导致两个问题:一是各银行未必有建立信用评分模型所需要的充足准确的历史数据,在此基础上建立的模型是否可靠值得怀疑。二是因为银行对小企业判断的标准不同,在这种情况下去开发各自的信用评分模型,有可能出现对相同行业和规模的小企业的重复评分,从而浪费了宝贵的时间和资源,并失去了相互比较和印证的依据。

(2) 信用体系建设滞后。目前,国内信用体系建设以政府为主导,有关小企业信用信息存在的问题很多:一是小企业信用评分需要来自不同部门的数据,包括银行(主要是信贷数据)和非银行部门(如司法、环保、社保等),因为不同部门之间缺乏良好的信息沟通和共享,数据的完整性存在问题。二是数据时间较短,达不到建模的要求。2006年,我国企业信用信息基础数据库开始运行,中小企业信用档案库从2007年后开始数据采集,也就是说系统、规范的数据积累只

有短短的几年时间。三是中小企业自身是其信用档案建设的主体,企业填报信息的可信度和准确性如何,尚缺乏验证的途径和渠道。四是信用信息的使用范围相对有限,主要面向商业银行和央行相应部门。总的来说,由于信用体系建设滞后,包括商业银行目前还不能搜集到信用评分模型中所需要的全部数据,这就制约了该项技术的运用和发展。

(3) 信用评分的运用范围较窄。目前,国内小企业信用评分的结果主要用于贷款审批。但实际上在贷款定价、确定贷款额度、贷后的账户管理等很多方面都可以使用信用评分的结果,从而实现充分有效利用。

4.3.3 信用评分技术在中小企业贷款中的运用的优势和局限性

第一,对于银行来说,中小企业信用评分技术的优势在于以下几个方面:

(1) 信贷决策效率提高,贷款审批时间减少,银行信贷人员将集中精力去关注那些处于得分下限附近的"边缘"客户。

(2) 放贷成本减少,银行可直接从信用局获取有关中小企业所有者的信用报告,信贷审查过程中人力资本的运用减少了。

(3) 信贷风险得到较好的管理和控制。人们认为信用评分如此有效的主要原因是这一技术并不太多地依赖于中小企业的财务资料,因为中小企业缺乏完整系统的财务报表,也因为企业报表往往有掺假的成分。

(4) 贷款审批过程的客观性有所提高。这一技术有助于银行对所有中小企业使用同样的审查标准,减少信贷人员对借款人歧视的可能性,防止信贷人员因过于谨慎而出现偏差,也有利于银行在统一的信贷标准基础上收集资料进行统计分析。

第二,从中小企业角度来看,则存在以下几个有利方面:

(1)贷款可获得性提高了,银行不必由于担心贷款定价过低而拒绝放贷。

(2)信贷申请处理程序大为简化。

(3)能够在较短的时间里就有结果,不需较长时间的等待。调查表明,以往每笔中小企业贷款审批过程平均需要12.5个小时,贷款人至少需要2个星期来处理1笔贷款,信用评分技术将这一时间降低到1个小时以下。

(4)信息要求较少,客户可选择提交或不提交财务报表的不同评分模型。

对美国56家大银行的研究表明,信用评分技术的应用使得银行对中小企业的贷款平均增加了37%。从分析美国东南部地区99家大银行1997年的普查数据发现,中低收入地区从这一技术创新中获得的效应比高收入地区更为明显。信用评分的应用使中低收入地区的中小企业贷款量平均增加了1 640万美元,是较高收入地区680万美元的2.5倍;中低收入地区的中小企业贷款可获得性提高了3%~8%,而高收入地区仅为1.7%。在研究中发现应用这一新技术使问题贷款下降了1/3之多。尽管信用评分技术在各国银行业的应用还未完全普及,但该技术已得到了普遍认可。越来越多的银行将其用于数额在10万美元以下的中小企业贷款,一些银行和中小企业十分认同和接受信用评分。经济学家认为,这一技术的应用能够加速信贷审批过程,减少数额较小贷款的成本,因而中小企业的所有者,尤其是那些新成立的中小企业获取信贷变得较为容易。

第三,信用评分的局限性主要体现在,它对数据有严格的要求:

适用的样本数据必须相当充分,要包含正常还款和拖欠贷款的样本,数据还必须涵盖经济周期的不同阶段。信用评分模型在应用时还需根据区域、时间等的差别来及时进行适度调整,否则会降低模型的准确性。

4.3.4 我国小微企业信用评分系统的开发

借鉴国际小企业信用评分技术的成熟经验,结合我国信用体系建设的实际,设计出适合我国小企业贷款的信用评分系统。总体而言有五大原则、七个步骤和六大指标体系。

1. 我国小企业信用评分系统的五大原则

小企业信用评分指标体系构建原则。构建原则是建立指标体系时所需遵循的要求,主要有以下五大原则:

(1) 综合性原则。指标体系要尽可能体现综合评价的全面性和相关性,包含影响企业信用状况的各个因素。否则就会使评分结果与实际相差很大,甚至会导致完全相反的结论。指标体系既要全面反映贷款申请人各方面的特征,也要尽量避免指标间的重叠。根据影响程度高低排列,保留高影响程度指标,排除低影响程度指标。

(2) 可操作性原则。设置的指标体系不能过于复杂,同时还要考虑指标的量化及数据获取的难易程度和可靠性。建立的指标体系要有实用性,易于操作并符合我国国情。另外,指标体系要有可理解性,容易理解每一项指标的含义和要求。

(3) 可量化原则。指标体系的指标应能以数字代表其属性,将评分数量化。即每一项指标都应能用数字代表,才能客观评价企业的实际情况,避免主观评价的随意性。因此,评价以量化研究为主,辅以考虑专家经验。

（4）预见性原则。指标体系设立的目的是要发现企业的潜在违约风险,为防范和控制风险作铺垫。因此,选择的指标应能体现企业的未来发展趋势与方向。

（5）灵活性原则。指标体系既要通用,又要灵活,才能适应不同行业、客户的要求,供各银行根据本行的贷款方式、用途、产品实际,予以灵活运用。比如企业的规模、行业属性、经营情况等因素都应考虑在内。

2. 信用评分系统设计的七个步骤[①]

（1）合理细分市场。开发信用评分系统第一步是要明确使用评分模型的客户和产品类型。这些客户和产品类型要从可能接触到信用评分的职能部门(如信贷风险管理、信贷人员、信息技术部门等)抽调人员组成工作小组,而不是由一个管理人员或部门单方面做出的。工作小组还要推动整个机构对评分系统的正确理解和使用。

（2）正确选择模型。按模型的实证化程度分类,信用评分模型主要有三种:第一种是统计型,采用统计方法从历史贷款数据中推算。第二种是专家型,由专家判断和机构经验形成,主要依靠信用评分人员的经验判断。第三种是混合型,由统计方法和判断方法结合形成。统计型评分模型用于预测单个借款人的违约概率,所拥有的精确度使其成为在风险管理、定价和计提方面最有力的评分模型。专家型和混合型评分模型用于对借款人的相对风险进行排序,分数越高风险越低。根据我国的实际情况,信用评分模型的选择应分步

---

① 参见:黎月红、徐艺心,《我国小企业贷款应用评分技术的研究》,《区域经济研究》,2010 年第 10 期。

骤分阶段实施。在应用初期采用混合型可能是较好的选择。因为有些银行积累的历史数据不完整，甚至个别个人征信信息无法获取，这时就需要通过专家的丰富经验，进行判断。

（3）选择数据样本。商业银行选择某地区两三年间所有各类型贷款申请人的资料(含"好客户"、"坏客户"和"申请被拒绝客户")作为样本总数量，然后根据业务需求、数据结构、性质及内在逻辑性，对样本数据进行归纳分类、合并和分组。另外，对于相似或重复数据，需要检查并合并数据才能建立数据集合。

（4）分析数据和选择变量。将数据整理、分析，找出数据的内在关联性，并调整数据样本变量，选择有较强能力的变量。如果变量是连续型的，就要找出合适的分界点，将所有变量分为几个区间以使其预测能力较强。选取变量就是从指标体系中选出最终量化模型所需使用的一组解释变量。

（5）建立评分模型。将数据集合应用到逻辑回归运算建立初始回归模型，然后运用概率与分数之间的转换算法把概率转换成分数得到初始评分卡，再将初始评分卡进行拒绝推论。拒绝推论是指因申请被拒绝的客户数据没有输入评分系统内，导致样本的选取非随机，整体信用情况被改变而降低了信用评分模型的有效性。不同银行有不同的特点，信用评分模型建立过程也有所不同。但由于 logistic 回归能够很好地处理定性指标，并且能对指标进行合理的筛选，大多数银行在建立模型过程中都会选用 logistic 回归方法。logistic 回归分析结构简单，处理多指标组成的复杂数据系统时，能排除个别异常数据点的影响。根据我国小企业信用评估所面临的现实问题，这种优势主要体现在：保证信用评分结果客观、处理定性数据优越，以及保证评估指标全面和实用。

（6）检验测试。将建立后的模型通过检验后才能运用到实际业务中。检验测试结果是制定评分政策的关键工具。成功实施信用评分模型除了依赖模型的预测准确度外，更取决于管理层和信贷管理人员的认同度、获取数据的准确度、审慎的信贷政策和良好的管理信息系统报告等一系列因素。

（7）监控和调整模型。模型实施后，通过报表对模型的稳定性和有效性持续监测。而且随着宏观经济环境变化，银行经营管理和信贷政策的变化，申请人、持卡人的结构也会发生变化，银行应在建立模型后的两三年进行适当调整或重新建立。

3. 信用评分系统的六大指标体系

信用评分模型的成功与否关键在于模型中指标变量的选取。因小企业信息透明度差，获取信息和评价信用风险较为困难。对于多数中国小企业来说，是由各类指标综合决定的，其中企业主个人变量指标最重要，其次是反映行业风险和企业经营环境的指标，其他指标相对重要性稍低。

（1）企业主个人变量。通过分析发现，企业主个人因素直接影响企业贷款信用风险。我国小企业一般是企业主创建并经营，经营决策主要由企业主决定，因此企业经营好坏与企业主的经营管理能力和素质有很大关系。企业主的经营管理能力主要由企业主从事本行业的时间和担任企业主年限来反映。如果两者的时间均较长，表明企业主已掌握本行业的产供销规律，组织企业经营管理娴熟。反之，如果企业主从事本行业时间长，但担任企业主年限短，说明企业主经营管理能力不一定强。而如果担任企业主年限长，从事本行业时间短，说明企业主转换行业存在一定的难度，不一定完全熟悉本行业情况。企业主的年龄间接反映了企业主的

经营管理能力,年纪小,通常人的阅历不丰富;年纪大,人的身体状况、接受事物、对事物的反映程度等可能会有所下降。企业主的个人征信情况与企业主的还款意愿、道德品质密切相关。个人征信记录好,说明企业主的诚信度高,那么企业贷款违约的可能性小。

(2)企业特征变量。企业特征变量主要有宏观经济对企业的影响、企业规模和行业属性。

企业的生产经营活动受到宏观经济环境的影响,小企业由于自身的特点更易受到宏观经济政策的影响。与经济欠发达地区相比,经济发达地区的企业违约可能性较小。企业规模一定程度上影响企业贷款违约的可能性。虽然从规模上划分都是小企业,但具体细分上仍可区分企业规模。企业规模大些的,经营管理上相对规范,信息透明度相对高,贷款违约概率会低些;相反,规模小些的企业贷款违约概率会高些。

行业分类不同,风险程度不同,企业行业性质也会影响贷款违约概率。银行可以根据行业性质设置不同的占分比重。

(3)财务状况变量。企业的财务情况如何对小企业是否违约有一定影响。企业偿债能力、盈利能力和营运能力等方面的指标信息会直接反映企业发生贷款违约和财务危机的可能性。代表偿债能力指标的有流动比率、速动比率、存货周转速度、应收账款周转速度等;代表盈利能力指标的有销售净利率、资产利润率等;代表营运能力指标的有资产周转速度、营运资金周转速度等。通常财务状况指标以企业最近3年和最近①一期的财务数据为基础进行分析。由于小企业

---

① 参见:赵子铱、邹康,《信用评分模型与中小企业贷款》,《财会月刊(综合)》,2006年第2期。为2004年贵州省高等学校人文社会科学研究课题。

财务制度不完善、财务指标不可靠，因此财务状况占分比重应适度降低。

（4）企业信用情况。企业以往的经济往来情况反映了企业的信用状况，有好的信用记录表明企业的还款意愿好。企业如果有贷款记录，表明企业能被银行接受，企业已与银行发生信贷往来。企业如果贷款后能按时偿还贷款，说明企业有诚信；反之，则说明企业不诚信。

（5）小微企业与银行关系。与银行关系变量反映了企业对银行业务的忠诚度，主要有三个指标：一是结算账户开立情况，如果基本结算账户在该银行开立，说明企业的主要业务在本行办理，银行就可以全面掌握企业的经营情况。二是存款余额，如果企业的主要存款均在该银行，说明企业的资金回笼主要在该行。三是信贷往来年限，如果发生信贷往来的年限长，说明企业对该银行业务依赖度高。

（6）担保情况。企业的担保情况反映了企业的第二还款来源。企业的第二还款来源充足，表明企业的偿还能力有保障。根据目前小企业的主要抵质押物情况，设置了商品房、商用物业、厂房、机器设备、存货、标准仓单等几种抵质押品。小企业主个人如果有押品，说明企业的担保能力较强。小企业主个人可以承担连带责任保证。小企业的保证可以是其他企业，也可以是银行认可的担保机构。根据以上六大指标的重要程度设置权重。权重占比建议企业主个人变量 30%、企业特征变量 30%、财务状况变量 8%、企业信用 10%、与本行关系 7%、担保情况 15%。具体各指标体系涉及的项目和评分标准可以根据国家宏观经济政策的变化及数据的特征进行调整和完善。

附录　某银行小微企业信用评级标准模板

评价内容			评分标准	标准分（满分）	计分说明或计算公式	实际得分
非财务因素65分	企业负责人（实际控制人）素质 23分	个人品质	(1) 很好,6分; (2) 良好,4分; (3) 一般,1分; (4) 不良行为视情况扣1~3分	6分（含扣分）	通过内部员工、上下游客户或其他渠道验证	
		个人信用记录	(1) 征信记录良好,4分; (2) 消费贷款连续逾期次数不超过2次且累计次数不超过3次的,或非消费贷款逾期次数不超过1次且逾期时间不超过1个月的,2分; (3) 超过上述第(2)条规定的,扣1分; (4) 在征信系统中无记录的1分	4分（含扣分）	通过在人行征信系统查询,或通过本行认可的征信公司查询	
		从业年限	(1) 8年(含)以上,8分; (2) 7年（含）~8年,7.5分; (3) 6年(含)~7年,6分; (4) 5年（含）~6年,4.5分; (5) 3年(含)~4年,3分; (6) 2年（含）~3年,1.5分; (7) 2年以下,0分	8分		
		学历	(1) 本科(含)以上,3分; (2) 本科以下,专科(含)以上,2分; (3) 专科(含)以下,高中(含)以上,1分	3分		
		健康状况	(1) 年龄在50岁以下且健康状况很好,2分; (2) 年龄在50岁以上但健康较好,1分; (3) 年龄在50岁以上,健康一般,0分	2分		

评价内容		评分标准	标准分(满分)	计分说明或计算公式	实际得分
企业素质	20分	管理能力	(1) 很好,3分; (2) 较好,2分; (3) 一般,1分	3分	管理部门设置,管理制度(员工培训、奖罚制度、薪酬、晋升),管理制度履行情况	
		管理团队	(1) 管理人员本科 60%(含)以上,3分; (2) 管理人员本科 30%(含)以上,2分; (3) 管理人员本科 10%(含)以上,1分	3分		
		市场竞争力	(1) 市场竞争力强,2分; (2) 市场竞争力一般,1分	2分	在同行业中设备、工艺、产品或服务的市场竞争力	
		公司成立年限	(1) 5年(含)以上,5分; (2) 4年(含)~5年,4分; (3) 3年(含)~4年,3分; (4) 2年(含)~3年,1分; (5) 2年以下,0分	5分		
		企业信用记录	(1) 无不良记录,7分; (2) 无信用记录,3分。 (3) 出现一笔逾期在30天(含)以内的,2分; (4) 逾期记录超过30天、60天(含)以内的或连续出现两次逾期的,扣1分 (5) 逾期记录超过60天的或连续出现3次逾期以上的,扣2分	7分(含扣分)	通过在人行征信系统查询,或通过本行认可的征信公司查询	
合作关系	3分	销售收入归行率	在我行销售归行率 (1) 70%(含)以上,3分; (2) 60%(含)以上,70%以下,2分; (3) 50%(含)以上,60%以下,1分; (4) 40%(含)以上,50%以下,0.5分	加分项(3分)	经该行结算的回笼货款÷销售收入×100%	

中小企业贷款的信用评级研究

商业银行中小企业贷款核心问题解析

评价内容			评分标准	标准分（满分）	计分说明或计算公式	实际得分
政策环境	8分	行业集中度	(1) 主导企业行业市场占比80%(含)以上,0分; (2) 主导企业行业市场占比50%~80%,2分; (3) 主导企业行业市场占比低于50%,4分	4分		
		行业政策	(1) 国家产业政策支持,行业发展前景良好,2分; (2) 符合国家产业政策,行业发展一般,1分; (3) 国家产业政策限制,扣1分	2分（含扣分）		
		区域环境	(1) 符合环保要求,享有税费等优惠政策或政府支持,2分; (2) 不享受任何优惠政策,0分	2分		
仓储业	14分	生产经营场所	有且计入企业资产: (1) 入账价值500万元(含)以上,5分; (2) 入账价值300万(含)~500万元,4分; (3) 入账价值100万(含)~300万元,3分; (4) 入账价值60万(含)~100万元,2分; (5) 入账价值30万(含)~60万元,1分; 租赁生产经营场所: (1) 租赁期限10年(含)以上,4分; (2) 租赁期限5年(含)~10年,3分; (3) 租赁期限3年(含)~5年,2分; (4) 租赁期限3年以下,1分	5分		
		仓库面积利用率	(1) 利用率80%(包含)以上,4分; (2) 利用率60%(包含)~80%,3分; (3) 利用率40%(包含)~60%,1分	4分	实际出租面积÷全部面积×100%	
		网络建设	(1) 与业务覆盖省级以上的物流企业合作或自身网络覆盖市、县,2分; (2) 与业务覆盖市、县级以上物流企业合作,1分	2分		

评价内容			评分标准	标准分（满分）	计分说明或计算公式	实际得分
财务分析35分	偿债能力 19分	最大买家集中度	最大买家合计占销售收入 (1) 30%以下,3分; (2) 30%（含）～50%,2分; (3) 50%（含）～70%,1分; (4) 70%（含）以上,0分	3分	买家指企业产品或服务的购买方	
		资产负债率	(1) 50%（含）以下,6分; (2) 50%～60%（含）,4分; (3) 60%～65%（含）,2分; (4) 65%～75%（含）,1分; (5) 75%以上,0分	6分	负债总额÷资产总额×100%	
		现金比率	(1) 40%（含）以上,8分; (2) 30%（含）以上,40%以下,6分; (3) 20%（含）以上,30%以下,4分; (4) 15%（含）以上,20%以下,2分; (5) 10%（含）以上,15%以下,1分	8分（含扣分）	（货币资金＋短期投资）÷流动负债×100%	
		夫妻双方个人名下主要资产	注:运用此加分项必须是企业负责人及配偶承担连带责任 (1) 600万元（含）以上,6分; (2) 400万元（含）～600万元,5分; (3) 200万元（含）～400万元,4分; (4) 100万元（含）～200万元,3分; (5) 50万元（含）～100万元,2分; (6) 30万元（含）～50万元,1分; (7) 30万元以下,0分	加分项（6分）		
		或有负债	(1) 或有负债÷实收资本为0,5分; (2) 或有负债÷实收资本小于等于40%,3分; (3) 或有负债÷实收资本大于40%,小于80%的,扣2分; (4) 或有负债÷实收资本大于等于80%的,扣3分	5分（含扣分）	或有负债:企业及企业主对外担保的所有负债,可通过贷款卡从人民银行的征信系统查询	

中小企业贷款的信用评级研究

评价内容		评分标准	标准分(满分)	计分说明或计算公式	实际得分
经营能力	8分	主营业务增长率	(1) 较去年增长20%(含)以上,4分; (2) 较去年增长15%(含)~20%,3分; (3) 较去年增长10%(含)~15%,2分; (4) 较去年增长5%(含)~10%,1分; (5) 较去年下降10%(含)~15%,扣1分; (6) 较去年下降15%(含)~20%,扣2分; (7) 较去年下降20%(含),扣3分	4分(含扣分)		
		应收账款周转次数	(1) 6(含)以上,4分; (2) 4(含)~6,2分; (3) 2(含)~4,1分; (4) 1(含)~2,0.5分	4分	年销售收入÷(期初应收账款+期末应收账款)÷2	
		纳税	年纳税额满5万元得1分,每增加10万元加1分,满分4分	加分项(4分)		
盈利能力	8分	净利润增长率	(1) 较上年增长25%(含)以上,4分; (2) 较上年增长15%(含)~25%,3分; (3) 较上年增长10%(含)~15%,2分; (4) 较上年增长5%(含)~10%,1分	4分		
		净资产收益率	(1) 10%(含)以上,4分; (2) 8%(含)~10%,3分; (3) 6%(含)~8%,2分; (4) 4%(含)~6%,1分; (5) 3%(含)~4%,0.5分	4分	税后利润÷[(期初净资产+期末净资产余额)÷2]×100%	
合计	100分	(加分项13分减分项13分)				

第 5 章

中小企业贷款的定价方法研究

中小企业相对较高的违约率,决定了在中小企业贷款定价中,违约概率和违约损失率应该成为重要的定价要素。建立科学的定价机制是正确核算中小企业贷款成本收益的基础。

5.1 贷款定价的经济理论基础

5.1.1 贷款定价的经济理论基础

贷款定价是商业银行根据自身的资金成本、贷款费用、贷款风险和盈利目标,结合借贷市场资金供求状况和客户合作关系等因素,综合确定贷款价格。贷款定价包括狭义和广义两种含义,狭义的贷款定价是指贷款的利率定价;广义的贷款定价是指除了贷款利率外,还包括贷款承诺费、表内净扣比率、手续费和隐含价格等综合定价。而本书的贷款定价仅限于贷款利率定价。

古典利率理论、流动性偏好利率理论、可贷资金利率理论是西方商业银行贷款定价的基本依据,其核心观点是:在借贷市场上,贷款利率的高低是由资金供给方和需求方共同决定的,供给曲线和需求曲线的交点决定了均衡利率和均衡贷款量。19 世纪 90 年代,J. E. Stingltz、A. Weiss 关于信贷配给现象的解释认为,信息不对称导致的逆向选择使银行的预期收益曲线并不表现为单调曲线,当利率水平达到一定程度以后,银行的预期收益将下降。因为越是接受高利率的企业越有可能不偿还贷款,使贷款坏账损失超过贷款利息收益。这一理论揭示,贷款风险也是影响贷款利率的根本因素之一。

从宏观角度分析,除借贷资金供求关系外,影响利率水平的还有以下因素:一是平均利润率。利息产生于借贷资本向生产资本转化的运动过程,是利润的一部分,因此一国一定时期内的平均利润率决定了利率水平的上限。二是预期通货膨胀率。通货膨胀会引起货币贬值,为了弥补借贷资金本息的价值损失,必须相应提高贷款利率。三是货币政策。

当中央银行实行扩张性货币政策时,利率会下降;实行紧缩性货币政策时,利率会上升。从另一个角度讲,利率调整本身也是货币政策的重要组成部分。四是国际利率水平。国际利率水平及其变动趋势对本国利率水平具有较强的"示范效应"。一般来说,国际利率下降会降低国内利率水平或抑制国内利率上升的程度;反之亦然。一国的经济、金融开放程度越高,受国际利率水平影响就越大。五是历史利率水平。利率具有较强的历史继承性,在调整利率时,历史利率水平是一个重要的参考依据。

从微观角度分析,贷款利率(P)由资金成本($C1$)、风险成本($C2$)、交易成本(贷款费用 $C3$)、机会成本(无风险利率 $C4$)、银行贷款的目标利润率($R1$)、借款人拟投资项目的预期收益率($R2$)等多因素决定,可以建立如下贷款定价与决策的基本模型:

$$P \geqslant C1 + C2 + C3 \tag{5-1}$$

$$P \geqslant R1 \tag{5-2}$$

$$P \geqslant C4 \tag{5-3}$$

$$P \leqslant R2 \tag{5-4}$$

贷款利率(P)在满足上述四个不等式的条件下,根据贷款的供求状况和借贷双方的地位,最终通过谈判决定。商业银行贷款定价满足了以上条件,信用风险和经营费用才能得到充分的补偿,预期的盈利目标才能得到保障。

5.1.2 贷款定价的重要意义

1. 贷款定价对商业银行贷款经营的意义

在利率市场化的条件下,掌握并正确运用贷款定价方法、技巧和策略,合理地进行贷款定价,对提高商业银行市场竞争力、盈利能力和资源配置效率,具有重大的现实意义。

（1）有利于商业银行拓展信贷市场和实现经营效益最大化目标。科学、合理的贷款定价体系既应考虑银行经营所承担的风险、资金成本和资本的预期回报等,又要兼顾客户的承受能力和货币市场资金供求及价格波动等因素,从而增强商业银行贷款定价的灵活性和竞争力,增强对客户的吸引力,最终有利于商业银行经营效益最大化目标的实现。

（2）有利于商业银行提高资金配置效率和经营管理水平。商业银行贷款价格的确定,对外是银行与客户商定借出资金价格的行为,对内是对资金运作风险和预期收益的控制性活动,是一个复杂的系统工程,必须注重成本管理、市场研究、风险规避及客户贡献度测量等,促进商业银行提高资金配置效率和经营管理水平。

（3）有利于商业银行降低利率风险对经营效益的影响。20世纪70年代末、80年代初,美国许多银行破产倒闭主要是受利率风险影响,经营大幅亏损。一些商业银行缺少对利率风险的认识和管理,缺乏完善的金融产品定价体系,使资产负债业务潜在的利率风险显性化。随着我国利率市场化的推进,利率风险对商业银行经营效益的影响日益显著。建立科学、合理的贷款定价体系,有利于商业银行提高规避利率风险的能力。

（4）有利于商业银行实现资本约束下的可持续发展。银行经济资本管理的核心指标是经济资本回报率,其计算公式为:

RAROC ＝ (净收益－预期损失)÷经济资本(非预期损失)

银行要获得合理的资本回报率,必须从贷款收益中提取

商业银行中小企业贷款核心问题解析

足够的呆账准备以冲减预期损失,而且维持充足的资本以应对非预期损失。通过合理的信贷定价,把"风险补偿"这一理念贯穿到整个信贷审批和管理过程,以确保贷款收益弥补呆账准备的提取,同时建立稳定有效地资本补充机制,从而提升银行的核心竞争力。

2. 我国贷款利市场化的必然趋势

2004 年 10 月 29 日,央行报经国务院批准,决定不再设定金融机构(不含城乡信用社)人民币贷款利率上限,所有金融机构的人民币贷款利率下浮幅度保持不变,下限仍为基准利率的 0.9 倍。至此,我国金融机构人民币贷款利率已经基本过渡到上限放开,实行下限管理的阶段。央行还推出了一系列扩大商业银行贷款定价自主权的措施,比如放开贷款计息、结息方式等,大大提高了贷款利率市场化程度和信贷风险的补偿能力,为各市场主体参与金融市场营造了公平竞争的环境。在我国利率市场化之前,商业银行的存贷款利率一般由央行严格管制,商业银行本身既没有必要也不允许为其资金产品定价。而利率市场化之后,央行赋予了商业银行贷款定价的自主权,同时利率市场化也对商业银行的经营产生了重大影响。

5.2 影响贷款定价的因素分析

5.2.1 确定贷款价格原则

1. 既要匹配战略又要适应市场

贷款定价应服从于全行整体发展战略,并根据市场价格及市场供求变化作相应调整,使贷款价格与银行的风险偏好、市场特征、客户特征相适应,在有效控制风险的前提下提

高信贷产品的市场竞争力和盈利水平,促进全行综合经营目标的实现。

2. 实用性原则

贷款定价的内外部条件将随着金融市场的发展和银行资金、财务和风险管理水平的提高而不断改善,因而贷款定价应遵循可操作性和可拓展性相结合的原则。可操作性是指要保证在现有条件下贷款定价的实现,可拓展性是指要保证目前贷款定价系统的操作平台能够适应将来的发展,为贷款定价模式的调整和发展预留空间。

3. 定量和定性相结合

从西方商业银行贷款定价的实践看,没有银行直接将定量结果作为贷款的价格,而是在定量计算的基础上,综合考虑客户与银行的合作关系和市场竞争情况等确定最终的贷款价格。因此,贷款定价除建立定量计算模型外,还应设置合理的定性指标,为信贷决策人员提供定价调整空间,以提高贷款定价的实用性、合理性。

4. 对风险溢价

银行贷款业务是一项风险性业务,保证贷款的安全是银行贷款经营管理过程的核心内容。除了在贷款审查发放等环节要严格把关外,合理的贷款定价也是保证贷款安全的重要方面。贷款定价最基本的要求是使贷款收益能够弥补贷款的各项成本。贷款成本除了资金成本和各项管理费用外,还包括因贷款风险而带来的各项风险费用,如为弥补风险损失而计提的呆坏账准备金、为管理不良贷款和追偿风险贷款而花费的各项费用等。可见,贷款的风险越大,贷款成本就越高,贷款价格也应越高。因此,银行在进行贷款定价时,必须遵循风险与收益对称原则,以确保贷款的安全性。

5.2.2　贷款定价的决定因素

贷款定价的决定因素是贷款定价中最核心、最难的一部分,银行掌握了贷款定价的关键要素,就掌握了贷款定价。贷款定价的形成机制比较复杂,市场、银行和监管机构这三方面是形成均衡定价的三个主要力量。由于市场和监管机构对商业银行来说属于不可控的因素,所以许多商业银行把注意力集中于商业银行内部定价机制。贷款定价通常由以下因素决定。

1.　成本核算

建立精确、合理的内部资金转移定价系统。合理确定资金成本是贷款定价的先决条件。银行必须有能力对部门间的成本进行准确核算,并以此为基础对各类资金来源的价格进行综合分析,从而确定合理的贷款价格。准确的计算贷款成本在成本加成模型和客户盈利分析模型中都有要求,客户盈利分析模型对成本的计算要求更高,要求按作业成本来有效的衡量贷款价格。

2.　信贷风险

信贷风险评估是贷款定价的基础,84%的国际性大银行将信贷风险评估结果运用于贷款的定价过程,从而为贷款利率和其他金融产品的定价提供重要依据。通过信贷风险评估充分揭示借款人、金融工具违约的可能性和损失程度,使贷款的价格充分体现其信用风险的大小,从而使银行的收益和风险相匹配。

3.　期限风险

期限风险是由于贷款期限长短不一而导致贷款损失的可能性和货币时间价值的变化。贷款期限越长,利率风险越大,借款人信用恶化的可能性也越大,同时,随着期限的延长,货币的时间价值也应予以体现。因此贷款期限越长,所要求的期限风险补偿越高。

4. 期望利润

从规范的商业银行资产负债管理的角度看,目标利润率是指银行资本从每笔贷款中应该获得的最低收益水平,实质上是资本的期望收益率。目标利润率可根据银行股东既定的期望收益或利润计划、平均资产规模等因素综合考虑确定。其计算公式如下:

目标利润率 = 股东期望收益 ÷ 预计当年平均资产规模 × 100%

其中　预计当年平均资产规模=(年初资产总额+预计年末资产规模总额)÷2

5.2.3　贷款定价的主要模式

西方商业银行贷款定价模式是建立在以下条件基础之上的:一是高度成熟、发达的金融市场。具有统一的金融市场体系和完备的市场工具,广泛的市场参与和充分竞争,自由的市场机制,发达的交易手段,完善的金融数据服务和先进的信息系统支持,形成了权威的市场基准利率(无风险利率),为银行贷款定价提供了重要的参照系数。二是弹性的、灵活的利率管理政策。中央银行通过市场手段引导利率,利率市场化程度很高,商业银行具有充分的贷款定价自主权。三是西方商业银行经过长期发展和技术、经验的积累,建立了比较成熟的成本核算、财务管理、风险计量方法和完善的管理信息系统,具备了贷款定价的内部条件。

1. 成本加成定价法

成本加成定价法(Cost-plus Loan Pricing)是一种较为传统的定价模式,认为任何贷款的利率都应包括以下四部分:

银行筹集可放贷资金的成本、银行非资金性经营成本、贷款的风险溢价和预期利润水平。其计算公式如下：

贷款利率 = 资金成本 + 非资金性经营成本 + 风险成本 + 目标利润

采用这种定价方法的基本条件：一是商业银行能够精确地测算并分配其经营成本到每一项业务、每一个客户，这要求商业银行有一个精心设计的成本管理系统。二是商业银行能充分估计出贷款的违约风险、期限风险及其他相关风险，以确定每一笔信贷业务的风险溢价，要求商业银行拥有完善的贷款风险管理系统。

成本加成定价法的优点在于使商业银行明确办理贷款时的各项成本，有利于其确保目标利润的实现，同时为商业银行提供了控制贷款成本以提高竞争力的手段。其缺点在于仅从银行本身角度出发给贷款定价，忽略了客户需求、同业竞争、市场利率水平变化等因素，且没有考虑不同客户给银行带来的不同贡献，可能因价格偏高而在信贷市场上失去竞争力。

2. 价格先导定价法

价格先导定价法（Price Leadership Loan Pricing）是国际银行广泛采用的一种定价模式。其具体操作程序是：首先，选择某种基准利率作为基价；然后，针对客户贷款风险程度的不同确定风险溢价（"加点数"或"乘数"），根据基准利率和风险溢价来确定该笔贷款的实际利率。其计算公式如下：

贷款利率 = 基准利率 + 风险溢价点数

采用这种定价方法的基本条件如下：一是有可供商业银行选择的基准利率，一般认为是银行对最值得信赖的客户发

放短期流动资金贷款时给予的最低利率(也称优惠利率)。随着货币市场的发展,同业拆借利率(如 Libor)、CD 利率、商业票据利率、国库券利率等成为基准利率的选择对象。二是商业银行要充分估算出贷款的违约风险,以确定在基准利率之上的加点数。

价格先导定价法的优点在于:一是具有较强的可操作性,与成本加成定价法相比,省略了计算资金成本和非资金经营成本,只需选择合适的基准利率,即可根据风险溢价确定贷款定价。二是以市场利率水平为基础,结合贷款的风险程度来制定贷款价格,具有一定的市场竞争力。其缺点在于:一是没有考虑商业银行贷款的实际成本,如果一家银行的贷款成本超过了基准利率,则通过这种方法制定的贷款价格会使该银行不能获得目标利润甚至亏损。二是没有考虑银行与客户的全面关系和综合贡献,制定的价格对一些在银行存款、结算量较大的客户或需竞争的客户而言没有竞争力,为此西方商业银行又推出了对价格先导定价的修正方法——低于基准利率定价模型(Below-Prime Pricing),以便于银行竞争优质客户的贷款定价。

3. 客户盈利分析法

客户盈利分析法(Customer Profitability Analysis Loan Pricing)首先为客户设定一个目标利润,然后比较银行为该客户提供所有服务的总成本、总收入及银行的目标利润,以此来衡量定价水平。银行为客户付出的总成本包括:存款账户的管理费用、贷款的管理费用;贷款资金的利息成本;贷款的违约成本。银行从客户获得的总收入包括:客户存款的投资收入;各种中间业务(服务费)收入;贷款的利息收入。其计算公式如下:

贷款利率 = 银行的目标利润率 +（为该客户提供的所有服务的总成本

－为该客户提供所有服务中除贷款利息以外的其他收入）÷ 贷款额

  客户盈利分析法的优点在于：一是它不是仅就一笔贷款本身来确定其价格，而是从银行与客户的全部往来关系中寻找最优贷款价格，体现了"以客户为中心"的经验理念；二是通过差别化定价，既可吸引和保留为银行带来较高利润的优质客户，又能识别对银行贡献较低的客户，通过提高贷款价格来保证银行的整体盈利水平。采用这种定价方法，需要准确测算为每个客户提供服务的总成本和总收入，这对商业银行的成本和收益核算提出了很高的要求。上述三种贷款定价模式的简单比较如表 5-1 所示。

表 5-1

西方商业银行贷款定价的主要模式比较

模式	优点	缺点
成本加成定价法	成本约束力强	对成本核算系统要求高；对风险管理系统要求高；未考虑市场竞争
价格先导定价法	兼顾考虑市场利率风险和贷款自身的风险	可能降低银行的利润水平；加大了银行风险管理的难度；未考虑银行与客户的关系
客户盈利分析法	考虑了银行与客户的关系；实现了差别定价	对成本核算和管理系统要求高

  4. 基于经济资本 RAROC 的定价方法

  经济资本是综合考虑商业银行风险与收益的经营管理工具，20 世纪 90 年代以来，国际银行界开始将风险调整后的资本收益（Risk-Adjusted Return on Cap Ital，简称 RAROC）作为绩效考核、业务调整、资本配置和战略决策的重要经营管理工具。目前已经成为当今公认的最为核心、最有效的风险管理技术和手段。经济资本工具的基本理念是：银行在评价其盈利情况时，必须考虑为了获得这一盈利所承担的风险

有多大。如果某项业务的风险很大,则预期损失与非预期损失一般也会较大,所以在应用经济资本计算了潜在的高损失的情况下,其资本利润率也不见得很高,甚至可能是负数。经济资本工具的核心指标是风险调整后资本收益率(RAROC)。其计算公式如下:

$$\frac{\text{风险调整后}}{\text{资本收益率}} = [\text{收入} - \text{资金成本} - \text{经营费用}$$

$$- \text{预期损失(五级分类的结果)}] \div \text{经济资本占用}$$

计算风险调整后资本收益率的关键是计算经济资本占用,经济资本是指用来覆盖一笔贷款非预期损失的资本,也就是一笔贷款的非预期损失,而非预期损失是指因宏观经济环境或行业因素波动造成的风险损失对预期损失的偏离程度,由于这种损失是系统损失,不能够通过相应的风险管理技术所对冲,所以只能由商业银行的自有资本来弥补。这一资本的计算非常复杂,实践中,中小商业银行可以借鉴一些技术实力较强和违约数据积累较多的大型商业银行的经济资本占用系数,再根据自身因素加以调整。

关于风险调整后资本收益率在贷款定价中的应用,我们在下面会有专门的案例,在此不再赘述。

5.3 中小企业贷款定价分析

5.3.1 中小企业贷款定价面临的主要问题

银监会颁布的《银行开展小企业贷款业务指导意见》指出,银行开展小企业贷款必须坚持市场原则和商业化运作模式,其核心要素是银行可充分利用贷款利率放开的市场环境,引入利率风险定价机制。但从当前基层银行实际操作情况看,中小企业贷款利率定价还处于比较粗放的阶段,由于没有科学的风险计量和定价模型,贷款利率确定主要依靠是否有抵押以及客户对银行的贡献度,价格和风险存在一定脱节,同时多数银行也缺乏相应的中小企业贷款定价管理制度和操作办法。

1. 中小企业贷款的高风险性

中小企业本身的治理结构、运作模式、经营行为,决定了其高风险性。很多中小企业信用级别较低、担保难、风险大、综合效益较差,信息不对称产生的"道德风险"和"逆向选择"现象,在中小企业贷款过程中显得尤为突出。这些都导致商业银行对中小企业贷款定价的难度增大。

2. 信息不对称问题

中小企业贷款的普遍性难题是信息不对称。企业了解银行难,大多数处于起步阶段的中小企业主,很少有与银行打交道的经验,不大了解银行内部的企业审查、评估等技术和做法。而银行了解企业更难,中小企业往往没有规范的财务报表,会计记录有限,常规的企业信用等级评估方法所需要的各种书面资料,很难在它们身上直接获取。目前银行贷款定价模型中,一个主要的考量因素是信用评级(或资产负债率),对中小企业而言,能达到评级标准的并不多,特别是对于刚起步处于创业期的企业,评级往往是无从谈起。对没有信用评级的企业,我们通常参考的是资产负债率指标,然而这又是中小企业的一个软肋,能提供符合会计准则要求、经过事务所审计认可的财务报表的中小企业恐怕也不多见。

3. 贷款定价体系缺位

目前,虽然利率有所放开,但是国内商业银行的定价体系基本还在沿用利率管制阶段的模式,并不适应市场经济条件下资金优化配置和风险匹配的要求。特别是对于市场化

程度更高的中小企业贷款,根据资金成本、市场供求和风险溢价水平确定贷款价格的定价体系还处于探索研究阶段。

4. 各种风险数据的积累不够

由于信息不对称、缺少权威的信用评级中介机构、历史数据积累少等因素,商业银行对中小企业的信用评级工作开展难度很大,进而加大了对贷款风险成本的测量难度并且降低了准确度。

5. 建设信息系统的成本很高

虽然目前国内商业银行已经开始整合原有的信息数据库,并开始建立中小企业信贷管理信息平台,以实现信息共享,为全面掌握中小企业业务结构、资金成本和风险成本提供信息。但是,与国际上先进商业银行的做法相比,仍有较大差距。信息系统还不能提供综合的业务结构、客户结构、资金及风险成本等信息,对于定价决策的支撑力度尚显薄弱。特别是对于众多小银行来说,建设庞大的信息系统的成本非常高,而这样的技术成本是他们不能支撑的。

5.3.2 适合中小企业贷款的定价模式①

1. 中小企业贷款定价模式选择

基于上述三种贷款定价模式的优缺点比较,结合中小企业贷款定价的特点,如果单纯使用任何一种定价模式,都不完全适合于中小企业。成本导向模式的成本加成定价法虽然有利于内部成本和收益的核算,但不适合于对优质客户的竞争;市场导向模式的价格先导定价法不太适合中小商业银行面对的中小企业客户群,也没有核算负债款成本,不利于

---

① 参见:曹明杰,《独立核算机制下中小企业贷款定价研究》,《江西金融职工大学学报》,2008 年第 6 期。

银行全面管理；客户导向模式的客户盈利分析法以"客户为中心"，能够全面衡量客户对银行的综合贡献，有利于持续获得客户，但是其计算复杂，要求大量投入 IT 系统、数据收集处理系统建设，管理成本和操作成本非常高，针对数量众多的中小企业，从成本收益衡量并不经济。

因此，本书提出结合成本导向和市场导向的优点，采用市场导向的成本加成定价模式，更适合于中小企业的贷款定价。即在成本导向的定价模式和模型方法中，引入市场导向模式考虑的贷款定价影响因素，例如以市场竞争产生的基准利率替换原成本导向模型中的内部资金成本、以银行同业平均资本回报率替换原成本导向模型中的内部目标利润率等。该定价模式不仅考虑银行的预期损失补偿，同时增加对非预期损失的补偿，以全面覆盖风险。中小企业自身特点决定其贷款定价需要通过一种简单、可行、不过度依赖历史数据的定价模式。将成本导向和市场导向两种模式相结合，才是适合中小企业特点的定价模式。另外，由于该模式是成本导向和市场导向两种定价方式的结合，既可以对贷款定价，又可以对存款进行定价，也就是说，该模式能够普遍适用于银行的各类产品定价，具有广泛性。

2. 贷款定价因素的巴塞尔协议分析

按照市场导向的成本加成定价模式，设计适合于中小企业的贷款定价模型方法。同时在贷款定价模型中结合巴塞尔新资本协议引入风险计量和风险补偿变量，不仅考虑银行的预期损失补偿，同时增加对非预期损失的补偿，以全面覆盖风险。我们采用加成成本定价方法，按照巴塞尔协议的要求，来分析一下企业贷款定价的问题。加成成本法贷款利率计算公式如下：

$$贷款利率＝综合资金成本＋经营费用＋风险成本＋期望利润$$

其中　风险成本＝预期风险损失率＋非预期风险损失率

预期风险损失＝违约概率×违约损失率

非预期损失率＝资本占用系数×期望资本回报率

（1）综合资金成本。综合资金成本主要是指某银行连续若干年来，组织各类资金所耗费的客户利息支出，在此不做详细论述。

（2）经营费用。经营费用主要是指某银行经营过程中发生各类经营费用，包括员工薪酬、网点固定资产摊销、计算机通讯费用、办公费用、运钞费用、培训费用等，在此不做详细论述。

（3）期望利润。期望利润是指银行期望通过这笔贷款能够获得的净利润，当然银行对不同客户的期望利润是不同的，对银行综合贡献度高的客户，能够给银行带来各种综合收益，所以在单笔贷款价格的确定上，就可以将期望利润降低一些，对于综合贡献度低的客户，则应该反向操作。

（4）风险成本。巴塞尔协议对风险成本的计算依据内部评级法 IRB，要求如下：

所谓预期的风险损失率是指：违约发生时对资产损失计提。预期的风险损失率决定于三个因素：一是违约概率；二是违约损失率；三是贷款期限。在中小企业贷款中，由于中小银行普遍缺乏违约数据的积累，他们很难按照巴塞尔协议"必须具备 5 年以上的历史数据来估计并验证违约概率，必须有 7 年以上的历史数据来估计违约损失率"的要求，来精确计算风险损失率。所以，现实中，中小银行只能参照其他银行的做法，结合自身的因素，大概确定违约损失率和违约概率的系数。

在中小企业贷款中，我们可以根据中小企业信用评级的结果，来确定违约概率的系数。假如我们将中小企业信用评

价的结果分为 10 级：AAA、AA、A、BBB、BB、B、CCC、CC、C、D，我们就可以根据评级的结果，对不同信用级别的客户给予不同的违约概率系数。例如，我们可以设定按照评级结果的违约概率系数如表 5-2 所示。

表 5-2

依据评级结果的违约概率系数

评级	AAA	AA	A	BBB	BB	B	CCC	CC	C	D
违约概率	0	0.9%	2.1%	3.2%	5.4%	9.2%	不授信	不授信	不授信	不授信

在中小企业贷款经营的现实中，几乎没有银行能够详细积累 7 年以上的中小企业贷款损失率的数据，所以我们根据巴塞尔协议的标准算法来解决这一问题。在巴塞尔协议在初级内部评级法下，我们可以根据担保方式的不同设定违约损失率，在商业银行的实际业务中，贷款保证方式主要有四种：质押、抵押、保证、信用，保证方式设定的违约损失率如表 5-3 所示。

表 5-3

IBR 下不同保证方式的违约损失率系数设定

保证方式	质押	30%<抵押率<140%	抵押率>140%	信用
违约损失率	(1−抵押率)×75%	45%	35%	75%

所谓非预期的风险损失率是指：非预期损失是指由于宏观经济变化等原因造成的信用风险损失偏离预期损失的程度，这些损失是无法通过定价技术和风险管理技术予以解决的，而只能依靠银行自有资金作为对风险的补偿，所以就牵扯到资本占用系数的问题，也就是为覆盖这类风险银行需要准备的资本系数。《巴塞尔协议》要求，要单独对中小企业的指标、规模以及期限进行调整，再根据这些指标推估出资本占用系数。对资本占用系数的推算涉及大量历史违约系数的积累，以及概率统计模型的应用，这在目前中国中小企业

的现状下是不能完成的,所以我们在此不做详细论述,而只是根据保证方式和信用评级结果,给出 1 年期贷款的简单示意性结果如表 5-4 所示。

表 5-4

资本占用系数矩阵①

评级结果 保证方式	AA	A	BBB	BB
信用	10.0～13.2	14.5～17.8	16.5～17.3	21.3～22.1
抵押	6.0～7.96	8.74～10.7	10.4～12.4	13.3～15.2

3. 案例:基于担保方式和评级结果的中小企业贷款定价

承接上面,我们用两个中小企业定价的例子,来说明具体应用的问题:

(1)假设客户 A,其信用等级评定为 BBB,准备做一笔流动资金贷款,保证方式为信用贷款,贷款期限为 1 年。银行方面期望的资本回报率为 15%,由于该客户为新客户,并且在该银行存款很少,所以期望的客户利润率为 1.5%。假设该银行近几年的综合资金成本为 2.47%,加权管理成本为 1.82%,则该客户的贷款定价计算如下:

P = 综合资金成本 + 综合管理成本 + 期望利润率 + 预期损失率 + 非预期损失率

= 2.47% + 1.82% + 1.5% + 3.2% × 75% + 17.3% × 15%

= 10.785%

(2)假设客户 B,贷款类型为房产抵押贷款,抵押率为 60%,贷款期限为 1 年,资本期望回报率为 15%。该客户是银行的老客户,在该银行有相当数额的存款,同时该企业的代发工资也放在这里,所以银行从客户综合贡献度角度考

———

① 表 5-4 中资本占用系数,是按照区间给出的,不同的企业区间不同;信用贷款,LGD 按 75%设定;抵押贷款,140% > 抵押水平>100%,LGD 按 45%设定。

虑,为该客户设定的期望利润率为 1.0%,综合资金成本和加权管理成本同上。则该客户的贷款定价计算如下:

$$P = 综合资金成本 + 综合管理成本 + 期望利润率 + 预期损失率 + 非预期损失率$$

$$= 2.47\% + 1.82\% + 1.0\% + 2.1\% \times 45\% + 10.7\% \times 15\%$$

$$= 7.840\%$$

4. 案例:基于 RAROC 的定价[①]

(1) 该银行主要业务数据如表 5-5 所示。

表 5-5

某商业银行业务数据

单位:亿元

项目	金额	项目	金额
一、收入	106.26	3. 其他利润调整	2.44
1. 贷款利息收入	49.57	四、净收益	20.58
2. 金融机构往来利息收入	49.83	五、风险成本	5.76
3. 中间业务收入	4.65	1. 按计提比率1%	2.17
4. 其他营业收入	1.51	2. 按人民银行计提比率应补提	3.05
5. 投资收益	0.64	其中:(1) 上年计提基数	283.92
6. 营业外收入	0.06	(2) 当年计提基数	289.68
二、成本	104.88	A. 各项贷款余额	1 311.00
1. 利息支出	22.43	(1) 正常(1%)	862.00
2. 金融机构往来利息支出	44.17	(2) 关注(2%)	96.00
3. 费用	23.49	(3) 次级(20%)	44.00
4. 其他营业支出	8.44	(4) 可疑(50%)	124.00
其中:呆账准备金	2.71	(5) 损失(100%)	185.00
5. 营业税金及附加	3.06	B. 待处理以资抵债资产余额(50%)	35.00
6. 营业外支出	3.27	C. 核销呆账	3.64
7. 以前年度损益调整	0.02	六、风险调整后利润	14.82
三、账面利润	1.38		
1. 消化包袱	22.34		
2. 应计算纳税所得	3.41		

[①] 案例摘自于:马林、张洪程、王胜侬,《经济资本回报率在商业银行的应用》,《金融会计》,2005 年第 12 期。

在表 5-5 中,其他利润调整项包括银监会监管费、固定资产占用费以及其他调整项。各项之和构成其他利润调整项。另外,风险成本的计算标准按照 2002 年人民银行《银行贷款损失计提指引》中贷款五级分类提取呆账准备金:正常 1%、关注 2%、次级 25%、可疑 50% 和损失 100%。

(2) 主要指标计算。

a. 风险成本计算:

$$
\begin{aligned}
风险成本 &= 贷款损失准备 + 抵债资产减值准备 \\
&= 正常 \times 1\% + 关注 \times 2\% + 次级 \times 25\% + 可疑 \times 50\% + 损失 \times 100\% \\
&\quad + (待处理以资抵债余额 + 当年冲销的待处理以资抵债资产) \times 50\% \\
&\quad + 当年呆账核销 - 上年度已提呆账损失准备 \\
&= 862 \times 1\% + 96 \times 2\% + 44 \times 25\% + 124 \times 50\% + 185 \times 100\% \\
&\quad + 35 \times 50\% + 4 - 283.92 \\
&= 6.12(亿元)
\end{aligned}
$$

b. 净收益计算:

它是指经风险成本调整后的收益。

$$
\begin{aligned}
净收益 &= 账面利润 + 消化历史包袱 - 所得税 - 其他利润调整项 \\
&\quad + 按 1\% 计提的呆账准备 - 风险成本 \\
&= 1.38 + 22.34 - 3.41 - 2.44 + 2.71 - 6.12 \\
&= 14.46(亿元)
\end{aligned}
$$

c. 经济资本与 RAROC:

由于国内商业银行的风险计量和内部评级方法尚未成形、信息数据不完备,市场风险和操作风险的计量方法尚未成熟等,在计算经济资本时仅考虑信用风险和资本性占用的非预期损失,经济资本计算一般采用内部系数法进行。详细见表 5-6。

表 5-6

经济资本计算表

单位:亿元

项目	日均余额	经济资本系数	应分配经济资本金额	项目	日均余额	经济资本系数	应分配经济资本金额
一、表内资产	1 913		133.81	拆放同业	0.89	2%	0.02
贴现及转贴现	12.05	2%	0.24	证券资产	3.57	1%	0.04
银行卡贷款	1.52	4%	0.06	买入票据	19.81	2%	0.40
外汇担保贷款	1.65	4%	0.07	应收利息	14.55	8%	1.16
小额质押贷款	9.89	4%	0.40	国家和中央银行投资	7.77	0	
贸易融资	3.17	4%	0.13	金融及国外投资	13.01	2%	0.26
个人住房贷款	10.84	4%	0.43	其他投资	21.01	8%	1.68
消费贷款	8.52	6%	0.51	应收及预付款项	36.19	10%	3.62
短期贷款	679.01	8%	54.32	固定资产占用	42.60	8%	3.41
中长期贷款	375.19	10%	37.52	其他资产占用	55.35	8%	4.43
其他贷款	209.16	12%	25.10	二、表外资产	247		16.19
现金及贵金属	9.93	0		应收信用证款项	39.86	2%	0.80
存放中央银行款项	34.35	0		开出保函款项	28.56	4%	1.14
存放联行款项	342.05	0		应收承兑汇票	167.58	8%	13.41
存放同业款项	0.92	1%	0.01	其他	10.52	8%	0.84

经济资本＝信用风险的非预期损失＋资本性占用的非预期损失

$$= \sum \text{各项业务资产日均余额} \times \text{该项业务经济资本分配系数}$$

= 表内资产应分配经济资本＋表外资产应分配经济资本

= 133.81＋16.19

= 200(亿元)

RAROC ＝ 净利润 ÷ 经济资本 × 100％ ＝ 14.46 ÷ 200 × 100％ ＝ 7.23％

（3）经济资本在贷款定价中的应用。

假设该银行的经济资本回报率设定不低于 25％,企业 A 申请房屋抵押贷款 5 000 万元,期限为 5 年,假设综合资金成本为 3％,经营费用合计为 50 万元,该客户的贷款定价计算如下:

a. 计算相关成本:

资金成本 5 000 × 3％ ＝ 150(万元);

经营成本 ＝ 50(万元);

风险成本 ＝ 5 000 × 1％ ＝ 50(万元)

总成本 ＝ 资金成本＋经营成本＋风险成本 ＝ 150＋50＋50 ＝ 250(万元)

b. 计算经济资本:

经济资本 ＝ 贷款金额 × 经济资本分配系数 ＝ 5 000 × 10％ ＝ 500(万元)

c. 利用 RAROC 确定贷款价格:

贷款价格 ＝ RAROC × 贷款金额＋总成本 ＝ 25％ × 500＋250 ＝ 375(万元)

所以,贷款利率确定为:

P ＝ 利息支付 ÷ 贷款金额 × 100％ ＝ 375 ÷ 5 000 × 100％ ＝ 7.5％

5. 中小企业贷款中的期望收益率选择问题

在中小企业贷款中,期望收益率的选择是决定贷款定价高低的重要因素。可以从两个角度来分析这一问题:

商业银行中小企业贷款核心问题解析

第一,中小企业贷款市场目前是缺位的,尽管各家商业银行正在银监会相关精神的指引下大力拓展中小企业贷款业务,但是毕竟中小企业贷款难是一个非常现实的问题。银行是一个以利润为导向的经营核算主体,性质是企业,"趋利避害"是银行不能不做出的本质选择。目前在许多地区,小额贷款公司的贷款利率可以高达年息25%,纯粹的民间融资利率甚至可以高达35%以上。对于商业银行来说,这是一个很好的契机,完全可以参照市场利率,调高中小企业贷款的期望收益率,在许多专业从事小企业贷款的商业银行,小额贷款的利率高达18%以上,就是很好的范例。所以,我们认为在中小企业贷款业务的拓展中,在筛选客户,控制风险的前提下,完全可以市场化确定期望收益率,提升自身的盈利能力,同时用更高的利润,覆盖较高的中小企业贷款风险。

第二,我们必须认识到,贷款利率的高低不仅事关商业银行的利润水平,也与商业银行的风险管理密切相关,必须承认的是,越是质量好的企业,其在银行的谈判地位也越高,所获得的资金利率也越低;反之亦然。所以,过高的贷款利率是可以提升盈利水平,但是也把部分低风险的优质客户挡在了门外,所以期望收益率的确定既要根据市场利率,也要考虑风险管理和优质客户的维护。

6. 中小企业贷款中的资本占用系数调整问题

毫无疑问,中小企业贷款的风险相对高于大企业贷款,所以给中小企业贷款存在更高的违约损失率是正常的。但是,如果单纯从违约损失率来考虑中小企业贷款业务的发展问题,就很难实质性推动中小企业贷款的快速发展。

借鉴包商等国内中小企业信贷业务先进银行的经验,我们认为,在中小企业贷款定价中,给予适当的风险容忍度是

应该的(如3‰)。中小企业贷款的特性是笔数多,但是单笔金额小,这就要求我们,在拓展中小企业贷款业务的初期,可以调低这类业务的资本占用系数,进而适当降低贷款的定价,并以此来促进此类业务客户的积累和资产规模的快速提高。当中小企业客户数量积累到一定程度,放款笔数和余额增加到一定阶段之后,再适当调高资本占用系数。当业务已经发展到一定阶段以后,由于已经有了大量的户数积累,则单户的风险产生的影响将会大大降低。

第 6 章

中小企业贷款的"信贷工厂"模式

当中小企业贷款户数达到一定数量之后,传统的作业模式很难有效处理日益增长的业务量。这时候,只有采取"信贷工厂"模式,才能高效处理业务,加快对客户的响应速度。

6.1 "信贷工厂"模式概述

"信贷工厂"指的是银行对中小企业的贷款业务按照专业化的标准流程进行操作。整个贷款作业过程就好像工厂的"标准化流水线",从主动寻找中小企业客户到接触客户,从授信的审批、贷款的发放、贷款的日常监控及风险控制,到贷款的回收等整个授信流程均采用工厂流水线的标准化批量生产方式,所有业务均在部门内完成。在控制风险的同时,有效精简业务流程,大大提高了工作效率,真正满足了小企业客户在融资方面"短、频、急、小"的需求。

标准化的"流水线"授信方式舍弃了以精细风险管理为主要特色的大企业金融业务的信贷管理体制,贷款的各个环节和业务不再需要到单独的各个职能部门报批通过,所有业务均集中在部门流水线的各个环节上,精简业务流程,批量"生产"贷款,各环节都有专门人员负责,"概率问责机制"代替传统问责机制,从多角度调查企业信用状况,通过产业链交叉印证贷款企业的资信状况,多维度控制风险。

"信贷工厂"模式立足于为中小企业客户提供全方位的金融服务,以实现银行、企业双方价值最大化为目标,通过模式创新精简业务流程,降低中小企业进入门槛和简化中小企业授信审批流程,通过"流程银行"提升业务运作效率,差别化的风险管理政策和专人负责机制,满足了银行控制风险的需要,更为重要的是有效满足了中小企业的融资需求。该模式能够最大限度满足中小企业融资需要,在充分探讨中小企业特点的基础上,新模式创造性地改造了银行的传统授信方式和流程,为有效解决存在于世界范围内的中小企业融资瓶颈提供了一种途径。

6.1.1 "信贷工厂"模式特征

"信贷工厂"模式具有以下特征:标准化产品设计;主动寻求客户;简化审批手续,提高审批效率;"流程化"银行、标准化审批程序、流水线作业;批量作业,实现规模成本和规模收益;专人专责,单线审批;多维度资信调查;有效风险控制,概率问责;端对端技术体系和成熟评估体系提供支撑。

"信贷工厂"模式通过成熟的评估体系,鉴别出具有潜力的中小企业客户,按照设计好的标准化信贷产品对中小企业授信融资,商业银行按照流程化的方式将中小企业业务的标准化信贷产品进行批量化处理。由于信贷产品简化了审批程序,因此在最大程度上提高了银行的审批效率,大大缩短了授信时间,发挥了中小企业信贷规模优势,营销模式从客户被动找银行转变为银行主动向"锁定范围"的中小企业营销标准化信贷产品。"信贷工厂"模式通过专人专职负责、概率问责的机制,建立了有效的风险内控机制,不会出现"授信量"与"风险""泥沙俱下"的状况。"信贷工厂"模式全新的业务设计流程和风险控制模式将中小企业授信带入到新阶段。

6.1.2 "信贷工厂"模式的来源

"信贷工厂"(Credit Factory)模式是由新加坡淡马锡控股有限公司(Temasek Holding)研发的一种标准化的、以工厂流水线形式进行的、针对中小企业的贷款发放方式。该方式能够以最高的效率和最快的速度为中小企业提供资金融通,由于采用的是工厂化的流水线作业形式,所以实现了中

小企业贷款融资的批量化生产。新加坡淡马锡"信贷工厂"模式立足于模式创新、产品创新和机制创新来完善信贷审批流程,通过成熟的技术评估体系,提升了银行的风险控制水平,提高了贷前资料的审查效率并同时创新了贷款抵押担保机制。由于实行信贷经理专人专项负责机制、批量生产中小企业贷款,信贷审批的各个环节在同一"流水线"项下产生规模经济效益,加上政府协同效应,这些因素共同提高了中小企业批量贷款融资效率。基于"信贷工厂"模式的创新机制和创新效应,新加坡在实际运用中收到了很好的效果,中小企业贷款融资效率显著提高。从而实现了在整体金融资源未有增量的前提下,有效金融资源以更便利和更高效的方式流向了中小企业,实现了社会整体金融资源的有效配置,提高了经济效益和社会效益。

淡马锡控股公司的子公司富登金融控股有限公司(Fullerton Financial Holding)通过旗下的子公司不断实践和完善这种方式,实现了"信贷工厂"模式在新加坡的成功运用。新加坡淡马锡"信贷工厂"模式在新加坡的成功运用,为世界中小企业融资难的问题找到了一种新的解决方式。为了在更广的范围内验证该种模式的适用性,淡马锡投资有限公司通过其在世界范围内持有的金融机构输出该种模式。"信贷工厂"模式在马来西亚、印尼、印度都有成功的运作经验。正是基于此,淡马锡作为我国中国银行、中国建设银行、民生银行的战略投资者,将这种模式借鉴给我国部分银行,开启了我国银行"信贷工厂"模式的实践。

6.1.3 信贷工厂的基本流程

信贷工厂作为一种全新的中小企业信贷业务模式,其流程主要包括产品开发、流程设计、批量生产和队伍建设等四大部分。

1. 产品开发

产品设计必须在充分市场调研的基础上，确定目标客户群体，按照标准化与非标准化两大体系进行设计标准化产品时必须针对不同客户群体，基于客户不同成长阶段的差异化需求进行，既要考虑"集群性"，以便进行标准化、流程化和批量化生产和销售，又要考虑风险分散功能，对不同行业、区域，以及抗经济周期能力进行组合设计。在标准化金融产品开发和设计时，要内嵌风险控制条款，根据小企业创业、成长、发展、成熟等不同发展阶段中的不同需求，将"以客户为中心"和"小企业全面金融服务"理念真正嵌入制度和流程，才能基于客户细分、市场细分和客户贡献度差异设计多样化需求的产品组合。

2. 流程设计

作业流程设计针对小企业客户数量多和资金需求"短、频、急"的特点，在信贷业务的作业流程中引进工厂流水线作业方式，将小企业信贷操作的前、中、后台业务分离，变"部门银行"为"流程银行"，并按统一的流程标准分岗操作，以提高小企业融资服务和风险控制效率。即在产品开发完成后，将小企业业务流程划分为多道工序，强调专人专岗和业务流程端对端操作。其主要工序包括市场营销、业务受理和尽职调查、审查审批、贷款发放、贷后管理以及集中清收等六个主要环节。

（1）市场营销。产品营销与产品开发联系紧密，研发能力强的银行可先研发产品，营销人员进行"产品菜单式"营销，而后根据市场反馈完善产品；而对于大多数中小银行而

中小企业贷款的「信贷工厂」模式

言,可根据营销人员发现的目标客户群的特点,由总部设计产品,然后采用"(客户)名单式"营销,并"以点代面",实现从"个案创新"到"全局创新"。

(2)业务受理和尽职调查。客户经理受理业务后需着手尽职调查,总部应提供三项基本工具:《标准作业手册》、内部评级系统(对于个人经营性贷款也可采用"申请打分卡"系统)和标准化的调查报告模板。

针对与客户接触的关键点和内部管理主要环节编制信贷业务《标准作业手册》(含业务流程图),能使客户经理在接受业务申请时便可根据《标准作业手册》,通过评级系统(或申请打分卡)进行初步评级和打分,不符合政策准入条件的可当即拒绝。对于符合准入条件的,则根据标准化的调查报告模板进行调查并填制调查报告。小企业的评级(打分)系统设计应尽可能简化,使操作人员在 10～30 分钟内即可完成评级。调查报告模板要实现电子化(非 WORD 格式)和标准化,并实现与客户号的直接关联,便于客户经理维护、审查审批和检查人员查阅,单个企业尽职调查和填制报告应可在 1 天内完成。

(3)审查审批。为缩短操作链,小企业审查和审批可合二为一,但审查审批人员必须实施专业化的专职审批。这可分多种模式:对"专业市场集群"业务,可在相应网点派驻"风险经理";对"供应链金融"业务,可实行(区域)审批中心集中审查审批。审查审批人员主要依据客户经理提交的信贷调查报告,结合产品的风险特征,发挥专业审批经验,通过系统进行在线审批。在一般情况下,审查审批人员不直接与借贷企业接触,但对供应链金融的核心企业、专业市场集群业务的市场管理方等需现场核查。

（4）贷款发放。放款审核、放款前的核保和抵押物（集中）登记、放款后的档案管理等均应由后台（放款中心）集中负责。该模式需要两项基础技术支撑，即需要上线信贷影像系统、实现合同终端电脑打印，以便于放款审核人员提高审核效率，并由业务受理网点打印合同和贷款出账，方便客户和客户经理，并减少操作风险。

（5）贷后管理。小企业贷后管理主要以集中的非现场预警监测为主，现场检查为辅，强调动态监测、及时预警和持续跟踪。要实现该项目标必须首先按照不同产品的风险特征和行为模式，开发基于现金流、物流、商流和信息流监测的计算机网络化监控系统。

（6）集中清收。小企业信贷形成不良贷款后，按照其担保方式不同，主要涉及与担保公司及保险公司的赔偿协调、抵质押财产处置、个人连带责任的追索等，或对部分企业进行重组转化。因此必须设置专业的法律诉讼、清收人员以便进行集中管理。

3. 批量生产

小企业个体风险相对较大，但具有组合风险分散功能，因此需以做"批发"的理念做小企业业务，以流程和品牌优势拓展市场，以产品带动、客户群挖掘来形成规模效益，通过风险定价和拨备覆盖预期损失。

在完成了产品开发及标准化的作业流程设计后，进行信贷产品的批量化生产前，必须解决风险定价、核算、考核及队伍建设等问题，即实现银监会提出的"六项机制"建设："科学的利率风险定价机制、自成体系的内部核算机制、高效的贷款审批机制、完善的激励约束机制、专业化的人员培训机制、准确的违约信息通报机制"。

中小企业贷款的「信贷工厂」模式

对于多数中小银行而言,要实现"六项机制"建设,短期内难度较大,可以先建设小企业信贷"六单"机制,即单列计划、单独核算、单独考核、单独流程、单设队伍、单建系统等。

(1)合理风险容忍基础上的规模化经营。生产批量化和经营规模化,首先需要明确基于发展战略给予的资源倾斜、合理高效的审批授权、适当的风险容忍度、尽职者免责等关键问题。特别是在风险控制手段上,要发展中国的"尤努斯模式",颠覆"抵押担保崇拜",以企业订单、纳税、用电、用工等有效数据弥补财务数据的不足,以客户正常生产经营所产生的可支配现金流收入(包括家庭成员收入)作为小企业贷款的风险控制核心,以风险定价作为风险补偿的主要手段,除开展传统的抵押贷款、专业担保公司贷款等以外,开展各类创新质押贷款、物流金融、小企业联合担保贷款,引入"第四方承诺"的"桥隧模式"贷款以及小额信用贷款等。

(2)小企业信贷资产证券化。资产证券化是"批量化生产"和"风险分散化"的重要途径。开展小企业信贷资产证券化可在扩大培育小企业客户群体、提高其忠诚度的同时,释放出更多的资源投入到新客户业务,并打造资产证券化业务的特色品牌,推进综合经营。

(3)多元化全方位的小企业金融服务。可加强与非银行金融机构、小额贷款公司及政府部门的合作,扩大客户培育面。同时,要克服产品开发上的简单"做产品"和营销上的简单"卖产品",导致部分客户经理面对没有融资需求或融资需求不强烈的客户时"束手无策"。要充分挖掘客户融资、结算、理财、咨询服务、电子商务等全方位需求;利用满足小企业的员工工资账户、小企业主(家庭成员)个人账户、信用卡账户等金融需求的契机,提高整体提供金融服务,提高银行综合效益。

4. 队伍建设

要实现"管理集约化"和"队伍专业化"，必须首先建立以总行小企业业务部为管理平台、以小企业经营中心为载体，集营销、管理和风控于一体的专业化管理体制和集约化经营机制。

总行小企业业务部主要负责制订业务发展规划、业务发展策略、产品研发、渠道建设、营销策划和推动、流程建设、绩效考核、后台集中处理等；小企业经营中心/业务团队主要负责客户营销和服务，并按照标准化流程操作。

（1）营销管理。小企业业务部可引进小企业金融的"4S"理念，解答"卖什么——产品和服务；卖给谁——客户；谁来卖——客户经理；怎么卖——营销策略"，并建立标准化、规范化、高效率的业务处理流程，打造具有自身特色的小企业融资服务品牌。

总行在营销推动上要采取多层次主动营销，高度重视营销规划和目标客户筛选工作，完成"两个转变"，即首先变"守株待兔"为"主动出击"，主动与政府部门、行业协会、担保公司等建立合作关系，通过各种渠道收集小企业客户资料，认真做好小企业市场和客户细分；其次变"漫天撒网"为"有的放矢"，对收集的客户名单进行初步筛选后，建立目标客户库，营销团队借助目标客户库进行针对性销售，同时对目标客户库进行动态管理和维护。

（2）渠道建设。一是通过设立小企业经营中心或在现有支行成立小企业专门团队。二是充分利用网上银行，通过各银行的网上银行开展信贷业务申请，或开展网络银行电子商务信贷业务，如中国建设银行与阿里巴巴公司联手开发的网络银行电子商务信贷业务模式。三是利用电话银行开展业务。

（3）队伍建设。专业人才、核心技术是小企业"信贷工厂"规模化经营的最大障碍,优秀的管理团队、专业的风险控制团队和营销团队是队伍建设的关键。

因此,除通过选配银行现有客户经理外,主要以招聘非银行从业人员为主,如通过招聘企业财务人员、优秀应届毕业生等,然后通过"模拟环境集训"和"一对一传帮带",培养一支标准化作业的专业化队伍。同时,建立规范的入职、考核、培训、晋升、组合、淘汰制度,实行"岗位制约、分工合作、团队组合"的"三人小组"客户经理团队管理模式。三人分别侧重销售、风险识别、后勤维护等职能,最大限度地提升每位员工的专业化和规模化管理能力,使每位客户经理平均管理100位以上客户。

6.1.4 "信贷工厂"建设应注意的问题

在信贷工厂的建设过程中,需要重点把握以下几个方面:

（1）有序推进小企业经营中心的设立工作。新模式对当前的层级管理和客户经理全方位的客户服务方式是很大的挑战。在具体工作中应坚持先试点再逐步推开的原则,把握好小企业经营业务模式试点工作进度。应先选择小企业业务量较大的二级分行进行试点,逐步积累经验,岗位设置和人员配备要视业务量而定,应因地制宜,切忌一哄而上,一刀切。

（2）逐步提升业务集约化处理水平。设立"信贷工厂"一定要有业务量的支撑,规模化是"信贷工厂"能够有效运转、专业化分工的保证。在目前的组织架构体制下,应努力提高集约化水平,凸显"信贷工厂"强大的业务处理能力。对于早期预警和委婉回收等工作,一级分行可以考虑分步实施在全辖范围内的集中处理,减少成本。在设置了事业部或单元制的组织架构下,在可能的情况下可进一步实现业务的集约化处理,探讨跨区域的业务运作。

(3)抓好业务考核工作。小企业业务要单独考核,小企业经营中心要对所在行的小企业业务工作负总责,与小企业业务的完成情况、资产质量状况挂钩。统筹处理好小企业经营中心与支行的利益分配关系,建立中心内部员工的激励考核方式。对于已实现经营重心上移的支行,在强化对客户经理直接管理的同时,发挥服务网点的渠道作用。

(4)抓好小企业业务人员队伍建设。在建立小企业经营中心、推行小企业业务模式的同时,要加强对小企业经营中心各岗位人员、营销人员的业务培训,熟练掌握业务操作技能,提高业务运作效率和质量,保证小企业业务模式优越性的充分发挥。

6.2 "信贷工厂"模式与传统方式的比较

6.2.1 与传统银行模式相比较

与传统的银行模式相比较,流程银行主要呈现出以下特点。

1. 客户中心理念是流程银行架构的基础

银行之所以进行以流程为核心的根本性再造,首要的原因是来自客户的挑战,已经到了必须重新从根本上考量并改变过去产品导向的经营理念的程度。客户服务需求的日益多元化、个性化,选择空间的日益弹性化,使得客户营销失败或流失风险越来越高。

所以,流程银行的架构应首先从根本上摆脱传统银行模式中过于精细的劳动分工羁绊,从生产或产品导向彻底走向消费者导向和服务导向,时刻围绕顾客价值考虑"客户想买什么",而不是"银行要卖什么"。以客户为中心再造业务流程,进而以业务流程为中心再造组织流程、管理流程和决策流程,从而最终在市场和决策间架设起为客户"量体裁衣"的业务流程。

2. 业务流程重塑是构建流程银行的切入点

流程银行的构建是以流程重塑为"核心"的,而业务流程的再造则是构建这个"核心"的切入点,以此来引发组织流程和管理流程的再造。其中的机理在于流程银行是以客户为导向的,在此种导向下,业务流程是与客户最贴近也最敏感的环节,只有从这里切入,才能真正了解客户的口味和偏好,并制作出客户满意的产品和服务:

其一是突出核心业务流程。即根据诸业务流程对客户价值贡献度的大小,区分核心业务流程和边缘业务流程并予以不同的解决办法。所谓核心业务流程即那些最能体现一个银行竞争优势,能够产生高附加值的业务流程,诸如零售业务或零售业务中的理财业务、高端客户业务、微小贷款业务、产品研发和创新、独特的服务手段等。业务流程的再造应将这些业务流程的重构作为重点。

而所谓边缘业务流程即指那些附加值低或不能体现竞争优势的业务流程,诸如对于小银行来讲的大客户业务、成本高昂的 IT 技术;对于大银行而言的微小贷款业务、社区银行业务等。这些业务流程或者通过采用外包手段,有偿委托

具有相对比较优势的银行或公司运作，或者果断予以放弃。这种建立在比较优势基础上的业务流程再造，有助于银行致力于核心业务，既节省人力、物力和财力，又大大提升具有比较优势的业务的回报率。当然，以外包方式与外部公司或银行的优势互补型的合作，在传统银行模式中是难以想象的，而在流程银行的建构中，外包成为一种公认的智慧型路径选择，帮助银行有效克服资源瓶颈或摆脱竞争劣势，尽快达成战略目标。

其二是突出业务流程的多样化。传统银行模式由于过分注重业务流程的标准化，越来越难以应付多样化、个性化的客户需求。流程银行的业务流程则具有多样化的特点，根据不同客户群的需要，推出具有差异化的业务流程。比如，根据客户的收入水平，分别设计出针对高收入客户、中等收入客户、低收入客户业务流程。根据客户的信用水平，设计出分别针对高风险客户、中等风险客户和低风险客户的业务流程等。

3. 组织和管理流程的重构紧紧围绕业务流程进行

传统银行的组织管理特征是"科层制、多级分行制"，整个结构呈金字塔形。这种结构因为管理层次过多、信息传递周期过长、部门间职能交叉重叠、业务审批环节过多等原因，导致官僚主义、相互扯皮、重复劳动、交易成本高、运行效率低和服务功能差等弊端，如一项贷款业务从客户提出申请到拿到贷款再到贷款收回，需要十多个环节；一张信用卡的申领也需要六个左右的环节，而且往往越是优质的客户、大的客户，审批环节越多，周期越长，效率越低。

此种状况已经难以适应客户和竞争的需要。流程银行的组织和管理流程则是配合业务流程重塑推行扁平化的组织结构和矩阵式的业务管理结构,实现资源集成和组织扁平化,形成高效率的模块化结构。

6.2.2　与"部门银行"相比较

与传统的小企业贷款管理相比,"信贷工厂"摒弃了或是以产品、或是以办理效率、或是以客户发展为主的、单向的、分散的经营管理做法,而是将机构设立、人员配置、融资产品、风险控制、目标客户、市场销售、绩效考核等方面合理联结,打造成为了中小企业信贷业务的全新模式,主要具有以下优势。

1. 优化了银行资源

该模式将分散于各业务部门和支行的小企业岗位人员、审批权限、风险管理等信贷资源整合再造,变分散为集中,变兼顾为专业,以事业部制的管理方式,构建起高度专业化的信贷业务机制,优化了信贷资源配置,形成市场销售、风险管控、人才利用的整体优势。

2. 更加专业全面

在组织架构上,它将分属于业务部和支行的小企业客户经理集中,在客户营销上,实行主动的名单制营销,认真做好小企业市场细分,高度重视营销规划和目标客户筛选工作,进行针对性的营销、动态管理和维护,并视不同企业的融资需求,设计个性化的信贷产品,做到服务更专业、产品更全面,有效提高销售成功率。

3. 更加便捷高效

该模式简化了受理、评价等各环节的信贷流程,构建标准化作业、流水式审核的信贷业务运作流程,单笔业务的各项审批要素只要符合允许值,即可快速通过。自业务受理到

正式放款平均时间为 5 个工作日,办理效率提高近 1 倍,甚至部分小企业的贷款办理用时只需 1～2 天即可办结,效率之高远远超过旧的业务模式。

4. 下放部分权限,审批更加自主

该模式放宽了信贷政策的强制约束,下放了部分信贷业务审批权,使办理中小企业信贷业务的分支行具有了更大的审批权限,从而使得审批更加自主,也提高了运行效率。

5. 流程更规范精细

该模式的风险控制以客户风险评级、产品风险评级为核心,通过早期预警、软回收、信用恢复、硬回收等环节,实现风险管控流程化操作。该模式根据企业规模和使用产品的不同风险等级,灵活动态地为客户确定授信额度,为优质客户提供更加合理的授信额度。

6. 规模效应更明显、财务成本更节约

在银行业金融机构普遍认为小企业信贷管理投入大、回报少、用人多、成本高的情况下,信贷工厂模式的成功,为银行实现效益目标和更好地为小企业服务提供了范例。

总的来看,信贷工厂模式以"专业、科学、高效、以客户为中心"的经营理念为基础,彰显了"风险可控、效能提高、成本降低"的特点,这也是"信贷工厂"模式能够取代传统中小企业业务模式的关键所在。

6.3 "信贷工厂"模式在我国的实践

6.3.1 "信贷工厂"模式在我国产生的背景

1. 中小企业融资支持力度加大

中小企业在我国经济发展过程中发挥着特殊而重要的

作用,然而中小企业的融资便利性与其在国民经济中的作用不成正比,近年来国家高度重视中小企业融资难的问题,并通过各种方式探求有效的中小企业融资模式,帮助中小企业获得运营中所需资金,尽快摆脱经济危机的负面影响。为此,2008 年年底银监会出台《关于银行建立小企业金融服务专营机构的指导意见》;2009 年 8 月 19 日,国务院审议通过支持中小企业发展的六项措施;2009 年 9 月 22 日,国务院发布了《国务院关于进一步促进中小企业发展的若干意见》,明确指出国家将进一步完善中小企业发展环境,缓解融资难题,加大财税扶持力度,促进中小企业健康发展。财政部也加大了对中小企业的财政支持力度,2010 年对中小企业的财政支持数额为 106 亿元,在 2008 年和 2009 年财政支持数额分别为 45 亿元和 96 亿元。国家和地方财政支持中小企业技术改造,国家和地方财政 200 亿元的技术改造资金有 2/3 是用于中小企业。从国家层面来说,中小企业融资受到前所未有的重视,中小企业融资环境将较以前有极大的改善,这种状况为引进适应中小企业特点的融资新模式——"信贷工厂"奠定了良好的基础。

2. 商业银行积极进行创新

商业银行传统的授信方式适合实力雄厚、财务制度健全的大型企业及企业集团,如果银行采用针对大型企业的方式对中小企业授信,那么银行要承担更大的成本和风险。在国家鼓励的政策环境中,中国广大银行根据自身发展状况进行战略调整,积极借鉴新加坡淡马锡的授信新模式,对待信贷产品的生产就如工厂流水线一样,产品生产的各个环节采用批量化、标准化的方式,专人专职、单线审批、直线授权,注重风险控制。该模式一般采用银行事业部制形式,委托银行现有分支机构开展中小企业授信专项活动。银行对大客户有专门的授信方式,通过引进"信贷工厂"模式,银行对中小企业的授信活动也有了针对性的授信方式。新时期,这对广大中小企业来说是难得的机遇。

3. "信贷工厂"模式提高中小企业融资效率

由于"信贷工厂"批量生产中小企业信贷产品,相对于以前的方式,这种模式大大减少了银行的成本,通过内控的加强,风险可控、成本减少、收益增加,大大提高了银行对中小企业融资的效率,这些特性决定了该模式具有广阔的发展空间。

6.3.2　国内对于"信贷工厂"模式的研究现状[①]

国内对于"信贷工厂"模式的最早研究始于部分国内银行的研究和尝试,这些银行的战略投资者——淡马锡对该种模式进行了最早的尝试。淡马锡持有中国银行 4.13% 的股份,持有中国建设银行 5.65% 的股份,同时入股中国民生银行。中国银行和中国建设银行通过其战略投资者引进并在国内实践了"信贷工厂"模式。2005 年,杭州银行引进澳洲联邦银行作为战略投资者,并在该银行的帮助下引进了该模式,研发了中小企业融资的标准化操作方式。中国建设银行和中国银行率先在国内实践"信贷工厂"模式,在全国范围内选择了试点城市并不断扩大试点范围。中国建设银行首先于镇江开展试验,随后在江苏苏州等地陆续开展,并将范围扩大到全国主要一级分行,随着成功经验的不断积累,中国建设银行会在全国推广这种模式。2009 年第一季度末,中国

---

① 参见:张卫卫,《"信贷工厂"模式下支持中小企业融资策略研究》,首都经贸大学硕士学位论文,2010 年 3 月。

建设银行在全国范围内建立了 83 个"信贷工厂"模式试验中心；2009 年年底，试验中心的数量增加到 150 个。中国银行是国内实践"信贷工厂"模式最早的银行之一，中国银行在上海、福建泉州试点，2009 年第一季度末已将该模式推广到江苏、深圳等 16 家一级分行，截至 2009 年年底共在中国西部地区开设了 40 多个"信贷工厂"。民生银行开展了以"商贷通"为主打特色的、主要面向中小企业、工商户和个体户的金融产品，在上海开展实验的基础上，计划将这种金融产品在全国推广。杭州银行和杭州联合银行是国内实践"信贷工厂"模式典型的中小银行。作为中国银行、中国建设银行、中国民生银行的战略投资者——淡马锡控股有限公司的子公司富登金融控股投资有限公司旗下富登担保有限公司在我国四川省设立分公司，全面在四川实验"信贷工厂"模式支持下的中小企业融资担保机制。

国内对"信贷工厂"模式的研究正是基于上述银行和担保公司等金融机构开展的模式实践，在实践的基础上探索出适应我国国情和实际的"信贷工厂"模式规则，不断完善我国"信贷工厂"模式理论。国内研究在国外研究和国内实践的基础上进行，通过不断优化"信贷工厂"模式的理论来完善相关配套技术的设计，随着该种模式在国内推广范围的扩大，国内相关的理论必将会趋于成熟。

6.3.3 国内开展"信贷工厂"模式的实践

1. 中国银行"信贷工厂"模式运用

2008 年，中国银行与新加坡淡马锡控股有限公司合作，推出中小企业贷款融资的新模式——"信贷工厂"，并选择上海和福建泉州最先进行试点，后又在全国各级分行范围内推广该种模式,开展中银通达业务。中国银行计划在西部地区建立 30～40 个中小企业"信贷工厂",中国银行金华市分行、泉州分行、安吉支行都是开展该模式并取得显著成果的分支。中国银行对目标客户财务审查的规定如下:其一,生产类企业的销售额在 1 亿元以下;其二,批发零售类企业的销售额在 1.5 亿元以下;其三,同时满足生产经营两年以上且信用记录良好、中国银行内部评级保持在 3 个 C 以上。只要满足这三个条件的中小企业都可以向当地中行分行或支行提出申请,按照流程银行的操作方式,中国银行的分支行按照规则和章程批量对中小企业进行融资。

第一,中国银行金华市分行试点运用。

金华市分行是中国银行在全国范围内最早进行中小企业"信贷工厂"模式试点的银行之一,金华市分行抓住先机,在全市范围内推广适用该模式,帮助中小企业融资,效果显著。中国银行金华市分行行长俞群表示:自 2008 年金融危机以来,我国中小企业受到几多摧残,出口难、融资难一直是摆在中小企业面前最大的两个难题,如何突破目前的困境,为中小企业找到一条合适的、经济效率高的融资渠道是帮助中小企业摆脱目前危机的前提之一。

金华市分行抓住在全国范围优先试点的先机,整合优化银行现有的业务流程,通过流程银行的方式将以往由 1 人负责所有环节的方式改变为 7 人小组共同完成,每人负责流程中的一个环节,专人专项,批量生产信贷产品。具体来说,从营销、贷款审批、贷款发放、贷后检查、风险控制、贷款回收到客户维护七个环节各有专人负责,银行的信贷产品如流水线经过这些环节最终完成银行对中小企业的融资,授信效率显著提高,同时,有专业情景分析人员,在当地进行实际调研,

完成调研报告,最终确定在此地区的授信政策和授信标准。大量金华市中小企业在中国银行这一模式支持下得到有效融资,中小企业得以快速发展,这不仅是整个信贷业务流程的优化,同时也是相关配套措施完善的结果;在抵押担保方面,金华市分行实行的多种担保方式互补并存,从内容和形式上实现双重互补,主要表现在:

(1)担保方式更灵活。

以往金华市的中小企业要获得银行贷款,必须要有实物资产做抵押,而中小企业正是由于资产不足,可供抵押担保的资产十分有限,从而大多数中小企业被银行拒之门外。在新的模式下,对以往担保抵押方式实现创新,多种抵押、质押、担保方式相组合,不仅仅局限于实物资产抵押。这些创新的抵押、质押、担保方式包括但不仅仅局限于以下方面:①法人住房抵押;②仓单质押;③应收账款质押融资;④污染排放物权抵押;⑤联贷联保;⑥第三方担保、信用担保;⑦供应链融资;⑧循环额度等。这些创新的方式使抵押、担保更加灵活和更具针对性。

(2)抵押率改变了以往"一刀切"的状况,开发出抵押系数自动转换系统。

所谓抵押率,就是贷款本息和与贷款抵押物估价之比,根据不同的风险状况,实行不同的抵押率,适当提高信用贷款的比重。"信贷工厂"模式实施以前,银行通常把抵押率设定得很高,一些规模小的中小企业因为抵押资产的不足而不能从银行得到有效融资。如今,银行根据企业自身的风险状况灵活调整抵押率,使有广阔市场前景的中小企业不会因为抵押资产的不足而得不到贷款,金华市分行有相当一部分企业是因为中国银行有效调整抵押率进而得到贷款的。在其全部贷款中,抵质押贷款占 62%,保证贷款占 38%,信用贷款所占比例较以往提高了约 20 个百分点。

(3) 在客户的选择和维护上,选择"实质性"指标进行考核。

金华市分行除了看中小企业财务报表外,更注重分析反映中小企业实际用工情况的"实质性指标",即 31 项重要信息,包括水表、电表、纳税申报表、银行对账单、运输发票等大量非财务信息。综合来说,银行采用的此种方式使对中小企业的评价更加客观、公正。同时获取信息的方式实现了多角度、多方位的转变,从单纯审阅报表到从上下游企业、知情人士和行业协会打听企业"软信息",多角度印证处于产业链条上的企业信息。

(4) 提供全方位金融服务。

中国银行金华市分行利用自身在国际结算和外汇资金方面的优势,为中小企业提供保理、保函、信用证、福费廷、出口全益达、进口汇利达等中国银行特色服务,除此之外,金华市分行注重为中小企业及其业主提供全面金融服务,如在开拓中小企业业务的基础上,为中小企业业主提供诸如个人购房、购车贷款。在提供综合性服务的基础上,金华市分行各项收入有了明显的提高,金华市分行已新增中小企业客户 150 余家,带来国内结算量 30.7 亿元,国际结算量近 4 000 万美元,信用卡卡量 2 484 张,中间业务收入 684 万元。

(5) 控制风险环节做到专人专项风险内控,动态化监管风险。

金华市分行在省分行的政策指导下,根据金华市实际状况,自行开发了风险定价系统。该系统具有如下特点:

系统核心为经风险调整后的回报率,(贷款收益+交叉

销售收益)－(资金成本＋风险成本)＝经风险调整后的综合回报率;

系统的定价原则为收益有效覆盖风险和成本,依据上述模型,只需输入相关指标,系统会自动反馈利率定价下限,避免了随意的利率定价模式;

该系统综合计量单个客户的收益、风险、成本状况,单个客户单个测算,最后衡量单个客户的综合定价。该风险定价系统有效地规避了以往授信中的许多风险,为金华市分行的高效运作奠定坚实基础,这表现在:中国银行金华市分行中小企业贷款不良率仅为 0.996%,低于全行整体不良率1.13%的水平。

(6) 设计 81 项贷后预警指标。

对于风险的各个环节设立独立的检测环节,金华市分行在贷款审核、贷款发放、抵押品管理、情景分析、柜面等六个环节单独检测,相互印证和预警,在内控上设立独立的内控人员,防止欺诈、骗贷等道德风险的发生。

2009 年 2 月,金华市分行开始试行"信贷工厂"模式,截至 2009 年 11 月份,共实现中小企业贷款额 51.39 亿元,批复中小企业客户 384 家,新增信贷总量 26.53 亿元,新增授信客户 205 家。截至 2009 年 9 月末,金华市分行中小企业人民币贷款已比年初新增 48.6 亿元,增长幅度为 55.1%。特别是小企业贷款比年初增长 25.44 亿元,增长幅度为 231%,远高于全市小企业贷款 37%的增幅。来自浙江省分行的数据显示,申请贷款的中小企业贷款满足率为 98%。

汇隆电子公司是金华市一家典型的高新技术中小企业,近年来,该公司开发了多个型号的产品都符合国家产业政策,市场前景良好,但是鉴于资金短缺,该公司一直未能扩大再生产。中国银行的"信贷工厂"模式营销策略中明确指出，对于该地区的符合中国银行信贷政策的中小企业要进行积极开拓，从企业主动找银行转变为银行主动找企业。正是在这一政策指导下，金华市分行信贷经理主动同汇隆电子联络，在 3 天时间里完成了以往需要 10 天才能完成的授信审批。正是这种高效的流程银行方式，帮助金华市中小企业有效获得了信贷资源，该模式取得了良好的经济和社会效益。义乌是金华地区的一个县级市，是全国有名的小商品集散地，在金融危机大背景下，该地区众多中小企业感受到明显的压力，出口滞销、内销不足，企业资金链吃紧，义乌支行的整个运作团队如金华市一样有序、高效，为这里的中小企业融资做出积极贡献，同时取得了很好的效果。中国银行金华市分行中小企业贷款不良率仅为 0.996%，低于全行整体不良率 1.13%的水平。

第二，中国银行北京市分行初试"信贷工厂"。

中国银行北京市分行"信贷工厂"资金将高新技术产业、文化创意产业、流通企业及基础设施建设纳入重点支持的范围。随着北京文化创意园的兴起，文化创业类中小企业急需发展壮大的资金，中国银行北京市分行将文化创意类产业纳入重点支持的行列，显示了中国银行对北京市总体产业优化布局的重视。中国银行北京市分行考虑到北京市中小企业布局现状，将海淀区、丰台区、朝阳区、顺义、亦庄作为首批入选的中小企业"信贷工厂"模式试验基地，通过这五个区的辐射，能有效带动整个北京市场的中小企业融资需求。中国银行北京市分行信贷支持的对象还包括基础设施建设中的中小企业，加大与政府合作，并且取得北京市海淀区和大兴区的中小企业融资服务优先权，对这些中小企业提供一级土地开发融资、园区建设融资、基础设施建设融等。这一方面有利于这两个区的中小企业获得及时、高效率的融资，另一方面为中国银行北京市分行的"信贷工厂"模式的推广起到很好的巩固作用。中国银行北京市分行为中小企业提供一系列全面的金融服务，包括国内结算、国际结算、银行卡、理财、电子银行、财务顾问、投资银行、保险等全方位的金融服务。

2. 中国建设银行"信贷工厂"模式运用

第一，中国建设银行"信贷工厂"模式应用概况。

中国建设银行也是国内率先引进新加坡淡马锡"信贷工厂"模式的银行。中国建设银行强化中小企业金融业务，纵深挖掘中小企业上下游客户，把中小企业业务作为重点开拓和发展的业务领域。同中国银行一样，中国建设银行在实践中立足当地实际，不断进行探索和创新，并在实践中取得了良好的效果。中国建设银行作为大型银行中首家在总行层面成立小企业金融服务部的国有银行，2009 年一季度"信贷工厂"模式小企业经营中心 83 家，中小企业贷款新增 1 689 亿元，较 2008 年年末增长 16.4%，增速明显高于同期公司类贷款平均增速。

针对这一模式，中国建设银行分别开发了"成长之路"、"速贷通"、"联保体"等多种产品，大力推广"信贷工厂"模式的试点。大银行不只贷大客户，服务各中小企业是中国建设银行近年来的重要转型方向，中小企业贷款集中经营的优势凸显。河北省三厦铸铁有限公司董事长韩光辉曾称中国建设银行河北分行的中小企业贷款为"撑杆"，有了这个"撑杆"，韩光辉的企业顺利度过了经济危机的难关。中国建设银行先后开办了供应链融资产品、保兑仓、国内保理、动产质

押等创新业务产品,有效解决了中小企业抵押物不足的难题,多项产品弥补了全省空白。

2008 年以来,中国建设银行先后办理保兑仓 10 笔,金额 6.7 亿元;国内保理 4 笔,金额 1.6 亿元;动产质押 3 笔,金额超过 1 亿元。中国建设银行中小企业金融服务中心,根据企业不同的成长阶段、行业特点的融资需求设计个性化金融服务解决方案,推出了"速贷通"、"成长之路"、"融链通"等中小企业业务特色品牌,为中小企业客户量身定做了"小企业法人账户透支""小企业无抵押贷款"、"中小企业联贷联保"、"互助通"、"供应链融资"等一系列信贷特色产品,形成了比较完善的中小企业金融服务和产品体系。

在"信贷工厂"创新模式下,2008 年中国建设银行累计投放中小企业贷款 2 013 亿元,比 2007 年增长了 20.5%,不良贷款率下降了 3.88%,从 2005 年以来,新发不良贷款率低于 2%,远远低于对公客户不良贷款率,这说明了在新模式下完全可以实现风险的掌控。

同时,中国建设银行通过战略的转变,培育发展中小企业"信贷工厂"融资模式作为新的利润增长点,实现"前台"、"中台"、"后台"相分离,创新多种担保融资方式。前台主要负责新产品的营销和客户维护,后台负责客户的信用评级、贷款审核及信息资料的录入。2009 年年底,中国建设银行在全国范围内建成了 150 个中小企业"信贷工厂"模式中心,专司负责中小企业融资。

第二,中国建设银行"网络联保"新方式。

中小企业实力弱,担保不足,从传统意义上来说,银行的此类贷款存在较大的风险,但是商业银行可以通过有效的风险控制方式使中小企业的贷款风险降到最低,其中一种方式

是联保。所谓联保贷款,是指没有直系亲属关系的多个自然人或小企业等自愿组成相互担保的联保小组后,银行向联保小组任一成员发放的贷款。联保贷款具有安全性相对高的特点,联保小组任何一名成员贷款到期不能偿还时,其他成员要按约定承担连带责任,因此在开展"信贷工厂"模式时,通过联保贷款的方式能有效解决中小企业抵押、担保不足的问题,从一般意义上讲能有效化解融资风险。中国建设银行与中国最大的电子商务平台——阿里巴巴合作,推出了联保贷款新方式。具体操作方式是:阿里巴巴利用网络寻找同行业同类型的优质企业组成联保体,对于一般企业来说,需要 3 家或 3 家以上组成联保体,纯贸易类企业在 4 家至 10 家的范围内组成联保体,共同向银行申请贷款,如果发生 1 家企业不能偿还贷款,则其余联保企业承担违约企业要偿还的贷款本金和利息。通过联保方式,中国建设银行将贷前风险降到最低。阿里巴巴向银行提供客户网上的交易数据,银行对这些数据筛选后对合格客户发放贷款,网络联保新方式降低了银行为中小企业贷款所带来的高成本与高风险。另外,中国建设银行还通过网络联保体自身,来解决银行内部的成本问题。

中国建设银行申请联保贷款的资质和条件如下所示:

a. 业务特点:以联合担保的方式增强担保能力、抗风险能力,弥补个体抗风险能力的不足。

b. 适用对象:适用于有效资产少,自身经营良好,生意上有来往、合作的中小企业。

c. 额度与期限:联保体的最高信贷额度不得超过 1 000 万元。贷款期限一般为 6 个月,最长为 1 年。

提供资料要求:

企业基本信息资料:企业营业执照、组织机构代码证、企业章程、税务登记证等;

企业财务资料:近 3 年审计年报、近期财务月报、纳税证明材料等;

联保体成员在本行存入不低于融资敞口金额 20％的保证金,联保体签订联保协议;

其他资料。

第三,廊坊市分行试点运用。

河北省廊坊市在实践"信贷工厂"模式上一直走在河北省的前列,通过两年多的实践,廊坊市分行总结出了自身开展运用"信贷工厂"模式的特点。在省分行中小企业部的金融政策指导下,廊坊市分行作为二级分行成立专门的中小企业经营中心,作为中小企业业务的经营管理部门,经营中心承担整个贷款环节的风险,包括从项目准入、授信审批、到贷款回收等的经济责任考核,同时中小企业经营中心负责基层行客户营销、产品销售、客户维护等工作。省级分行除了制定该地区相关的中小企业金融政策外,还负责新产品开发、配套制度建设、行业和客户定位、推介和业务培训等,三个层级的机构都有明确的职责分工。当然廊坊市二级分行有效的业务开展是河北省一级分行和基层行相互配合的结果。

a. 在客户的筛选和维护上,廊坊市分行采用了动态客户数据库系统通过深入产业集群及特色工业园区,锁定目标客户群;通过企业水表、电表等实质性用工指标及税务、工商等多部门的信息,完成对目标客户群的考核;将符合条件的客户纳入客户数据库,该数据库根据实际情况不断进行动态的延伸和调整。廊坊市分行只对 50 亿元以上的产业集群筛选

目标客户。

b. 客户筛选完成后由基层行对客户进行营销,收益在基层行核算,最终风险由二级分行即中小企业经营中心承担。这种经营理念能够最大限度地调动基层行的营销积极性,(风险控制——预警机制,每个客户经理的业务范围控制在 5 公里之内,能够每天了解借贷人的行为和活动;针对还不起钱的客户有信用恢复的创新,如果小企业主不还款,经营中心会先来分析还不起款的具体原因,如果是钱不够等暂时性的困难,银行会对贷款进行展期或再贷一笔款),量化审核数据,采用"中小企业业务推荐表"进行考核,增加数字检查,减少文字叙述,使中小企业的整体情况更加量化明确。经办行与经营中心共同承担存量贷款管理责任,如果某一支行(基层行)贷款额超过 5 000 万元以上时,贷款管理岗将实行中心人员派驻制。

c. 对于不同的行业实行区别对待政策,控制风险投向。廊坊市分行突破以往授信模式,在授信政策和行业政策上采用差别化的管理方法,根据地区区域经济特征决定授信数额。在区域行业划分上分为三类:优先支持、一般支持、暂不支持进行管理,具体操作上包括四个步骤:

首先,组成 15 人专家小组主观评分;

然后,搜集 11 行业指标信息后将其输入模型,自动产生客观评分;

接着,主观评分和客观评分相对照,两项吻合的结果列入相应的行列大类,不吻合的继续补充信息;

最后,由专家讨论决定相应的行业分类。

d. 对于信贷工厂流程的各个环节,明确各自的工作时间、标准、工作绩效系数等参数。这有助于督促各基层行加

强对客户的服务意识,提高对客户服务的效率,同时实行新型的激励约束考核机制,每个岗位设立关键绩效考核指标(KPI)10,同时运用积分卡(BSC)等方法进行考核,约束项目并推进项目质量的提高,及时反馈客户新变化的信息。对中小企业的贷款发放后实行交叉管理,由于营销岗位上设有开发经理和维护经理,开发经理在完成客户开发后3个月(即银行向中小企业贷款发放后3个月),对该客户的后续维护工作交由维护经理完成,这样做的主要目的是防止日后客户与开发经理关系密切后,开发经理疏于对客户的管理而使风险增加。

c. 在贷款发放环节设有专门的审批人。专门审批人必须经中国建设银行总行的考核后方能上岗,在岗期间其对中小企业业务进行独立审批,并对任期内的独立审批的决策质量负责,定期递交资产质量报告。

f. 严把内控管理。贷款管理上采用"回头看"的方式逐户检查去年以来的贷款,中小企业的还款方式也尽量采用现金还款,通过还款频率的增加加强监控企业的现金流。

g. 担保公司助力。对于第二还款来源不足的中小企业,借助河北省分行准入的担保公司,设计风险可控的授信方案,控制借款人和担保公司的风险。

廊坊市分行的这一做法,一是保证了整个授信流程的效率,有效满足了中小企业的融资需求,助力中小企业的发展;二是有效地控制了风险,在行业分类、客户筛选、客户准入退出机制以及风险管理等环节上有效控制了风险,这样做并没有因为扩大了授信的数量和范围而造成风险管理的失控。廊坊市分行的试点取得了明显的成果,具体而言:在试点的2008年,其一,超额完成了中小企业贷款新增计划,无不良贷款;其二,廊坊市中小企业贷款占到全部贷款总量的8%,中间业务收入增幅达28%。廊坊市分行通过试点总结出许多有效做法,对于其继续开展该项模式起到了很好的奠基作用,并为该模式在全国范围内的试行积累了宝贵的经验。

3. 中小商业银行开展"信贷工厂"模式的实践——以杭州银行为例①

杭州银行成立于1996年9月26日,是一家资产质量好、盈利能力强、综合实力较强的股份制商业银行。杭州银行现有北京分行、上海分行、深圳分行、宁波分行、舟山分行。杭州银行未来的发展战略为:在新发展战略指导下,稳步推进跨区经营,立足成为一家在江浙、长三角地区具有竞争优势,在长三角以外特色经营的区域性商业银行。截至2009年6月末,杭州银行资产总额1235亿元、存款余额1105亿元、贷款余额724亿元,不良贷款率0.78%,每股收益达0.51元,拨备覆盖率达180.4%。2003年,杭州银行确立了指导银行发展"三步走"的发展战略:第一步,吸收国内民营资本入股,优化产权结构,在股权多元化基础上逐步完善公司治理结构和市场化经营机制;第二步,引进境外优秀战略投资者,以"引资"促"引智",提高核心竞争力;第三步,实现跨区域经营,力争公开上市,成为一家总部位于杭州、具有竞争优势和价值领先的股份制商业银行。

杭州银行和杭州联合银行是最早开始实践"信贷工厂"模式的地方性商业银行,杭州银行在借鉴新加坡"信贷工厂"模式时立足杭州当地经济发展水平和企业实际状况,通过在

① 参见:张卫卫,《"信贷工厂"模式下支持中小企业融资策略研究》,首都经贸大学硕士学位论文,2010年3月。

杭州银行总行建立中小企业事业部并主要依托杭州银行现有分支机构开展中小企业金融服务的活动，极大满足了当地中小企业发展的融资需求。通过银行信贷流程的标准化操作，既提高了融资效率，又能有效控制贷款增加过程中的风险，为当地中小企业的壮大和当地经济的发展做出重要贡献。

　　杭州银行在业务发展过程中开发出独具特色的业务模块，不同的业务模块有不同的客户主体和风险控制要点，具体来说：其一，对于供应链融资模式来说，面向的主要客户群体是供应商及小型零售商；业务合作的重点是与核心企业合作，向供应链中的上下游企业提供金融服务；风险控制要点主要在于核心企业要接受连带保证责任及回购担保或退款协议。其二，区域产业带动业务模式，客户群体主要指区域特色产业群体；业务合作重点是与当地政府保持良好的合作关系，开发当地的特色产业形成的特色产业集群；风险控制较为繁琐，需要根据不同产业集群的特点区别对待，不同产业集群会有不同的风险系数，代入风险控制模型后会有不同的贷款费率。其三，专业市场集群业务模式，主要客户群体集中于专业市场经营户，核心内容是为专业市场经营户提供贷款的同时，开发支持即时到账的转账结算工具；风险控制要注意以抵押贷款为主（如摊位使用权抵押），其他担保方式为辅。

　　杭州银行在开展"信贷工厂"模式时利用开发的业务模块，大大拓展了业务活动范围，中小企业经营效益有明显提升。原因表现在三个方面：其一，流程化银行进行金融产品的批量化生产，大大提高了信贷产品的经营效率，简化了操作流程，缩短了贷款发放时间（从 20 个工作日缩减到 3～5

个工作日),使中小企业能即时得到有效的融资。其二,抓住核心环节,有效控制风险。在贷款客户的审核上,严格按照审核细则,对符合条件的中小企业进行授信,这在第一步上控制住了风险;接下来的各个环节按规则操作是有效控制风险的关键;风险内控制度的建设通过两个环节予以强化:①现金还款;②逐户检查。

6.3.4 "信贷工厂"模式的成效

自从国内银行引进淡马锡"信贷工厂"模式支持中小企业融资开始,国内多家银行就开始依据自身实际积极破解中小企业的融资瓶颈,借鉴淡马锡模式的新理念、新方式不断提升对中小企业的融资效率和对中小企业授信过程中的风险控制。

经过两年多的探索尝试,中国银行、中国建设银行、杭州银行、杭州联合银行等金融机构都通过"信贷工厂"模式的开展取得了良好且明显的社会效益。当地许多中小企业正因为得到该模式支持下银行的及时有效的融资,避免了资金链的断裂,生产过程得以连续进行,在全球经济不景气的情况下依旧能够保持自身的发展,为中国经济的迅速恢复奠定了良好的基础。

在"信贷工厂"模式下,从客户筛选到批准授信再到贷款的回收和管理,整个授信的各环节均采用流程化的方式。信贷产品正是在这种专业化和流水线方式下提高了融资的效率,及时满足了中小企业的资金需求。相对于传统方式,"信贷工厂"模式能够有效节约整个银行的授信成本。各家银行对中小企业的融资总额度有明显增加,例如中国建设银行2008 年累计投放小企业(年营业额在 3 000 万元以下的企

商业银行中小企业贷款核心问题解析

业,不包括微小企业和个体工商户)2 013 亿元,比 2007 年增加 20.5%。截至 2008 年年末,中国建设银行共有中小企业信贷客户 5.37 万户,贷款余额约 6 545 亿元,占全部企业类贷款的 25.7%。中国建设银行绍兴分行截至 2008 年 7 月,通过"成长之路"、"速贷通"等金融产品新增贷款 15.3 亿元。中国建设银行将中小企业业务作为战略转型基点和新的利润增长点,取得了明显的效益。中国银行江苏分行也是最早试验"信贷工厂"模式的国有商业银行。2008 年 1~4 月,中国银行江苏分行累计共发放中小企业贷款 900 多笔,金额达 98 亿元,为以往同期之最。国内各家银行开展的"信贷工厂"模式试点都取得了良好的社会效益和经济效益。这些有益的试点探索为该模式在全国范围内的推广奠定了理论和实践基础,也为国内银行探索中小企业的融资方式奠定了稳固基础。

6.3.5 "信贷工厂"模式的推广

国有商业银行、地区性商业银行"信贷工厂"模式试点的范围不断扩大,随着部分试点的成功,全国范围内将出现更多的"信贷工厂"。鉴于该种模式授信的高效性和风险的可控性,其在全国金融体系范围内的各层次金融机构推广的可行性很高,随着试点经验的不断积累,"信贷工厂"这种来源于新加坡的淡马锡模式将在我国范围内得到大面积有效的运用。中国建设银行 2009 年将该模式的推广范围增加到 150 家,同时在中国西部地区加大"信贷工厂"的建设力度,建立了三十几家"信贷工厂",这推动西部地区中小企业融资进入高效阶段。中国银行也通过其分支在全国范围内推广该模式。中国银行、中国建设银行、杭州银行、杭州联合银行等银行试点的成功,为国内其他各层级银行借鉴这种中小企业融资新模式积累了宝贵的经验。

6.4 "信贷工厂"模式在我国的应用前景

6.4.1 "信贷工厂"模式在我国的市场空间

通过中国建设银行、中国银行、杭州银行、杭州联合银行等银行在中国内地的试水,"信贷工厂"模式渐渐被人们所熟知,随着口碑的不断建立,该模式所体现的中小企业融资效率逐渐被政府、金融机构及广大中小企业认可和接受。虽然"信贷工厂"模式在国内的理论还没有达到系统化、完整化的高度,国内的实践大部分集中在产品创新,有关该模式在制度创新、组织体制创新、运营机制创新和风险控制等环节上的探讨还不尽完备,但是经过 2 年多的实践和运作,该模式已经显示出在国内极大的适应性和强大的生命力,国内大量中小企业在"信贷工厂"模式下支持下便捷地得到了银行的融资,金融危机的寒流对这些中小企业并没有产生实质性的影响。

"信贷工厂"模式从根本上说是符合中小企业特点的融资模式,该模式通过标准化和流程化的方式向中小企业融资,满足了中小企业融资"短、频、急、小"的特点,以最高的效率实现了贷款营销、贷款审批、贷款的发放。因此,该制度的设计从本质上是符合中小企业融资特点的,这也就决定了该模式具有广阔的市场前景,尤其我国中小企业数量众多(我国企业总数中 99% 是中小企业)、创造了超过 70%的就业和超过 50%的税收,在自主创新等方面也走在全国前列,中小企业在国民经济中的重要作用,决定了以后在我国采用"信贷工厂"模式助力中小企业融资的金融机构会越来越多。

"信贷工厂"这种源于新加坡的淡马锡模式在我国中小企业融资中发挥了重要作用,取得了良好的社会效益,该模式在我国的发展前景是明朗的、发展空间是广阔的。我国各家金融机构应该抓住实践该模式的有利时机,不断根据我国国情对该模式进行调整运用,使该模式在我国国情中能够具有更强的生命力和发展潜力。

6.4.2 "信贷工厂"模式在我国的机遇

1. 国家出台多项政策支持中小企业发展

由于金融危机后,我国中小企业的发展面临严重困难,鉴于中小企业在我国国民经济中的重要作用,国家出台了多项政策支持中小企业的发展,如 2008 年年底银监会出台《关于银行建立小企业金融服务专营机构的指导意见》,工业和信息化部部长李毅中指出 2009 年会为中小企业提供 6 000 亿元的贷款担保。这些政策措施从金融环境的优化到金融政策的执行,都有助于中小企业融资难问题的解决。中国银行、中国建设银行、杭州银行、杭州联合银行等金融机构试水该模式,都对当地中小企业融资起到了积极的促进作用,该模式的社会效果明显。因此,在国家政策大背景下,"信贷工厂"模式具有广阔的发展前景。

2. 国内银行战略转型推动实践"信贷工厂"模式

我国国有银行一直将大型企业作为融资重点,因为大型企业贷款数额大、各项财务报表健全、贷款期限较长、单个客户的贷款收益能够有效覆盖成本,大型企业一直是各家银行激烈的竞争对象。在金融危机的新形势下,各家银行响应国

家中小企业支持政策纷纷加快战略转型的步伐,避免将风险过于集中于大企业客户。建设银行在战略转型过程中借鉴新加坡淡马锡"信贷工厂"模式,开发专业化、流程化、标准化信贷产品,适应了中小企业的融资需求并且符合中小企业融资的特点,在试点的江苏、浙江、西部等地都取得了良好的社会效益。因此,国内银行在试点成功的基础上会继续在全国范围内对该模式进行推广。

3. "信贷工厂"产品符合中小企业融资需求

一是设立专门机构拨付专项信贷规模;二是降低小企业进入门槛,放贷更看重企业订单、纳税、用电、用工等实际运行情况;三是充分授权发挥基层积极性,一般审批人有700万元的额度权限;四是缩短审批时间,每笔贷款处理时间平均5.7天。"信贷工厂"模式的这种特点最大限度地满足了中小企业融资特点。

4. 我国银行具有引进该模式的独特优势

淡马锡作为世界著名的主权财富基金,其通常以超高的投资收益率而令其他国家的主权财富基金望尘莫及,中国建设银行和中国银行上市过程中,淡马锡作为战略投资者进行入股,这使我国银行在引进该模式过程中具有独特优势。

6.4.3 "信贷工厂"模式在我国的挑战

1. 缺乏配套的机制制度

我国在试点"信贷工厂"模式过程中,大部分银行的组织机构采用事业部制,采用事业部制需要建立三级独立的机制,即财务独立核算、独立的人员配置与绩效考核、独立的信贷管理。

（1）我国银行一般在一级分行设立专门的中小企业部，在二级分行设立中小企业经营中心，经营中心委托各基层行具体开展中小企业的营销活动、授信业务、贷后管理等环节的工作，中小企业部负责制定各项金融政策（由经营中心和基层行遵守），为了调动基层行的业务活动积极性，营销活动和贷款发放活动由基层行开展，而最终的风险承担由中小企业经营中心来承担，这种机制的设定在开展"信贷工厂"业务初期是有积极作用的，但随着该模式业务的成熟，这种风险不对称机制必须要进行改革。

（2）"信贷工厂"模式需要上述三级独立机制真正实现。但是，在我国开展"信贷工厂"的阶段，并没有实现完全独立，只有中国建设银行、中国银行在信贷业务上达到了较为彻底的独立性，在业绩考核和财务独立性上并没有达到完全的独立，这些都是以后在实践过程中需要不断完善的。

2. 与传统监管政策存在冲突

银行监管传统观点认为，对百万元以上的贷款实行"零容忍"态度，而"信贷工厂"模式下，新的监管标准为"尽职者免责、失职者问责"的机制，银行的传统观点与现行"信贷工厂"模式的准则存在冲突，在以后的实施过程中会存在矛盾和对立。

拓展阅读：

佛山市××电气有限公司的企业案例分析

通过"信贷工厂"模式，中国工商银行××分行支持有发展前景的优质中小企业,以佛山市××电气有限公司为例,生产规模逐渐扩大,企业财务状况不断改善,销售收入、利润得以不断增加,达到了银企双赢的局面。

1. 企业基本情况

佛山市××电气有限公司的前身是佛山市××变压器有限公司(成立于 1986 年的国营企业),是由国营企业转制而来的小企业,专门从事各类特种变压器的制造。该企业经过多年的发展,其产品在国内具有一定的知名度,其产品曾被当地的省市级供电部门、大型企业所采用,例如佛山市供电局等。

2. 银行传统模式下的困境

该企业生产模式是接受下游企业的订单,然后以自有资金向上游企业采购原材料,生产发货后形成应收账款。该公司的生产原材料主要是铜线,近年来铜线的价格波动较大,这在一定程度影响了企业的生产、销售和盈利。受制于企业自有资金的实力,企业实行选择性订单生产销售,即以利润最大化为原则,优先生产获利较多的订单来规避部分风险,企业在 2008 年以前每年的销售收入为 1 500 万元,利润仅为 100 万元。

在银行传统的中小企业业务评价体系中,在第一还款来源评价方面,由于该企业资产规模小,企业现金流不充足,主要财务指标均低于行业的平均值;在第二还款来源方面,由于企业生产的厂房是租用厂房,不符合银行所要求的合法、有效的抵押物的要求,该企业在银行的授信额度测算体系中属于不支持类,无法获得银行授信额度。

佛山市××电气有限公司 2007 年年末财务指标评价如表 6-1 所示。

商业银行中小企业贷款核心问题解析

表 6-1

佛山市××电气有限公司 2007 年年末财务指标评价①

	评价项目	佛山××电气有限公司	行业平均值	评价
营运能力	流动资产周转率	0.70	1.82	较差值
	存货周转率	5.00	5.87	接近平均值
	总资产周转率	0.60	1.14	较低值
	应收账款周转率(次)	3.10	5.59	较低值
盈利能力	销售利润率(%)	17.00	18.17	接近平均值
	成本费用率	3.20	8.90	较低值
	净资产收益率	5.30	12.06	较低值
	总资产报酬率	4.20	7.63	较低值
偿债能力	资产负债率(%)	20.20	31.83	良好值
	流动比率	109.30	151.27	较低值
	速动比(%)	56.90	111.95	较差值
发展能力	销售增长率(%)	0	14.23	较低值
	总资产增长率(%)	0.63	10.71	较低值

因此,该企业在银行传统模式下,银行融资渠道狭窄,几乎没有获得银行融资的支持,企业发展壮大面临瓶颈。

3. 银行创新模式下的成效

中国工商银行××分行在分析佛山市××电气有限公司的经营现状、发展前景的前提下,针对企业贸易融资链条,通过产品开发,为该企业提供了创新产品——订单融资的贸易融资方案,摆脱了以往传统的授信模型中过于看重抵押担保的做法,根据企业的物流、信息流、资金流的运作特点,银行通过全面跟踪企业采购、生产和销售全流程,企业以订单或应收账款所产生的现金流作为还款来源,银行向企业提供

---

① 参见:张卫卫,《"信贷工厂"模式下支持中小企业融资策略研究》,首都经贸大学硕士学位论文,2010 年 3 月。

短期融资。

订单融资业务流程如图 6-1 所示。

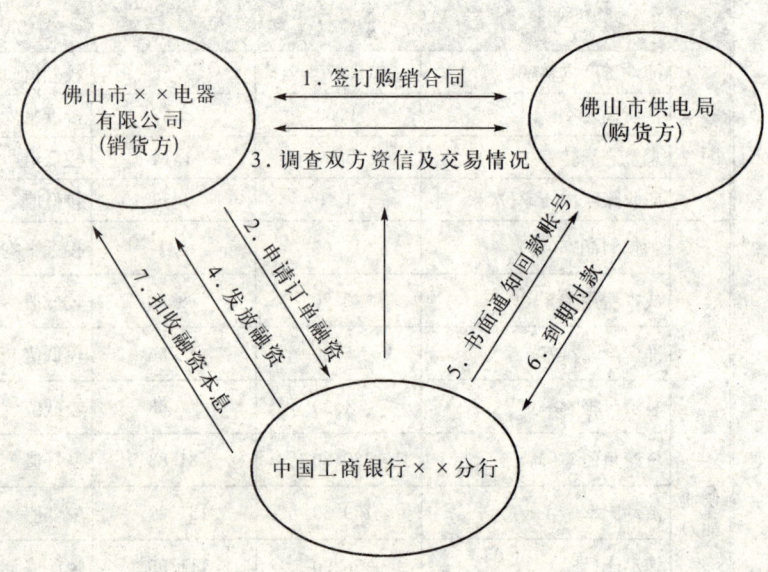

图 6-1 订单融资业务流程①

中国工商银行××分行针对该企业来自于当地的学校、医院、供电局等企事业单位部门的订单,通过评估购货方的稳定的付款能力,在核实真实的贸易融资背景的前提下,以订单项下的预期销货款作为主要还款来源,中国工商银行××分行给予该企业合同订单金额 70% 的融资额度,满足企业在采购原材料、组织生产过程中的短期资金需求。在 2008 年年初,中国工商银行××分行通过快速、标准化的业务流程为该企业提供了首笔 500 万元额度的贸易融资支持,解决了该企业因自有资金有限而无法扩大生产销售、改进技术的问题。3 年来,中国工商银行××分行针对该企业的订单销售情况,累计向该企业发放了近 2 000 万元的订单融资贷款。

---

① 参见:张卫卫,《"信贷工厂"模式下支持中小企业融资策略研究》,首都经贸大学硕士学位论文,2010 年 3 月。

通过中国工商银行××分行的多年中小企业贷款支持和企业近3年来的发展，该企业销售收入逐年增长，由2007年的1 500万元增长至2009年3 000万元，而且资产规模、利润实现了成倍的增长，经营效益不断提高，利润总额由2007年的130万元增长至255万元。近几年，该企业通过中国工商银行××分行的融资支持，销售和利润都保持较大的增长幅度，处于快速发展阶段，而且该企业目前在国家机械工业部天津电气传动设计研究所和国家冶金部所属各大钢铁企业的支持下，通过为其生产提供数千台优质产品而积累了极其丰富的设计制造经验，目前公司已是国家机械工业局、国家电力公司35KV等级的认证企业。

中国工商银行××分行以"信贷工厂"模式支持佛山市××电气有限公司，在为企业发展提供资金的保障的同时，又为该行的业务带来新的利润增长点，佛山市××电气有限公司自2008年年末在中国工商银行××分行融资以后，在该行开立了基本结算和一般结算账户，2009年月均存款250多万元，月均货款回笼结算量400多万元，以及办理了网上银行、理财和贴现等各项业务，实现了银企合作的共赢。

第 7 章

中小企业供应链融资

供应链融资被认为是突破抵押模式约束,实现贷款创新的重大进步。如何建立适合中小企业的供应链贷款模式,具有重要的实践价值。

7.1 供应链融资概述

7.1.1 供应链

1. 供应链的定义

供应链是指围绕核心企业,通过对信息流、物流和资金流的控制,从采购原材料开始,制成中间产品及最终产品,最后由销售网络把产品送到消费者手中,它是将供应商、制造商、分销商、零售商直到最终用户连成一个整体的功能网链结构。所以,一条完整的供应链应包括供应商(原材料供应商或零配件供应商),制造商(加工厂或装配厂),分销商(代理商或批发商),零售商(大卖场、百货商店、超市、专卖店、便利店、杂货店等)以及消费者。

根据供应链的定义,它涵盖着从原材料的供应商,经过工厂的开发、加工、生产至批发、零售等过程,最后到达消费者手中,这涉及最终产品或服务的形成和交付的每一项业务活动。因此,供应链的内容也涵盖了生产理论、物流理论和营销理论等三大理论。

2. 供应链的结构

供应链的结构具有网链特征,其基本组成包括供应商、制造商、分销商、零售商及最终用户,其基本功能可以分为原材料供应、产品生产分销、运输、仓储和最终销售等,并在终端顾客与制造商、部件/原材料供应商之间存在着物流、信息流和资金流。物流是指从供应商到顾客手中的物质产品流动;信息流包括采购订单、需求信息、库存信息、产品信息及价格等;资金流包括信用条件、支付方式以及委托与所有权契约等。从流向来看,物流从上游向下游流动,资金流从下

游向上游流动,而信息流的流动则是双向的。这三种流相互关联、相互影响,形成了一个完整的系统。供应链的结构模型如图 7-1 所示。

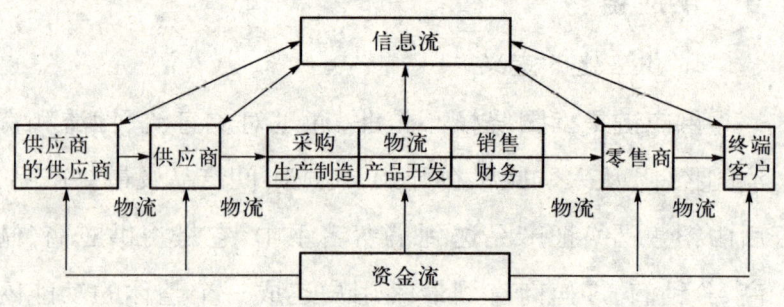

图 7-1 供应链的结构模型

3. 供应链的特征

(1)复杂性。供应链是由多个类型的节点企业构成,它们之间的关系复杂,关联往来和交易很多;同时,节点企业可以是不同供应链的成员,众多供应链交叉,增加了协调管理的难度。所以供应链的结构模式一般比单个企业的结构模式更为复杂。

(2)动态性。供应链是一个动态变化的网络系统。现代供应链是企业战略和适应市场需求变化的产物。供应链结构和节点企业都需要动态更新,这就使得供应链具有明显的动态性。

(3)风险性。供应链环节中的企业仍是市场中的独立经济实体,彼此之间仍存在潜在利益冲突和信息不对称。在这种不稳定的系统内,各节点企业通过不完全契约方式协调,因而供应链必然存在风险性,再加之供应链的多参与主体、跨地域、多环节等特点,使供应链容易受到来自外部环境和链上各实体内部不利因素的影响,形成供应链风险。供应链风险是潜在的威胁,与单个企业的风险有很大的不同,具有传递性、"牛鞭效应"及互动博弈与合作性等,能够对整个供应链系统造成破坏。

（4）一致性。以核心企业为主构成的供应链中的各个企业，在运营目标上具有一致性，即都是希望通过自身的高效运行，降低整个供应链的运营成本，进而提升整个供应链的运作价值，实现自己更大的财务效益。

7.1.2 供应链融资

1. 供应链金融产生的背景

随着信息技术的发展和交通条件的改善，远程生产组织和流通成本降低，供应链逐渐取代纵向一体化，成为国际上产业组织的主流模式。在这种模式中，核心企业通过对其全球供应链上商流、物流、信息流和资金流的整合，控制了整个链条，获得了话语权和定价权，从而掠取了更多附加值。这种供应链上的核心企业——跨国公司与上下游企业的天然矛盾使得供应链条上的资金失衡问题在供应链系统内部难以得到根本解决。全球供应链上的各种资金"瓶颈"甚至是资金缺口需要得到有效的融资补充，供应链"四流"运作效率的提高也需要外部金融的有效支持，在此背景下，供应链金融（Supply-Chain Finance，简称 SCF）应运而生，成为商业银行新的重要业务增长点。供应链金融是商业银行站在供应链全局的高度，为协调供应链资金流，降低供应链整体财务成本而提供的系统性金融解决方案。

作为供应链金融的核心内容，"供应链融资"服务正是银行等金融机构与供应链企业、物流企业合作创新的结果。其最大的特点就是将核心企业的良好信用能力延伸到供应链上下游企业，弥补中小企业融资缺口，进而降低供应链总体融资成本，激活整个链条的运转。

233

供应链融资具有"多方共赢"的特性,不仅有效解决了供应链上的资金薄弱环节,即供应链上中小企业的融资难题,而且可以使金融机构有效降低贷款风险,并且使物流企业等参与者获得更多增值空间。

正因为这些优点,近些年来,各国的金融机构,如法国巴黎银行、荷兰银行和美国花旗银行等,纷纷与供应链核心企业、物流企业合作,开展供应链融资业务;一些大机构还成立了专门的"物流银行",如世界物流快递业巨头UPS收购了美国第一国际银行,成立了UPS金融公司,为客户提供全方位的物流与供应链融资服务,以实现物流、信息流和资金流的同步化。一项调查显示,供应链融资是国际性银行2007年度流动资金贷款领域最重要的业务增长点。在此次全球性金融危机中,供应链金融在西方银行业信贷紧缩的大背景下一枝独秀,依然保持了高速的增长态势。

供应链融资服务创新也成为我国物流业与金融业共同关注的新兴领域,作为破解中小企业融资难题的重要突破口之一,得到了社会各界的充分重视。自1999年中国物资储运总公司与银行联手开发第一笔存货质押融资模式的供应链融资业务后,中国物资储运总公司已与中国工商银行、中国建设银行、中国农业银行和招商银行等数十家金融机构合作,达到年授信额度300亿元的规模。2006年5月,深圳发展银行在总结广州分行的"能源金融"、佛山分行的"有色金融"、上海分行的"汽车金融"和大连分行的"粮食金融"经验后,正式提出了"供应链金融"的战略,引领了我国供应链金融服务领域新一轮大发展的浪潮。

2. 供应链融资的含义及特征

如果说供应链管理是对核心企业角度而言的、针对其供应链网络进行的一种管理模式,那么供应链融资则是对银行角度而言的、针对核心企业供应链各个节点企业而提供金融服务的一种业务模式。

"供应链融资"就是在供应链中找出一个核心企业,以核心企业为出发点,为供应链上的节点企业提供金融支持。一方面,将资金有效注入处于相对弱势的上下游配套的中小企业,解决配套企业融资难和供应链失衡的问题;另一方面,将银行信用融入上下游配套企业的购销行为,增强其商业信用,促进配套企业和核心企业建立长期战略协同关系,从而提升整个供应链的竞争能力。从某种意义上说,供应链融资就是面向中小企业的金融服务。供应链融资解决了上下游企业融资难、担保难的问题,而且通过打通上下游融资瓶颈,可以降低供应链条融资成本,提高核心企业及配套企业的竞争力。

简言之,供应链融资就是对核心企业的配套企业(多数为中小企业)所进行的融资。

供应链融资具有以下四个特点:

(1) 供应链融资具有长期稳定性。对银行而言,通过短期的资金运行成长期的业务关系,变小业务量为大业务量,节约交易成本。通过这种方式,银行可以获得供应链中企业更多的数据和信息,更好地控制风险并设计融资产品。供应链融资的长期形式风险较大,但银行可以以短期形势为基础,拓展到长期形式的融资服务。

(2) 供应链融资具有整体性。首先,融资主体涉及供应链上几乎所有的企业。其次,提供了众多短期和长期融资方案。再次,在供应链融资中,融通资金几乎都以供应链中物流、信息流和资金流为依据进行整体性分配。

（3）供应链融资具有融资外包性。供应链融资中的融资服务机构，代理供应链中的企业进行融资安排。供应链各企业融资计划都在融资服务机构中有预测，企业需要融资并且符合相应条件时，便可以迅速得到资金，大大降低了融资的交易成本，提高了融资的效率。

（4）供应链融资具有风险易控性。从银行的角度看，在短期的自偿性贸易融资中，银行能对真实性贸易进行预测和确认，并在发放贷款后直接控制资金和物流的去向，保证资金安全。在长期融资形式中，因有融资服务机构的担保和整个供应链的绩效作为依据，风险也较好控制。

3. 供应链融资的构成要素

供应链融资涉及多个企业之间的合作和协调，主要包括金融机构（主要是商业银行）、中小融资企业、核心企业及第三方支持企业（主要是物流企业，有时还包括信用保险企业等），如图 7-2 所示。这些企业在一种融洽、互信、互惠、互利的商业生态圈中共存，共同合作，以一体化的组织最大限度地获取稳定收益。

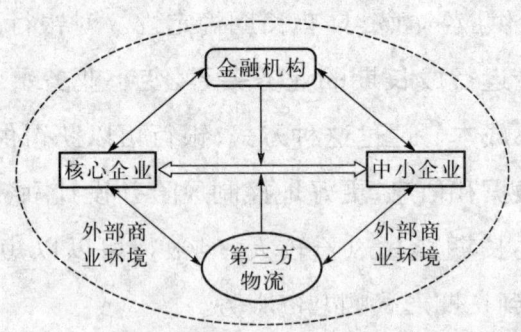

图 7-2 供应链融资的参与主体及相互关系

第一，商业银行。

商业银行以供应链的核心企业为切入点，在有效控制风险的同时,最大限度地为整条产业链上的企业提供融资及其他金融服务。

在供应链融资模式下,银行作为供应链核心企业的财务战略伙伴,通过开发新颖的供应链融资产品,一方面,采取较为有效的风险控制措施来满足中小企业的融资需求;另一方面,通过满足核心企业降低综合财务成本和补充流动性所带来的供应链运行的稳定性,既可以保证借款企业的还款来源,又可以创造新的商业利润和金融服务收益,并拓宽客户群体,提升自身竞争力。

第二,中小融资企业。

供应链中小企业成员是供应链金融服务的需求者,它们通过动产质押、第三方物流企业或核心企业形成的债项担保从银行获得贷款。在融资链条中,上下游中小企业处于弱势,依赖链条中的核心企业提供信用支持。

这些进入供应链的中小企业往往凭借其较低的劳动力成本、非核心的产业专业技能和特殊渠道方面的优势立足于供应链,集中于附加值较低的价值链环节,其经营状况一般包括以下一些特征:

a. 缺乏核心竞争力,在与核心企业的关系中处于弱势地位,在交易价格、结算方式、供货速度和销售指标方面缺少话语权,常受到核心企业的挤压,导致利润下降和资金流紧张。

b. 往往缺乏有效的抵押物,资产的主要形式是预付账款、存货和应收账款,并占用了企业的大量流动资金,同时由于融资困难,进一步恶化了现金流状况。

c. 财务制度不规范,经营状况不稳定,信用基础薄弱,属于银行的高风险客户,融资便利性差、成本高。

虽然在大多数情况下,供应链中某单个企业的生存状况

不会导致供应链整体效率的损失,但是如果整个供应链中有许多融资困难的中小企业存在,将大大削弱供应链的总体竞争力。

商业银行紧密围绕着中小企业的应付账款、应收账款和存货开展的供应链金融服务为供应链上的中小企业的融资提供了新的方法和方式。以应收账款和存货为产品的自偿性贸易融资业务能够使资金运用于中小企业的生产、销售,得到更好的衔接,从而减少资金占用,提高资金使用效率,降低企业营运成本。

第三,核心企业。

核心企业是指在供应链中规模较大、实力较强,能够对整个供应链的物流和资金流产生较大影响的企业。在供应链金融服务中,核心企业可以为中小企业融资提供债券债务确认甚至担保,以帮助链条中的企业顺利获取资金。

供应链是一个有机整体,各个环节相互影响。中小企业的融资难所引发的问题会传导给核心企业,从而造成供应或分销渠道上的不稳定,因此核心企业依靠自身的优势地位和良好的信用,通过承诺回购等方式帮助供应链中的弱势企业进行融资,有利于自身的发展壮大。

作为供应链的核心企业,一般应具备以下一些条件:

a. 掌握产业链或价值链的核心价值,围绕该企业有一个稳固的供需网络,该企业对它的上下游企业具有支配地位,具有较强的市场竞争力,如钢铁制造企业、家电制造企业等。

b. 财务实力突出,资信水平普遍较高,包括自身信用在内的融资担保资源充分,在融资市场上具有较高的信用等级,是各家商业银行争夺的优质客户。

c. 担当着整合整条供应链的关键角色,可以利用供应链融资从上下游企业获得更为优惠的价格、交付款方式、账期，或者更大销量，从而占有更多的流动性，集中了整条供应链上最大的金融利益。

第四，第三方支持企业。

供应链融资业务的特点决定了物权和债权的存在对于融资业务的顺利开展起着关键性的作用。供应链融资中的第三方支持企业主要是各类物流企业、仓储公司、保险公司和担保物权登记机构等。

物流企业是供应链融资服务的主要协调者。在供应链融资中，物流企业充当的第三方角色，既为中小企业提供物流、信用担保服务，又为银行等金融机构提供资产管理服务，如监管、仓储等。对于物流企业自身而言，由于在抵押、质押物管理及价值保全、资产变现、市场动态方面具备良好优势，通过深度参与供应链融资，分担了物流金融中的"物控"和"货代"职能，在降低银行风险的同时，也给自己带来了很大商机，从而提升了自身的市场竞争力。

此外，保险公司、抵押登记机关等也是供应链融资业务中银行环节外包的参与主体。保险公司通过对风险的分析和经营，实际上接受了银行部分风险的打包出让，从而为银行减轻了部分环节的风险管理压力。登记机关对抵押的登记办理，则防范了第三方主张抵押物权利的风险。

4. 供应链融资与传统融资方式的比较

供应链作为一种新型的管理模式，打破了传统的一对一的贸易方式，供应链的运行效率受链条结构的影响，而供应链融资则是一种基于贸易供应链的全过程融资方式，其操作流程及实践与传统的融资业务有所区别，如图 7-3 和图 7-4 所示。另外，对两种融资模式的比较见表 7-1。

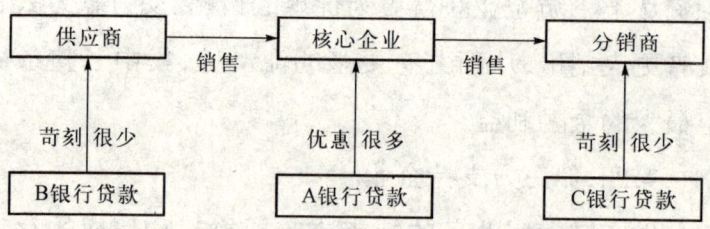

图 7-3　传统融资模式中银行与供应链成员的关系

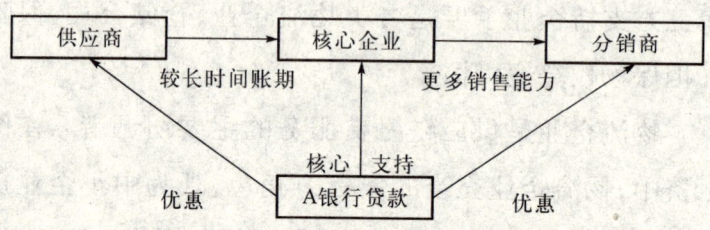

图 7-4　供应链融资模式中银行与供应链成员的关系

表 7-1

供应链融资与传统融资方式的比较①

项目	传统贸易融资	供应链融资
交易对手考察	关注点是单个企业的高效运行,将为下游企业提供及时的物流保证作为首要标准	偏重的是企业之间合作的稳定,希望价值链上的企业保持高度相关,增强单环节承受意外风险冲击的能力,从而保证实务贸易的顺利进行,以实现融资收益
授信关注点	申请企业的经营业绩、财务实力以及历史信用情况等指标	贸易业务的成功概率、参与该项业务的上下游各企业相互之间的关联度及合作的稳定度、是否存在大型核心企业及其信用情况
融资对象	针对某项特定业务,由于资金融通困难而提出申请的单个企业	相关供应链上对贸易业务的完成有较大影响的上下游多个企业形成的群组
融资范围	审查指标较为苛刻,容易排除许多具有生产优势的中小企业的融资申请,缩小了自身的融资范围	指标具备弹性,企业规模小等劣势可以由业务或者与上下游企业的高关联度弥补,为中小企业开放门槛
融资结构	流水线式的结构	以商业银行为主体,将资金注入各企业,使整个供应链形成"一(银行)对多(企业)"的中心辐射式的网状结构
服务方式	针对供应链的某一环节进行的单环节贸易融资	对整个"产—供—销"供应链上的涉及企业提供"一站式"的、"跟进式"的全过程融资

---

① 参见:吕香茹,《商业银行贸易融资》,中国金融出版社,2009 年。

项目	传统贸易融资	供应链融资
资金风险	风险集中在单个企业,该企业的经营管理直接影响银行本金的回收,资金风险高	链式融资可以推动供应链的正常运行,从而将风险分散于整条供应链,银行承担的是链条断裂的风险,此风险通常较低
信息流	不连贯的信息流,忽视融资企业上下游的牵制影响,导致贸易风险较大,银行资金风险较大	银行可以掌握整个贸易链的连贯信息,从而准确把握业务实质以及融通资金流向,信息的及时共享降低了资金风险

5. 供应链融资的意义

供应链融资从供应链的角度来研究中小企业的融资问题,在一定程度上解决了中小企业融资难的问题,大大缓解了因企业自身的特点所带来的融资限制。其意义主要有以下几个方面:

第一,有利于提高供应链整体的绩效,提升产业竞争实力。

供应链融资为供应链资金约束问题提供了很好的解决途径。例如,供应链融资可以充分利用整个供应链中的物流向银行进行融资,保证营运资金周转;利用供应链上企业间的商业信用,优化资金在整个供应链上的配置等。通过供应链融资,可以实现供应链的最小化资金约束,使整个供应链运转更加流畅,提高供应链及企业的绩效。

企业与企业之间的竞争实质上是供应链之间的竞争,而国与国之间的竞争实质上就是产业实力的竞争。产业实力取决于产业内部大型、中型和小型企业之间的协同程度。供应链融资极大地提升了配套企业与核心企业之间的协同程度,改变了过去企业单打独斗的市场格局,更大规模地拓展了市场,进而提升了以核心企业为主体的整个产业的实力。

第二,有利于提升供应链的核心竞争力。

在供应链中从核心企业着手,一方面,将资金有效注入处于相对弱势的上下游配套中小企业,解决供应链失衡问题;另一方面,将银行信用融入上下游企业的购销行为,增强其商业信用,改善其谈判地位,使供应链成员更加平等地协商和逐步建立长期战略协同关系,提升供应链的核心竞争能力。

第三,有利于弱化银行对中小企业的限制,为中小企业提供新的融资途径。

在供应链融资中,银行服务的主体不再局限于中小企业本身,而是整个供应链:银行的信用风险评估也从对中小企业静态的财务数据的评估转到对整个供应链交易风险的评估。银行依靠这个核心企业的实力和资信,对与该企业发生交易的中小企业进行向上或向下的拓展,形成一个以大企业为核心的产业供应链。

第四,有利于促进金融与实业的有效互动。

金融机构通过实施供应链金融,提供资金、信用、服务进入供应链,不仅有效地解决了中小企业融资问题,也促进了金融与实业的有效互动。供应链金融促使银行跳出单个企业的局限,从更宏观的高度来考察实体经济的发展,从关注静态转向企业经营的动态跟踪,这将从根本上改变银行业的观察视野、思维脉络、信贷文化和发展战略。

第五,具有一定的经济效益和社会效益。

供应链融资的经济效益和社会效益非常突出,借助"团购"式的开发模式和风险控制手段的创新,中小企业融资的收益-成本比得以改善,并表现出明显的规模经济。供应链的产业组织模式也是经济发展方式转型的基本内容之一。

供应链正在取代纵向一体化,成为国际上产业组织的主流模式。而在供应链基础上产生的商业银行供应链融资,将在我国供应链产业组织模式升级乃至我国经济发展方式转型的过程中发挥重要作用,也将进一步提升我国中小企业和银行业参与国际竞争的实力,实现实体经济与虚拟经济的协同发展。

7.2 中小企业供应链融资模式

中小企业的现金流缺口经常会发生在采购、日常经营和销售三个阶段。在采购阶段,具有较强实力的供应商会施压要挟下游购买商尽快付款,供应商的商品价格波动也会给下游企业采购带来巨大资金缺口。在日常运营阶段,中小企业因为库存、销售波动等原因积压大量存货,占用大量流动资金,给企业造成资金周转困难。在销售阶段,面对具有较强实力的购货方时,货款收回期较长,也给企业带来流动资金短缺的风险。与这个过程相对应,银行融资的切入点分三个阶段。即采购阶段的应付账款融资,运营阶段的动产质押融资,以及销售阶段的应收账款融资。

7.2.1 采购阶段的供应链融资——应付账款融资模式(买方信贷)

1. 应付账款融资的内涵

应付账款融资(也称买方信贷,供应商融资)是指银行向销售商的下游客户买方发放的、专用于购买销售商所销售商品的贷款。这种运作模式主要针对商品采购阶段的资金短缺问题。由第三方物流企业或者核心企业提供担保,

银行等金融机构向中小企业垫付货款,以缓解中小企业的货款支付压力。之后由中小企业直接将货款支付给银行(如图7-5所示)。其中第三方物流企业扮演的角色主要是信用担保和货物监管。一般来说,物流企业对供应商和购货方的运营状况都相当的了解,能有效地防范这种信用担保的风险,同时也解决了银行的金融机构的风险控制问题。应付账款融资基于真实的贸易背景,有长期贸易往来的企业间,根据买方综合授信额度,分拨部分额度,并实现专款专用。

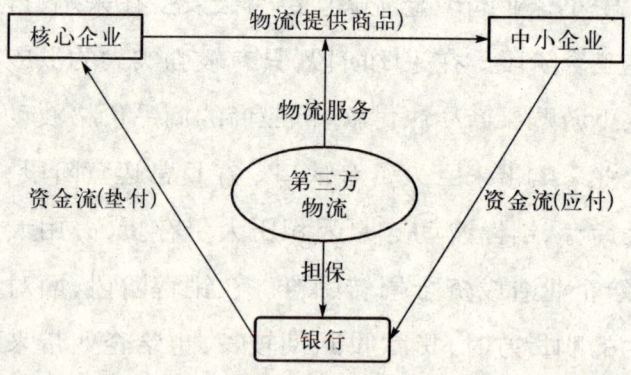

图7-5 应付账款模式示意图

应付账款融资具有安全性高、实用性强、成熟度高、便利性好、效益性佳等特点:

(1)安全性高。核心买方在银行取得相应授信额度,并将其下游应收账款转让予银行,核心企业即可提出融资申请,融资款项支付给上游供应商,资金用途保障程度高。

(2)实用性强。广泛应用于以赊销为结算方式、经营状况良好、下游资金回笼正常的供应链中的核心企业。

(3)成熟度高。该业务在应付账款方面的创新,从产品设计、业务操作、风险管控等方面已形成一套较为完备的业务操作规程及风险防范措施,成熟度较高。

(4) 便利性好。核心企业作为融资主体,在提供贸易单据、转让应收账款后,即可向银行申请融资,由银行将融资款项直接划转至上游供应商账户,用于支付到期应付账款。

(5) 效益性佳。对核心企业而言,在不影响现有交易模式的条件下,满足其应付账款到期时,因销售资金尚未回笼而产生的短期融资需求,提升其在供应链中资金运作实力;对上游供应商而言,及时收回货款,减少资金占压。

2. 应付账款融资的方式

在实践中,应付账款融资常应用于一国的进出口业务中,主要包括出口买方信贷和进口买方信贷两种方式。

第一,出口买方信贷。

出口买方信贷是出口国为了支持本国机电产品、成套设备、对外工程承包等资本性货物和服务的出口,由出口国银行在本国政府的支持下给予进口商或进口商银行的中长期融资便利。

出口买方信贷通常包含贷款期限、贷款利率及贷款费用等要素。期限一般不超过 10 年(自借款合同生效之日起至贷款本息全部清偿之日);利率受借款人资信、借款金额、期限、担保形式等因素影响,一般以浮动利率表示,并按照外部监管部门有关贷款利率政策、银行贷款利率管理规定执行,在贷款协议中约定确认;根据国际惯例,出口买方信贷需按照一定的费率征收管理费、承担费等相关费用。

出口买方信贷主要有三大功能:

a. 出口国政府支持。出口信贷又被称为"官方支持的出口信贷"。作为政策执行者,由各国出口信贷机构(Export Credit Agencies,简称 ECAs)为出口信贷提供保险、担保或直接优惠贷款。

b. 优化出口商资产负债结构。由于出口买方信贷是对进口方(进口商或进口商银行)的融资,出口商无需融资负债,并且有利于出口商的收汇安全,加快资金周转。

c. 节约进口商融资成本。一方面,扩大了进口商的融资渠道;另一方面,出口国ECAs的保险费率(或担保费率)和贷款利率往往低于市场平均水平,所以ECA项下(保险、担保或直接融资)的出口买方信贷融资成本相对较低。

第二,进口买方信贷。

进口买方信贷是进口商银行为支持本国进口商进口产品,而作为国外出口商银行的转贷行,向本国进口商发放贷款,专用于购买贷款提供国的出口商品,也称为进口买方信贷转贷款融资。

一般而言,由于期限和成本的限制使得国内外汇资金无法满足的项目均可考虑使用进口买方信贷。经合组织对可获得外国政府贷款的项目有较严格的限制,所以通常争取进口买方信贷更为可行。如果客户满足一定条件且对项目融资的需求不超过项目采购合同总额的85%,可考虑使用进口买方信贷转贷款。

进口买方信贷转贷款的还款期一般为5~10年。利率根据贷款行的规定,可采用浮动利率,或经济合作组织出口信贷参考固定利率。贷款币种根据进口合同确定,可使用美元、日元、港币等可自由兑换的货币。

3. 应付账款融资的操作流程

具体操作流程如下:

(1) 中小企业向商业银行缴纳保证金。

(2) 商业银行向中小企业授信并替其支付采购账款。

（3）核心企业出具提货单于商业银行作为质押品。

（4）中小企业再根据需要向商业银行追加保证金。

（5）商业银行根据保证金的金额通知核心企业向中小企业发货。

（6）核心企业向中小企业发货。

4. 应用案例①

重庆永业钢铁（集团）有限公司（以下简称"永业钢铁"）在当地是一家非常著名的钢铁加工和贸易民营企业，2002年曾获得"全国百强钢材营销企业"的称号。由于地域关系，永业钢铁与四川攀枝花钢铁集团（以下简称"攀钢"）一直有着良好的合作关系。永业钢铁现有员工150多人，年收入超过5亿元，但与上游企业攀钢相比在供应链中还是处于弱势地位。

永业钢铁与攀钢的结算主要是采用现款现货的方式。2005年，永业钢铁由于自身扩张的原因，流动资金紧张，无法向攀钢打入预付款，给企业日常运营带来很大影响。2005年年底，永业钢铁开始与深圳发展银行（以下简称"深发展"）接触。深发展重庆分行在了解永业钢铁的具体经营情况后，与当地物流企业展开合作，短期内设计出一套融资方案：由物流企业提供担保，并对所运货物进行监管，深发展重庆分行给予永业钢铁4 500万的授信额度，从而缓解了永业钢铁的资金短缺压力。

案例分析：该案例成功的关键首先在于融资的应付账款用途是向攀钢进口原料，银行的融资是直接付给攀钢，这就是在供应链的链条上借助核心企业的资信为下游企业进行

① 参见：何涛、翟丽，《基于供应链的中小企业融资模式分析》，《物流科技》，2007年第5期。

了融资;其次在于当地物流企业同意为其授信额度提供担保,并对所运货物进行监管,使银行可以降低信贷风险,在融资时通过第三方获得了物权控制。

7.2.2 运营阶段的供应链融资——动产质押模式

1. 动产质押融资模式的内涵

动产质押是商业银行以借款人的自有货物作为质押物,向借款人发放授信贷款的业务。由于原材料、产成品等动产的强流动性以及我国法律对抵质押生效条件的规定,金融机构在对动产的物流跟踪、仓储监管、抵质押手续办理、价格监控乃至变现清偿等方面面临着很大的挑战,这给金融机构贷款带来巨大风险。因此,动产一向不受金融机构的青睐,即使中小企业有很多动产,也无法据此获得贷款。基于此,供应链融资模式设计了供应链下的动产质押融资模式。

供应链下的动产质押融资模式是指银行等金融机构接受动产作质押,并借助核心企业的担保和物流企业的监管,向中小企业发放贷款的融资业务模式。在这种融资模式下,金融机构会与核心企业签订担保合同或质物回购协议,约定在中小企业违反约定时,由核心企业负责偿还或回购质押动产。供应链核心企业通过担保、提供出质物或者承诺回购等方式帮助融资企业解决融资担保困难,物流企业提供质押物的保管、价值评估、去向监督等服务。动产质押融资模式的实质是将金融机构不太愿意接受的动产(主要是原材料、产成品)转变为其乐意接受的动产质押产品,并以此作为质押担保品或反担保品进行信贷融资。

动产质押模式如图7-6所示。

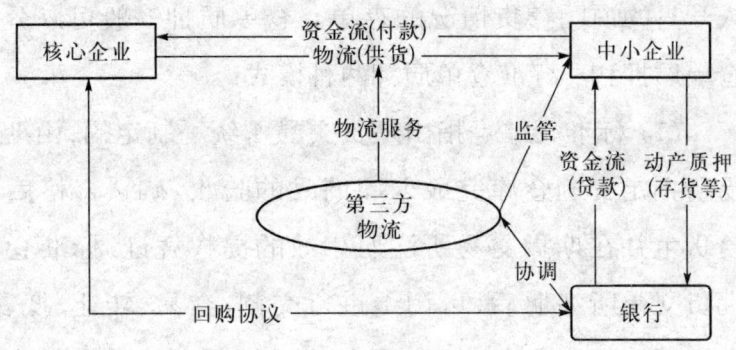

图 7-6 动产质押模式示意图

2. 动产质押融资的操作流程

具体操作流程如下：

（1）中小企业向金融机构申请动产质押贷款。

（2）金融机构委托物流企业对中小企业提供的动产进行价值评估。

（3）物流企业进行价值评估，并向金融机构出具评估证明。

（4）动产状况符合质押条件的，金融机构核定贷款额度，与中小企业签订动产质押合同，与核心企业签订回购协议，并与物流企业签订仓储监管协议。

（5）中小企业将动产移交物流企业。

（6）物流企业对中小企业移交的动产进行验收，并通知金融机构发放贷款。

（7）金融机构向中小企业发放贷款。

3. 动产质押的仓单质押模式

动产质押也可以仓单质押模式进行操作，仓单可以作为权利凭证进行质押，应当在合同约定的期限内将权利凭证出质给质权人，质押合同凭证交付之日起生效。仓单一般是指仓库业者接受顾客（货主）的委托，将物收存入库以后向存货人开具的说明存货情况的存单。仓单质押一般可以分标准仓单质押和非标准仓单质押两种模式：

（1）标准仓单是指由期货交易所统一制定的，由期货交易所指定交割仓库完成入库商品的验收、确认合格后签发给货主并在期货交易所注册生效的提权凭证，标准仓单经期货交易所注册后，可用于进行交割、交易、转让、抵、质押和注销等。标准仓单质押是指商业银行以标准仓单为质押物，给予符条件的借款人（出质人）一定金额融资的授信业务。

（2）非标准仓单是指由商业银行评估认可的第三方物流企业出具的，以生产、物流领域有较强变现能力的通用产品为形式表现的权益凭证。非标准仓单质押是指商业银行以非标准仓单为质押物，给予符合条件的借款人（出质人）一定金额融资的授信业务。从中国商业银行与第三方物流企业合作物流金融的业务领域出发，非标准仓单质押业务更具有代表性。

4. 应用案例①

四川恒科惠贸易有限公司位于龙港建材市场，主要从事钢材的销售，主要产品有三级抗震螺纹钢、线钢、盘圆等，客户对象不乏大型央企、本市知名建筑企业等。企业销售规模逐年扩大，但随着经营向好，企业自有资金已无法满足其发展需要，而且企业缺少与其融资需求额度相匹配的房地产等抵押物，融资难成为了企业发展的障碍。

针对企业的特点，成都银行为其推荐了第三方现场监管动产质押授信融资产品：企业将其库房里的钢材质押给银

---

① 资料来源：http://www.scjrw.com.cn/htm/2011-06-27/201106275222.htm。

行,银行委托专业监管公司在该库房进行监管,银行根据企业经营及质押物价值为企业核定融资授信额度,企业在提用授信额度后若需要提取某种已经质押给银行的货物,则可以用另外的银行认可的货物进行置换,也可以在指定账户存入保证金赎货。

这样一方面满足了企业的融资需求,另一方面又不影响企业的正常经营,并为企业节省了每吨高达数十元的移库监管的吊装费用及其他物流成本。在成都银行的支持下,截至2011 年 6 月,四川恒科惠贸易有限公司的销售收入较 2010年同期大幅增长。

7.2.3 销售阶段的供应链融资——应收账款融资模式

1. 应收账款融资的内涵

应收账款融资是指企业以自己的应收账款作抵押向银行申请贷款,银行的贷款额一般为应收账款面值的 50%～90%。应收款融资是以供应链中的产品供应商/卖方为中心,针对其客户(如产品经销商)的应收款为其提供折扣融资,从而将贸易与付款周期中的应收款转换成运营资金,也有的银行将其称为保理服务。应收款融资是一种资产抵押贷款,允许卖方通过卖出未完成贸易周期的产品或服务来提前获得收入,从而降低回款周期。此过程可以通过银行从卖方买入折扣发票或提供应收款融资服务来完成。对于每一种方式,银行都会从交易中获得收益。作为获利的条件,银行承担服务和收集到期发票的责任。

2. 应收账款融资的方式

由于贸易物品和服务的性质不同,应收账款的期限、付款方式也不同,因此其融资方式也不同。应收账款的融资方式主要有四种:票据融资、应收账款质押融资、应收账款买断融资(保理、福费廷)和应收账款证券化融资。以下主要介绍应收账款质押融资、应收账款保理融资和应收账款证券化融资三种方式。

第一,应收账款质押融资。

应收账款质押融资是指企业用它的应收账款作为质押,向银行申请贷款或其他融资形式,以解决临时性的资金短缺,满足企业生产经营的需要。国际经验表明,应收账款质押融资是缓解中小企业融资难问题的有效途径,例如美国建立了高效的动产担保制度,包括应收账款在内的动产质押融资已经占到中小企业融资的70%。

在这种融资方式下,金融部门作为资金提供方不承担任何可能出现的拖欠和违约损失。当用于抵押的应收账款不能按时收回时,金融部门保留对贷款的追索权,资金融入企业负有连带责任。企业以该方式取得的借款一般为应收账款面额的50%~80%。

应收账款抵押借款方式根据用抵押的应收账款是否专门认定,可分为两种基本形式:一种是一般抵借,即对于用于抵押的应收账款不进行具体认定,即凡是企业目前已存在的应收账款都可以用于抵押,当旧的应收账款结清时,新发生的应收账款可以继续当做抵押;另一种是特定抵借,即指定某一项或数项应收账款作为抵押贷款,随着这些应收账款的回收,抵押关系即消除。如果企业还需继续抵押贷款,必须重新办理抵押贷款手续。

应收账款质押融资具有普遍的适用性。对于中小企业来说,可以活用应收账款资源获得银行等债权人的信任,解决企业发展中的资金问题。而对具有下列特征的企业,应

收账款质押融资更能为企业融资带来生机：①有相对稳定的付款群体；②以信誉良好的大集团公司为交易对象的；③本身正处于高速增长时期，不动产相对匮乏的；④所处行业属于波动性高、季节性强的；⑤新办的生产型或贸易型中小企业。

出于融资风险的考虑，商业银行非常看重被用于质押的应收账款的质量。各家银行对应收账款质量都有自己的判断标准。下列应收账款一般而言更容易被接受：已发货并由第三方付款人验收合格的货物产生的应收账款；对无不良信用记录、资金实力强的第三方付款人产生的应收账款；具体金额已被第三方付款人确认的，并在还款时只直接转账到提供应收账款质押贷款的银行账户内的应收账款；到期日早于借款合同规定的还款日的应收账款等。另外，银行一般还同时考虑下列因素：①借款人客户中财务稳健的公司数量和客户基础质量；②借款人应收账款的集中度；③借款人的逾期趋势；④稀释率的趋势和重要变化。稀释风险指非现金信用会减少或稀释应收账款余额的可能性，销售退回或折扣、折让、坏账等都会产生稀释效应。稀释率上升意味着产品质量下降，可能会导致借款人出现财务问题。

第二，应收账款保理融资。

保理是保付代理的简称，是指卖方、供应商或出口商与保理商之间存在的一种契约关系。根据该契约，卖方、供应商或出口商将其现在或将来的基于其与买方（债务人）订立的货物销售或服务合同所产生的应收账款转让给保理商，由保理商为其提供下列服务中的至少两项：贸易融资、销售分户账管理、应收账款的催收、信用风险控制与坏账担保。应收账款保理融资业务的基本类型如表 7-2 所示。

表 7-2

应收账款保理融资业务的基本类型

分类依据	分类内容
保理商对保理项下融资有无追索权	有追索权保理/无追索权保理
保理商是否向出口商提供融资款项	折扣保理/到期保理
保理业务是否通知购货商	明保理/暗保理

a. 有追索权的保理和无追索权的保理。

有追索权的保理是指供应商将应收账款的债权转让给银行(即保理商),供应商在得到款项之后,购货商拒绝付款或无力付款时,银行有权向供应商进行追索。当前银行出于谨慎性原则考虑,在通常情况下会为客户提供有追索权的保理。

无追索权的保理由保理商独自承担购货商拒绝付款或无力付款的风险。供应商在与保理商开展了保理业务之后就等于将全部的风险转嫁给了银行。风险过大,银行一般不予以接受。

b. 明保理和暗保理。

明保理是供货商在债权转让的时候应立即将保理情况告知购货商,并指示购货商将货款直接付给保理商(银行)。暗保理则是将购货商排除在保理业务之外,由银行和供货商单独进行保理业务,在到期后供货商出面进行款项的催讨,收回之后再交给保理商。供货商通过开展暗保理可以隐瞒自己资金状况不佳的状况。

需要注意的是,我国《合同法》明确规定,供应商在对自有应收账款转让时,须在购销合同中约定,且必须通知买方。因此这就决定了目前我国银行业所开展的保理业务都是明保理。

c. 折扣保理和到期保理。

折扣保理又称为融资保理，是指当出口商将代表应收账款的票据交给保理商时，保理商立即以预付款方式向出口商提供不超过应收账款80％的融资，剩余20％的应收账款待保理商向债务人（进口商）收取全部货款后，再行清算。这是比较典型的保理方式。

到期保理是指保理商在收到出口商提交的、代表应收账款的销售发票等单据时并不向出口商提供融资，而是在单据到期后，向出口商支付货款。无论到时候货款是否能够收到，保理商都必须支付货款。

第三，应收账款证券化融资。

所谓应收账款证券化融资，就是以销售或服务产生的应收账款为支撑，通过特定的组织机构和结构设计提升信用状况，向投资者发行信用级别较高的证券的一种融资方式。应收账款证券化融资方式是资产证券化融资方式的一种。传统的融资方式是担保贷款，借款人将自己可用于担保的应收账款质押给银行并从银行获得贷款。而在应收账款证券化融资方式中，借款人不是从银行获得贷款，而是从资本市场获得所需款项，因为从资本市场获得融资的成本比商业银行的贷款利率要低得多。由于本书主要从商业银行和企业的角度论述供应链融资问题，因而这一应收账款融资方式不在此赘述。

3. 应收账款融资的操作流程

具体流程如下：

（1）中小企业与核心企业进行货物交易。

（2）核心企业向中小企业发放应收账款单据。

（3）中小企业以应收账款单据向银行申请应收账款融资。

（4）核心企业向银行出具应收账款单据证明和付款承

诺书。

(5) 银行贷款给中小企业,中小企业获得资金支持。

(6) 中小企业利用贷款资金购买原材料等生产要素继续进行生产、销售活动。

(7) 核心企业销售产品,收到货款。

(8) 核心企业将应付账款金额支付融资企业在银行指定的账号。

(9) 注销应收账款质押合同。

4. 应用案例

苏州市昆山某古典家具制造厂主要生产仿古家具。该厂所生产的家具产品对原材料的要求较高,采购原料时必须现货付款。而销售产品后,货款回收期较长,一般为 30 天至 90 天付款。由于工厂自有资金有限,且没有固定资产可以融资,造成资金缺乏,无力接受大的订单,在扩大经营规模时造成阻碍。一次偶然的机会,该厂管理者听说某商业银行有专门针对中小企业的信贷业务,随即与该行进行沟通。银行对该企业的融资需求和经营特点进行调查了解。该企业的固定客户均为高档家具的销售公司,与该企业已有两年以上的业务往来,付款能力较强且均能按时付款,而且一般单笔订单的金额较高。通过这些了解,银行提出了应收账款质押融资的方案,即企业将未来销售家具产生的应收账款质押给银行作为贷款的担保。

2007 年 10 月份,该厂尝试做了第一笔应收账款质押融资业务,贷款金额 500 万元。10 月初,该厂接到了一笔金额为 850 万元的订单意向,企业管理层随即与银行联系,银行对下订单的客户公司实际情况进行了调查,认为该客户实力雄厚,该笔订单符合融资的条件。于是该厂提交了基本资

商业银行中小企业贷款核心问题解析

料、订单的详细信息以及质押融资的书面申请。之后,银行与该厂签订了融资协议和应收账款质押合同,并在中国人民银行征信中心的应收账款质押公示系统将该笔业务进行了登记。随后银行发放了500万元贷款。该厂比合同约定时间提前了一个星期生产完毕并交货。12月中旬,客户将款项支付给该古典家具制造厂。该厂按照贷款合同的规定,在12月底将银行贷款还清。至此该厂首次通过应收账款质押获得贷款的尝试获得了成功,并且银行与该厂之间也建立了良好的合作关系。

7.2.4　供应链金融融资模式的组合——"1＋N"供应链融资

　　供应链金融是对一个产业供应链中上下游多个企业提供全面的金融服务,它改变了过去银行对单一企业主体的授信模式,而是围绕某"1"家核心企业,从原材料采购,到制成中间及最终产品,最后由销售网络把产品送到消费者手中这一供应链链条,将供应商、制造商、分销商、零售商、直到最终客户连成一个整体,全方位地为链条上的"N"个企业提供融资服务,通过相关企业的职能分工与合作,实现整个供应链的不断增值。因此,它被称为"1＋N"模式。"1＋N"供应链融资是自偿性贸易融资和结构性融资在融资模式与风险控制方面的深化。

　　这种融资既包括对供应链单个企业的融资,也包括该企业与上游卖家或下游买家的段落供应链的融资安排,更可覆盖整个"供—产—销"链条提供整体供应链贸易融资解决方案,针对企业生产和交易过程的特点与需求,预付款融资、存货融资与应收款融资三种基础的供应链融资模式可以组合为更复杂的整体解决方案。

以对单个企业的融资安排为例：

（1）对核心企业的融资安排：核心企业自身具有较强的实力，对融资的规模、资金价格、服务效率都有较高要求。这部分产品主要包括短期优惠利率贷款、票据业务（开票、贴现）、企业透支额度等产品。

（2）对上游供应商的融资解决方案：上游供应商对核心企业大多采用赊销方式，核心企业普遍对上游供应商采用长账期采购方式。因此上游企业融资以应收账款融资为主，主要配备保理、票据贴现、订单融资等产品。

（3）对下游经销商的融资解决方案：核心企业对下游分销商的结算一般采用先款后货，部分预付款或一定额度内的赊销。经销商要扩大销售，超出额度的采购部分也要采用现金（含票据）付款。对下游经销商融资方案主要以动产及货权质押授信中的预付款融资为主。配备的产品主要包括短期流动资金贷款、票据的开票、保贴、国内信用证、保函等等。

"1+N"供应链融资模式显著地改善了贸易融资风险状况。与核心企业建立直接授信关系或紧密合作关系，有利于消除核心企业的信息不对称造成的风险，达到业务操作过程中物流、资金流和信息流的高度统一，解决对配套中小企业融资授信中风险判断和风险控制的难题。

7.3 供应链融资风险控制

7.3.1 供应链融资风险的分类与控制

1. 供应链融资风险类型

根据不同的风险因素，供应链融资风险可以分为以下几种类型：

（1）核心企业道德风险。核心企业因规模较大、实力较强，在供应链融资中是决定风险的特异性变量。如果核心企业出现道德风险，在交货、价格、账期等贸易条件上对上下游中小企业进行压迫，则会导致供应链上中小企业的资金紧张，迫使其向银行融资维持基本运作。若积累的债务负担超出中小企业的承债极限，核心企业就会由控制风险的变量转变为供应链系统性风险的"震源"，使得供应链出现不稳定，带来相应风险。

（2）物流企业渎职风险。在供应链融资中，物流企业的引入通常有助于供应链融资的风险控制。但是，在物流企业准入不严的情况下，供应链融资的货押监管变量可能转化为一个新的风险隐患。比如出现监管方渎职、与中小企业的合谋诈骗或与核心企业发生纠纷等，则必然影响供应链金融的有序循环，使供应链融资的风险管理得不到无缝衔接，严重时将使整个供应链金融中断或者崩溃。

（3）中小企业物权担保风险。供应链融资作为主要针对中小企业的授信类产品，强调授信的自偿性，规避了因中小企业资信、实力不足所蕴涵的信用风险。鉴于此，供应链融资弱化了主体评价的权重，对授信主体的资质要求门槛较低；而强化债项评价的权重，对预付账款、存货、应收账款等广义的动产担保物权更为重视。如果对中小企业此类广义的动产担保物权选择不慎，还款来源安全性降低，供应链融资将面临较高的信用风险。

（4）商业银行操作风险。在供应链融资中，银行需要根据供应链的具体信息来量身定做金融服务，设计多元化的契约，这其中业务操作的规范性、合法性和严密性是供应链融

资风险控制的重要保障。当供应链结构日趋复杂、规模日益扩大时,如果银行对于贷前、贷中和贷后的契约设计不完善或有问题,供应链融资操作过程、人员、信息或外部事件不能得到准确有效地管理和配置,将可能引发操作风险,进而影响供应链融资中银行债权的有效实现。

(5) 供应链外生风险。这类风险是由供应链外部的风险因素引发的、对整个供应链融资体系产生全局性影响的风险,在某种程度上属于系统性风险。这类风险主要包括以下几种:

a. 市场风险。市场风险主要是指由于市场发生变化,使企业无法按原定计划销售产品而给商业银行带来的还款风险。其产生的原因主要有:一是预测失误;二是出现新的替代品,从而导致企业销售计划落空,资金链条断裂。

b. 政策风险。国家经济政策的变化,往往会对供应链的资金筹集、投资及其他经营管理活动产生重大影响,使供应链的经营风险增加。

c. 法律风险。法律环境的变化可能对供应链运转产生负面效应,诱发供应链经营风险,从而危及商业银行。

d. 自然环境风险。自然环境风险主要表现在地震、火灾、意外的战争以及其他各种不可抗拒的原因对企业造成的损失等,这些损失影响到供应链的某个节点企业,就可能影响到整个供应链的稳定,使供应链中企业资金运动受阻或中断,生产经营过程遭受损失,既定的经营目标、财务目标无法实现,进而使商业银行蒙受巨大损失。

2. 供应链融资风险管理措施

(1) 创建独立的风险管理体系。供应链金融信贷业务具有与传统信贷业不同的风险特征,在对其进行风险管理时,要创建独立的风险管理体系。把供应链金融业务的风险管理系统独立出来要引入新的企业背景与交易实质共同作为评判因素的风险管理系统，使风险管理系统的整体运行更有效率。

（2）审慎选择拟授信的供应链群。供应链金融信贷业务以供应链群体企业之间良好的合作关系为信用风险管理的主线，优势行业与畅销产品是维护良好的供应链合作关系的前提，银行应事先选择允许开展供应链融资的行业和产品，将贷前的市场准入为控制供应链信用风险作为第一道防线。

（3）建立灵活快速的市场商品信息收集和反馈体系，规避产品市场风险。买方市场时代，物流企业和银行应根据市场行情正确选择质押物，并设定合理的质押率。一般来讲，选取销售趋势好、市场占有率高、实力强、知名度高的产品作为质押商品，并对其建立销售情况、价格变化趋势的监控机制，及时获得真实的资料，避免由信息不对称引起对质押货物的评估失真，控制市场风险。

（4）强化内部控制防止操作风险。贷后管理发生操作风险的概率比传统业务要高，银行应成立专门部门负责贷后跟踪与对质押物的管理。质押物管理环节中，银行要督促物流企业不断提高仓库管理水平和仓管信息化水平，并制订完善的办理质物入库、发货的风险控制方案，加强对质物的监管能力。有针对性地制定严格的操作规范和监管程序，杜绝因内部管理漏洞和不规范而产生的风险。

（5）明确各方的权利义务，降低法律风险。供应链金融业务涉及多方，在业务开展过程中，各方主体应尽可能地完善相关的法律合同文本，明确各方的权利义务，将法律风险降低到最小。由于动产的流动性强以及我国法律对抵质押

担保生效条件的规定,银行在尽量避免对"物"的流动性损害的前提下,对流动性的"物"实施有效监控,将是供应链金融服务设计的核心思想。第三方物流企业在动产抵质押物监管及价值保全、资产变现和货运代理等方面的专业化的服务有利于降低银行抵质押担保授信业务的交易成本,拓宽了银行的授信范围,也为供应链节点企业提供了更加便捷的融资机会。

(6)逐步构建完善的供应链金融风险评估模型。供应链金融作为一项新的信贷业务,风险评估模型不可或缺。银行要注意开发供应链金融风险的评估模型,使此业务今后的风险管理成本减少、更有效率。

(7)组建专业的供应链融资操作队伍。开展供应链金融业务不仅需要掌握传统融资的方法与技巧,更需要具备创新型融资的知识与技能,以及深层次的从业经验。从事供应链融资,需要对产品特性的深入了解,也需要有卓越的风险分析能力与交易控管能力,以使银行能够掌控供应链金融业务风险。

3. 应付账款融资模式下的风险与防范

第一,应付账款融资的潜在风险。

该运作模式一般是为处于供应链下游的债权企业融资,主要针对商品采购阶段的资金短缺问题。应付账款融资模式是在上游核心企业(销货方)承诺回购的前提下,中小企业(购货方)以金融机构指定仓库的既定仓单向金融机构申请质押贷款,并由金融机构控制其提货权为条件的融资业务。应付账款融资下,融资企业充当的是购货商角色,第三方物流企业或者核心企业提供担保,银行等金融机构向中小企业垫付货款,以缓解中小企业的货款支付压力。其中第三方物流企业提供信用担保和货物监管。此类融资除了应考虑存货类抵质押物选择的原则外，一些特殊的变量也决定了业务的可行性，包括在途责任的清晰与上游的责任捆绑。

该模式的潜在风险点在于：

首先，第三方物流企业自身的资信状况如何，是否有能力对中小企业进行担保；

其次，第三方物流企业的货物监管是否得力，是否能保证供应商货物的真实性和质量。

第二，应付账款融资下的风险防范。

针对以上风险点，银行可以采取以下防范措施：

a. 保证担保和货物监管的有效性。银行尽量选择规模较大、资金实力雄厚、信用状况良好的物流企业为中小企业作担保，确保担保公司的担保能力和担保的有效性。这样即使发生违约风险，也能由第三方物流承担付款责任。同时也能保证货物监管的质量和货物的真实性。

b. 保证货物信息的灵通。银行与第三方物流信息共享，确保货物信息的灵通。中小企业拥有的存货和应收账款价值往往是其不动产价值的 1.5 倍以上，货物的质量就是银行规避风险的保证，供应链金融就是看中了企业这一优势。货物是中小企业偿还贷款的条件，物流企业一般比银行更了解货物一线资料，因此银行应当与物流企业信息共享，才能确保货物的得力监管。

c. 适时实现风险转移。银行应当将应付账款垫付的风险与收益相互匹配。实现风险转移。银行可以随生产阶段变化、授信风险变动调整利率与贷款成数，例如在供应链融资的过程中，在订单阶段，不确定性较高，可以调高利率、降低贷款成数；随着生产流程的进行，风险降低，可以调低利

中小企业供应链融资

率、提高贷款成数。

4. 动产质押模式下的风险与防范

第一,动产质押模式下的潜在风险。

该运作模式是企业以存货、仓单作为质押向金融机构办理融资业务的行为。融资企业此时是充当供应商的角色,第三方物流企业提供质物监管服务,商业银行可根据第三方物流企业的规模和运营能力,将一定的授信额度授予物流企业,由物流企业直接负责融资企业贷款的运营和风险管理。这种模式通过动产抵押盘活了存货和仓单,缓解了企业现金流压力。

该模式的潜在风险点在于:首先,该质押动产是否存在流动性风险,即动产能否在不受到大的损失的前提下变现;其次,第三方物流企业开具的仓单是否真实,抵押物是否具有价值;再次,第三方物流企业的货物监管是否得力,动产抵押物是否真实,企业出售该动产能否盈利。

第二,动产质押模式下的风险防范。

针对以上风险点,银行可以采取以下防范措施:

a. 保证质押动产的流动性。银行应当要求和核心企业签订质物回购协议,利用核心企业的信用,保证动产的流动性。核心企业在法律上有回购质押物的义务,就规避了中小企业存货卖不出去、现金收不回来的风险。

b. 确保仓单的真实性。第三方物流企业开具的仓单是否真实关系到抵押物是否具有抵押价值,因此物流企业自身的资信尤为重要。银行应当慎重选择第三方物流企业,尽量选择规模较大、知名度高、资信状况良好的物流企业为中小企业作担保,确保仓单等单据的真实性。

c. 确保动产监管得力。在动产质押贷款模式下,若银行与核心企业没有签订回购协议,那么货物的质量就是银行规避风险的保证,因此银行应当与物流企业及时沟通,确保监管得力,并在此基础上确定合适的质押率。

d. 明确分工协作。银行应当建立与第三方物流企业的合作体系,将质押监管业务外包给物流企业,重点控制好资金流。这样有利于通过第三方物流企业的仓储、运输和现场监管,提高仓库管理水平,同时银行负责监督第三方物流企业制订具体的办理质物入库、发货的风险控制方案,以提高对质押物的监管能力。

e. 正确选择质押物并建立商品价格波动预测系统。在动产质押贷款模式下,质押品的质量直接影响着其价格,因此银行应根据市场行情正确选择质押物,选取市场占有率高、品牌好的产品作为质押商品,同时与物流企业设定合理的质押率、贷款成数和利率水平。此外,还应当建立市场需求及价格变化趋势的预测机制,规避动产质押物价格波动的风险。

5. 应收账款融资模式下的风险与防范

第一,应收账款融资模式下的潜在风险。

该模式是中小企业以未到期的应收账款向金融机构申请融资,融资企业此时处于供应链上游的债权人角色,需要及时获得商业银行提供的短期信用贷款。

该模式的潜在风险点在于:

a. 核心企业的信用状况是否良好,如果核心企业违约拒付或者破产,则该应收账款就可能成为银行的坏账,因此在应收账款贷款模式下,核心企业的信用尤为重要;

b. 核心企业是否在票据上承兑,核心企业若不愿在票据上承兑,则应收账款就得不到核心企业的信用保证,从而信用程度降低;

c. 第三方物流企业的信用状况是否良好,若核心企业不愿在票据上承兑,应收账款的信用就依赖于第三方物流企业的信用担保。

第二,应收账款融资模式下的风险防范。

针对以上潜在风险点,银行可以采取以下防范措施:

a. 确保核心企业的信用状况。银行要对核心企业的经营情况进行跟踪评价,对其订单、业绩、质量控制、成本控制、技术、用户满意度等方面做出调查和评估,从而保证应收账款的安全。

b. 争取核心企业在票据上承兑。核心企业在票据上承兑以后,应收账款就能获得核心企业的信用保证,从而提高票据的信用水平。

c. 确保第三方物流企业的信用状况。核心企业若不愿在票据上承兑,则应收账款的信用就依赖于第三方物流的信用担保。因此银行应当选择规模较大、专业水平高、资金实力雄厚、资信状况良好的物流企业为中小企业提供信用担保,以提高担保质量。

除了采取以上针对性措施之外,银行还应当运用系统的风险管理方法,完善内部管理和风险控制体系,做好风险规避和风险转移。首先,银行应当确立资产评级体系,设立供应链金融信用风险评价指标,建立第三方物流企业、中小企业和核心企业的信用档案。其次,银行应当建立预警评价体系,当预警评价体系中某项指标超过临界值时,发出预警信号并及时进行处理,规避违约风险。再次,银行应当完善信用管理制度和操作流程,形成互相牵制的授权及监管机制,在供应链金融的操作中,严格审核单据特别是仓单的真实性,实行双重审批制,确保交易的真实性和抵押物的价值。

第 8 章

个人经营性贷款研究

个人经营性贷款是近些年来,商业银行信贷产品创新的重要方向,如何建立与其特性相适应的审批流程和抵押模式,是推进这一业务进一步发展的关键所在。

8.1 个人经营性贷款的基本介绍

8.1.1 个人经营性贷款的概念

个人经营性贷款是指银行面向具有完全民事行为能力的自然人(包括个人独资企业、个体工商户、私营、民营企业的投资者)发放的用于满足其生产、经营所需正常资金的个人贷款,包括个人商铺、个人周转性流动资金、个人小型设备、个人临时贷款等,又称自然人经营性贷款。

根据以上定义,个人经营性贷款的最大特色是借款人是以个人名义向银行借款,而资金是用于生产经营活动的。与企业贷款相比,个人经营性贷款由于其发放对象为自然人,借款人需要承担无限偿还责任,因此还款意愿比企业贷款更为强烈。从而使个人经营性贷款成为解决中小企业融资难的一个有效突破口。

8.1.2 个人经营性贷款业务的发展状况[①]

1. 个人经营性贷款业务发展的总体状况

自 2010 年以来,国内银行个人经营性贷款业务呈现快速发展态势。据中国工商银行数据显示,2011 年前 5 个月,中国工商银行已累计发放个人经营性贷款 574.46 亿元,同比多发放 236.43 亿元,个人经营性贷款余额达 1 206.64 亿元,比去年新增 269.54 亿元。另据数据显示,2011 年,民生银行个人金鹰行贷款品牌"商贷通"业务贷款余额突破 2 000 亿元。2011 年第一季度,"商贷通"贷款余额为人民币 1 769.28亿元,比上年年末增加 179.42 亿元,增幅 11.27%,

---

① 参见:华经国研,《个人经营贷款业务优化及营销策略研究报告》,2011 年。

商业银行中小企业贷款核心问题解析

高于同期贷款平均增速约 9％,占全部贷款比例 16.59％。中信银行个人经营性贷款余额 146.85 亿元,比上年年末增长 127.55％。同时,个人经营性贷款占个人贷款业务比重逐渐增加。招商银行年报数据显示:2010 年招商银行个人经营性贷款同比增长 137.9％,占零售贷款总额的比重从 2009 年的 7.11％升至 13.03％。中信银行 2011 年第一季度个人经营性贷款余额 146.84 亿元,比上年年末增长 127.55％,占零售信贷余额 8.17％。

从以上统计数据可见,自 2010 年以来,国内商业银行个人经营性贷款业务快速发展,其占个人贷款总额的比重也逐渐增加。个人经营性贷款业务发展前景良好。

然而,与零售贷款业务中的另一个重要业务——住房贷款相比,个人经营性贷款业务发展规模仍然较小,占比低于房贷;同时,国内银行个人经营性贷款产品趋于雷同,银行开发力度不足,也阻碍了个人经营性贷款业务的发展。

2. 各商业银行个人经营性贷款业务特色及开展情况

(1) 中国工商银行"商友贷"业务。中国工商银行在发展个人经营性贷款业务的过程中,依托"工银商友俱乐部"服务平台,向俱乐部成员推出"商友贷"专属融资业务。"商友贷"根据成员提供的贷款担保,在最高担保额度内确定一个循环额度,贷款审批通过后,提款时无需再次审批,可通过银行卡及个人网银渠道进行提款,在循环贷款额度内贷款可循环使用。成员进行消费或转账提款操作后,贷款资金才开始计息,会员也可根据贷款资金使用安排随时提前还款,降低融资成本。

(2) 中国银行"双享贷"业务。中国银行与中银保险联合开发的"个人经营银保贷款"命名为"双享贷(经营版)"。该

产品有效结合了银保双方的特点,是在银行信贷产品的基础上增加了"个贷保(B)"保证保险授信,在保障银行授信业务风险的同时,提高银行客户贷款成数,既满足客户资金需求,又能够在风险可控的情况下增加保费收入和中间业务收入,同时也有利于提高银行差异化竞争优势。

(3)中国农业银行"好时贷"业务。2009年,中国农业银行推出金钥匙"好时贷"个人贷款品牌及一系列创新产品,包括"安居好时贷"系列、"消费好时贷"系列和"创业好时贷系列"等。"创业好时贷"系列、报站助业贷款、综合授信贷款等,主要是为创业者融资需求量身打造。

(4)民生银行"商贷通"业务。"商贷通"是民生银行专为微小企业和个体工商户等推出的综合金融服务产品,具有效率高、服务优和内容丰富多样的特点。自2009年以来,民生银行在服装服饰、百货超市、粮油食品、农贸批发以及地方特色等八大行业向十万余家小微企业、个体工商户、私营业务累计发放贷款2500亿元,户均贷款150万元。

"商贷通"针对小企业"无抵押、无报表、无信用记录"等特点,设计出10余种担保方式,通过对企业主的考察和对"三流"、"三表"的把握,成功实现对小微企业和个人的贷款支持。通过实施"大数法则"、"规划先行"和"批量营销",民生银行建立了标准化、流程化和专业化的作业流程,实质性地提高了业务效率,从而实现"初次申请,3天答复;2次申请,1天答复;信用客户,3天放款"的承诺。此外,民生银行针对"商贷通"目标客户建立了专业的规划、销售、审批和贷后团队,并积极整合行内外资源,实现零售银行条线与电子银行、信用卡、信息中心和公司业务等多部门协同营销和联动服务。

（5）招商银行"生意贷"业务。招商银行通过推出"生意贷"业务，对个人经营性贷款，只需办理一次手续，就可以获得"永续额度"。其单次授信期限可长达 10 年，到底可以获得自动续期。同时，"生意贷"还为客户提供授信额度"循环使用"和贷款"随借随还"功能。办理"生意贷"的客户，只要开通"周转易"功能，便可直接通过 POS 机刷卡、网上支付随时支付货款，从而省去往返银行申请和提取贷款的不便。

（6）深圳发展银行"展业贷"业务。深圳发展银行针对中小企业主和个体经营者"融资难"的现状，联合阿里巴巴网站一起推出"展业贷"业务。"展业贷"具有门槛低、额度高、期限长、抵押物范围广等特点，期限可达 10 年，额度最高 1 500 万元。另外，与国内最大的电子商务企业阿里巴巴网站合作，使"展业贷"能够利用电子商务平台开发网上客户群体，并利用网商信用控制风险，从而确保贷款的安全。

（7）洛阳银行"富民宝"业务。"富民宝"是以个体工商户为服务对象，以生产经营为主要用途的贷款品种。为有效提高小企业贷款办理速度，该行针对微贷款业务操作流程进行了优化设置，建立了高效贷款审批机制，为广大个体工商户提供快速融资通道。该行还进一步完善"贷易通"信贷业务，丰富业务品种，推出供应链融资类应收账款质押信贷业务，多渠道解决中小企业融资难问题。

涧西的杨女士下岗后，和家人做轮胎生意，并获得某轮胎一级代理商资格。但厂家要求 1 周内打款 25 万元，他们东拼西凑才挤出 15 万元。洛阳银行微贷中心调查后，在杨女士申请后的第三天，就给她发放 10 万元小额贷款。现在，杨女士的生意越来越红火。

（8）东亚银行"金赢贷"。东亚银行（中国）有限公司，于

2011 年 4 月推出"金赢贷"业务,成为外资银行在内地推出的第一款个人经营性贷款产品。该业务具有申请便捷、额度高、期限长、担保方式等特色。

为了配合小微企业主"短、频、急"的资金需求特点,该产品简化了繁琐的审批流程,在符合监管规范、做好风险控制和成本控制的前提下,尽可能协助小微企业主简单快速完成贷款。此外,根据东亚银行对借款人资质的评估,借款人可获得的最高贷款金额从人民币 100 万元至 2 000 万元不等。抵押方式上,"金赢贷"产品除了一般的个人房产抵押,还可以用商户的商铺承租权做质押。贷款金额最高可达抵押房产评估价格的七成,并且贷款额度可循环使用,最长可以达10 年。此外,"金赢贷"同时致力于我国港、澳、台地区客户的开发,实现"内外兼修"的营销模式。

8.1.3　个人经营性贷款业务发展面临的问题

1. 银行与借款对象之间的信息不对称

作为中小企业贷款困难的主要原因,银企之间信息不对称也广泛存在于个人经营性贷款业务中。由于个人经营性贷款的借款人多为中小企业的企业主,因此,对中小企业信息的获取,以及对企业主个人信息的获取成为个人经营性贷款业务的重要环节。

2. 贷款担保方式单一,创新不足

由于信息不对称的存在,不少银行在开展个人经营性贷款业务中往往侧重于第二还款来源,强调担保方式特别是抵质押担保方式。由于中小企业一般缺乏固定资产,无法提供有效的抵质押物,从而难以获得及时的贷款。目前国内银行的绝大部分贷款抵押方式依旧是银行认可的传统方式,且各

金融机构为减少银行的不良资产,防范金融风险,普遍推行了抵押、担保制度,纯粹的信用贷款十分稀少。

3. 贷款审批程序繁琐,客户满意度低

现阶段,国内银行个人经营性贷款的平均办理速度在 1 个月左右。就上报审批环节来看,由于大多采取纸式审批,逐级报批的方法,各环节业务处理时间较长。同时,客户在办理业务时需要到银行提交材料,审批结束后再次到银行签订合同,待公证办理完毕后还要到银行领回借款合同,这就导致业务办理周期长,客户对银行服务不满。

8.2 个人经营性贷款业务审批流程优化

8.2.1 国内银行个人经营性贷款业务审批流程存在的问题

1. 业务环节繁琐

目前,国内商业银行个人经营性贷款基本流程如图 8-1 所示。

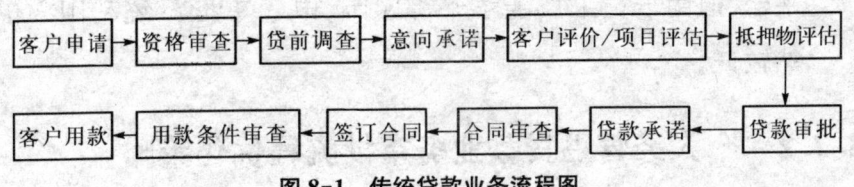

图 8-1 传统贷款业务流程图

该流程中,存在大量的重复环节,如资格审查、贷前调查、客户评价、用款条件审查等均为审查环节。贷前调查要写调查报告,项目评估要写评估报告、客户评价要写评价报告。不仅重复劳动,效率低下,且不易明确责任。这也使业务周期变得太长并造成的客户满意度的下降。

2. 业务流程单一

长期以来,国内银行主要以大型企业为重点客户,其业务流程也根据大型企业进行设计,包括对客户财务报表的核算、抵质押物价值的评估等环节,均根据大型企业特点进行制定。而对于中小企业主和个体工商户来说,该业务流程变产生许多的不适应性。目前,国内商业银行业务流程设计没有根据不同客户、不同业务的风险高低设计不同的业务流程,从而缺乏差别化和多样性。

3. 各流程之间不协调

贷款业务的各环节需要由不同部门办理,由于各部门之间衔接不紧密,缺乏有效的沟通和协作,使得业务的办理效率和客户的服务质量降低。

4. 电子审批系统开发不足

目前,国内银行的贷款审批方式包括纸式审批和电子化审批两种方式,电子审批系统可解决时间与人力成本,简化审批流程,缩短审批时间,提高审批效率,既能够满足客户的贷款需求,又能提升银行的竞争能力。然而,目前国内银行之中,纸式审批方式占绝大多数。某些银行尽管构建了审批平台,但由于员工技能水平等原因,电子审批系统利用率仍然较低。

8.2.2 个人经营性贷款业务审批流程优化策略

根据以上分析,可以对个人经营性贷款审批流程中存在的问题进行改进,从而形成如下优化策略。

1. 合并简化各环节设置,建立条线化审批流程

对审批流程中存在相似和重复工作的环节进行合并,以节约人力成本;去除不必要的无用环节,精简流程;并通过实施"客户经理制",形成由专业人员建立的审批条线化团队。团队成员来自各个部门,能有效协作,从而实现纵向业务的

商业银行中小企业贷款核心问题解析

联动。

2. 建立以客户为中心的差别化、多样性业务流程

建立以客户管理为中心的业务运营模式,提高客户信息的获取和处理分析能力,建立与客户长期的合作关系,从而培育和发掘有价值的客户;变大众化服务机制为差别化和个性化服务机制,将重点从大企业客户转移到个人和中小企业客户上来,并为不同客户提供不同服务,从而取得市场领先地位。

3. 有效利用电子信息系统,提高审批效率

纸式审批方式一直以来有其独特的优越性,但电子化审批也具有其速度快、效率高、节约成本的特点。因此,要在保留纸式审批的基础上,辅以电子化审批手段,充分发挥各自的特点,形成两类审批方式的综合运用,从而提高审批效率。

8.2.3 案例分析:民生银行"商贷通"业务"信贷工厂"审批流程[①]

1. "商贷通"业务和"信贷工厂"模式

2008 年,中国民生银行针对小微企业和个体工商户等客户群体贷款困难的状况,成立专门的项目小组,通过对印尼金融银行、泰隆商业银行等先进模式的考察,在原有产品上进行创新,开发了以"商贷通"为核心的产品批量化零售模式,主要特色是将国内银行通常在企业贷款部门办理的中小企业贷款业务定义为商户融资产品,转移到个人部门办理,审批重点为个人资信,担保方式包含了抵押、保证、联保、应

---

① 参见:华经国研,《个人经营贷款业务优化及营销策略研究报告》,2011 年。

收账款质押、信用等 11 种方式,并且通过引入信贷评分卡、集中处理中心等方式,建立了"信贷工厂"作业模式。

"信贷工厂"就是将个人经营性贷款业务"商贷通"集约化、标准化、批量化,把客户的融资需求用流水线作业方式去满足。在操作方案的设计上,民生"信贷工厂"对前、中、后台的业务操作和管理均出台了标准化、规范化的工作制度。这个制度具体的内容包括:销售经理工作规范、业务操作规范以及贷后检查规范,并针对"一圈两链"(商圈、供应链、销售链)出台了标准化的项目操作文本,分行可以得到很好的借鉴,起到了举一反三的效果。"商贷通"业务还配备了专门的人员,优化了审批流程,采取一站式办公,将经营性贷款批发运作,从而节约了近 1/3 的审批时间。这种模式恰似专业化经营,流水线作业的"信贷工厂",恰好符合小微企业及个体工商户融资时间短但融资速度快的需求。

小微企业及个体工商户数量大、单笔贷款金额小,民生银行"商贷通"采用"信贷工厂"审批模式,来满足该群体"短、频、急"的贷款需求,带来审批效率的提升。

2. "信贷工厂"模式的具体实施

民生银行南京分行借鉴淡马锡、泰华银行、美国富国银行等同行的现金技术及管理经验,按照标准化程序和要求,对"一圈两链"中的小微企业,实现了"信贷工厂"式的审批流水作业,从而减少了重复劳动,大幅提高了工作效率。

民生银行南京分行通过以标准化、规范化原则着手建立"商贷通"业务前、中、后台作业平台,努力打造小微企业的"信贷工厂",并通过业务流程的改造不断完善。如今,民生银行南京分行小微企业业务已实现了集中评审、集中录入、集中评估、集中公正、集中填制合同、集中抵押、集中权证、集

中放款、集中档案和集中监控的"十项集中处理"以及预授信评分系统、应收账款管理系统、合同机打系统、标准化贷款分类申请系统的"四大作业系统"。

通过前、中、后台标准化和流程化管理模式，"商贷通"对授信申请放宽，由原先15个工作日缩减至3个工作日以内，对小微企业而言是大大提高了贷款效率，对银行而言则大幅降低了人力成本和经营成本，从而一举打通了小微企业到民生银行融资的通道。大量的中小企业和个体工商户走进了民生银行，贷款得以连续翻番增长。以下是民生银行南京分行通过创新模式成功打造"信贷工厂"的案例说明。

民生银行南京分行有一家冷冻企业需要融资，信贷人员在做调研时发现，这个商户没有流水账，采集数据相当困难。通过对市场的深入分析，进而发现这个行业最有价值的是库房冷库，于是就以冷库面积去核定销售，同时推断出还款能力。然后，通过市场管理方了解客户情况，再分层分类，获得冷冻企业的风险点。

信贷人员以商户的存货、物流为授信标准设计了针对冷冻市场独特的授信方式，以"冷库库存＋日均流水"作为核准客户授信额度的标准，依靠这一独特新颖的授信模式，南京分行成功打开了这一其他银行想进入却还未进入的"小微企业"市场并开始批发销售。在短短两个多月里，民生银行南京分行向这一市场发放"商贷通"联保贷款超过5 000万元，弱担保贷款占比93%。

民生银行南京分行"商贷通"借鉴国外信贷工厂模式，规范前台销售经理工作、优化中台业务操作流程、实施差异化贷后管理，将个人经营性贷款风险的分析重点放在企业经营上，它的成功值得同行去借鉴。

8.3 个人经营性贷款业务担保模式创新

8.3.1 个人经营性贷款业务担保模式创新的原因

由于个人经营性贷款业务最终用于小微和个体工商户的生产经营,因此,小微企业资金链周期短,所需周转资金频繁的特性决定了其融资需求。但目前国内银行所能接受的担保方式主要以房产抵押为主,这恰恰是小微企业所缺少的。因此,当前国内小微企业对融资需求较高,对担保方式的需求多样化,创新担保模式,才能够推动中小企业及个人经营性贷款的发展。

同时,多样化的担保方式,也有助于降低贷款风险,增加银行业务收入,提升银行综合竞争能力。为个体工商户和小微企业提供多样化的担保方式,可以吸引那些还款能力强而担保能力弱的企业,扩大个人经营性贷款业务的融资规模,实现利润增长。同时,担保方式的创新,还增强了还款来源的保障性,使还款来源不只局限在不动产上,减少房产抵押风险。保证类贷款中诸如联保、互保、自然人担保等模式,在存在因借款人还不上贷款而存在不良资产风险时,可向为借款人担保的其他商户索要还款,减少不良贷款资产风险的产生,进而提升银行的核心竞争力。

8.3.2 个人经营性贷款业务担保模式创新的方向

1. 抵押类担保模式创新

(1)传统的以房产为主的抵押方式已经无法满足小微企业的融资需求,应把握小微企业资金的流动性,从中寻找新的抵押类担保模式,如应收账款抵押模式等。

（2）通过分析小微企业的利润来源，开发"商位质押贷款"类业务，从而将"商位"作为企业的活资产进行抵押，缓解小微企业的融资困难。

（3）开发无形资产抵质押技术，创造以知识产权和技术为抵质押物的新兴融资技术，支持小型高科技公司的发展。

2. 保证类担保模式创新

（1）结合客户企业的行业特性和地域特性，创新担保机制，建立联保、互保等担保模式，创建区域性的信用共同体。

（2）在担保方选择上进行创新，争取第三方如政府、担保公司、供应链核心企业的参与，从而借助第三方力量，增强担保力度。

（3）根据企业能力以及其他实际情况，灵活运用，实现多种担保模式的结合。

8.3.3　个人经营性贷款业务担保模式创新案例

1. 联保贷款

联保贷款的主要对象是个体工商户或中小企业，这些主体基于自愿的原则，相互沟通选择，从而形成联保形式的借款团体。在这些贷款主题中，信息不对称、缺乏合格抵押资产、难以取得第三方担保是它们共同的特点，如果单体申请贷款，几乎是不能成功的，但是它们在相互了解、相互信任的基础上自愿选择、自主结合，形成不受第三方制约的团体的时候，就有可能将个体的信用加总用来覆盖某一个体的低级别信用，这时候用加总的团体的信用可以提升团体内个体的信用，实现信用增级，进而取得贷款。

团体贷款的核心特征是连带责任。连带责任是一个法学中的概念，是指当事人按照法律的规定或者合同的约定，连带

地向权利人承担责任。在此种责任下,权利人有权要求责任人中的任何一人承担全部或部分责任,责任人也有义务承担部分或全部责任。连带责任的实质是相互承担履行债务的担保责任。具体含义表现为两点:一是各债务人都有义务承担全部责任,债权人可以要求任何一个债务人承担全部或部分责任;二是债权人与债务人之间的债权债务关系因任何一个债务人承担了全部责任而告消灭。从贷款风险的分担角度考虑,团体贷款的连带责任特征,实现了个体债务的偿还风险在团体内部的互相承担;债权人只需承担整个团体违约的风险,只要团体中有一个个体违约,则债权人有权利对团体中任何一个或者多个个体主张权利,对于同时向多个个体主张权利,还是先后向几个个体主张权利,债权人完全具有选择权。

案例分析:孟加拉乡村银行。

孟加拉乡村银行①的小额贷款模式就属于典型的团体贷款模式,其所取得的成就使其成为了全世界的典范。其创始人尤纳斯教授因此获得了 2006 年诺贝尔和平奖。

孟加拉乡村银行的第一代模式致力于向贫困人口提供标准化、操作简单、规则明确的信贷产品,但这一模式缺乏灵活性,在客户出现违约的情况下,几乎没有可行的补救措施。第一,乡村银行的传统模式实行团体贷款制度,小组成员之间负有连带担保责任。小组贷款一般采用"2+2+1"的贷款次序,即优先贷款给 5 人小组中最贫穷的两人,然后贷给另外两人,最后贷给小组长。小组每星期要和同属本中心的其他小组一起,召开一次"中心会议"。小组成员之间要互相帮助和监督,因为如果有一个成员发生违约,则整个小组就失

---

① 案例引自:王海艳,天津大学硕士论文《基于团体贷款的中小企业融资创新》,2008 年。

去了借款资格。成员每周存入一个"达卡"的存款作为小组基金，作为小组风险准备金；第二，乡村银行面向小组提供的贷款期限一般为1年，要求分期等额还款即实行"整借零还"制度，并且借款人不被允许一次性提前还清贷款；第三，贷款以妇女为主要对象；第四，乡村银行通过乡村中心的定期会议保持业务过程的透明度。乡村中心在会议上集中进行放款、还贷和集体培训，以便于成员之间互相监督，并营造团队精神。

第二代乡村银行模式克服了传统模式缺乏灵活性的缺点，旨在为客户提供量身定做的更为周到的金融服务。第一，第二代乡村银行模式之下，小组成员之间不再承担连带担保责任，小组成员也可以一起得到贷款，而不用遵循先前的"2＋2＋1"的贷款顺序了。第二代乡村银行模式的业务基础，事实上已经从联保小组转移到了会员个人。小组的作用减弱了，成员之间更多是互相帮助，并以道德约束互相督促按时还款。第二，贷款具有较灵活的期限，分期还款计划可以灵活处理，每次还款额度可以不等，期限也可以变化，借款人可以提前偿还所有贷款。第三，在发生违约的情况下，可以在借贷双方协商的基础上将贷款调整为"灵活贷款"。第四，取消了小组基金。

2. 信用共同体建设

在相对封闭的区域内建设信用共同体，是相对较好解决中小企业贷款难问题的方法。在狭小的范围内，中小企业之间在业务上的关联性，业主之间存在亲缘、血缘或是地缘，甚至是文化上的互相关联。当信用共同体建起的时候，团队的信用就会替代个体的信用，进而有效实现了对个体的信用增级。同时，由于团体的个体有着各种各样的网络联系，所以个体的违约将会造成团体信用级别的降低，这样团体内的其他个体就会实施对违约个体的信用惩罚,这样的机制可以有效降低个体违约的概率。

在我国,经过改革开放 30 余年的发展,在许多地区形成了以中小企业为主的产业集群,例如浙江的温州、台州、宁波、绍兴和广东的南海、东莞等地。这些产业集群内的中小企业一般是围绕某一产品相互协作,相互制约,互为上下游关系的。例如,台州的温岭是全世界最大的水泵产业集群、温州的龙湾是全世界最大的人造革产业集群。产业集群内的中小企业相互之间经常发生上下游供应关系、产品的协作生产关系、资金的融通关系、货物的补仓关系等。产业集群内中小企业之间的产业共生性就决定了业主之间非常看重彼此的信誉关系,信誉这种社会资本替代信息不对称和抵质押品不合格的可能性就很大。

但是,商业银行不能简单依托于原生态的社会关系网络,用社会信誉资本来简单替代信贷信息的不对称和抵质押品的不合格,而是要通过自身的努力,积极在相对封闭的区域内,通过信用共同体的建设,优化改进当地的信用环境,提升当地信用文化的层次。下面是浙江某商业银行的信用共同体建设方案,该银行开展信用村、信用乡、信用街道、信用市场建设,对信用体集体和信用体内的个体分别给予动态的信用评级。如果信用体的信用级别下降了,那么信用体内个体即使信用级别较高,也不能获得相应的信贷支持;而如果信用体内个体的信用级别降低,则整个信用体内所有个体都将受到惩罚,所获得的信贷支持都会降低。用一个简单的公式表述如下:

某中小企业(商户)信贷获益 = 该个体自身的信用评价结果 × 信用体整体的信用

评级结果 × 每单位信用级可以获得的基本信贷获益

商业银行中小企业贷款核心问题解析

第一，信用户的评定。

农户信用评定农户个人品质、以往信用记录、经济实力、债务负担等四个方面指标计算分值。

a. 个人品质：

遵纪守法，无赌博等不良行为；

诚实守信，具有良好的信用观念；

勤劳致富，勤俭持家；

尊老爱幼，家庭和睦，邻里团结。

b. 以往信用记录：

无贷款记录，无其他不良信用记录的；

已有贷款记录，且无不良贷款记录；

曾有不良信用记录，但现已清偿贷款本息。

c. 经济实力：

家庭负债与其年经济纯收入之比情况，逐级降分；

家庭人均年经济纯收入与当地人均年经济纯收入之比情况，逐级降分。

d. 债务负担：

家庭总资产与家庭负债之比情况，逐级降分。

第二，信用街道的评定。具体标准如下：

辖区内农户信用户占全村有贷款需求参评农户的85%以上；

村集体经济良好，有健全的财务制度，本行分支机构开立基本结算账户；

按期归还贷款农户占辖内贷款农户总数的90%（含）以上，辖内不良贷款按五级分类占比不高于1.5%。

村两委关心、支持农村合作金融机构工作，积极帮助农村合作金融机构组织资金，协助贷款发放、收回工作；维护农村合

作金融机构的合法权益和信誉,积极主动地宣传与倡导讲信用、守信用的社会风尚;村主要领导参加农户信用等级评定小组,并能实事求是,客观公正地进行信用农户等级评定。

有良好的社会风气,村风文明,班子团结务实,威信高、责任心强、办事公正。

第三,个体与主体相关联的信贷获益。具体标准如下:

对信用街道的信用户可享有贷款授信额度提高的优惠政策;

AAA 级信用村信用户在授信额度内的贷款利率按人民银行规定浮动上限优惠 100 个点;

AA 级信用村信用户在授信额度内的贷款利率按人民银行规定浮动上限优惠 90 个点;

A 级信用村信用户在授信额度内的贷款利率按人民银行规定浮动上限优惠 70 个点。

3. 知识产权抵押

近年来,凭借部分中小企业在高新技术方面的优势,以著作权、专利权等知识产权为质押物的新型抵押融资方式也在逐渐兴起。

专利权(著作权)质押是指为担保债权的实现,由债务人或第三人将其专利权(著作权)中的财产权设定质权,在债务人不履行债务时,债权人有权依法就该设质专利权(著作权)中的财产权的变价款优先受偿的抵押方式。

与普通抵押贷款相比,知识产权质押贷款存在利率高、回款快等特点,但质押物价值评估、质押物的实际占有方式以及风险发生后的质押物变现都存在一定困难。

积成电子股份有限公司(以下简称"积成电子")是一家民营性质的股份制高新技术企业,成立于 2000 年 8 月,公司注册资本为 5 100 万元,公司主要从事计算机软件开发、软件密集型系统和智能电子设备研制等方面工作,是国家火炬计划软件产业基地"齐鲁软件园"以及国家软件基地(济南基地)的骨干企业。

1999 年开始,齐鲁银行便与积成电子展开信贷合作,授信额度从 500 万元开始不断增长至 2008 年的 1 500 万元。随着积成电子自身经营的成功发展,其贷款需求也不断增加,而齐鲁银行受到自身定价机制、担保制度等条件的约束,无法提供更高的信用额度,使得合作关系逐渐破裂。2008年,积成电子贷款总额为 8 300 万元,齐鲁银行份额不足20%,下半年,积成电子决定归还齐鲁银行贷款,中止双方信贷业务关系。

为此,齐鲁银行决定从知识产权担保入手,解决积成电子的信贷需求。经调查发现,积成电子先后有 35 项科技成果通过省部级以上鉴定,23 项荣获省部级以上奖励,拥有28个经国家版权局批准的软件著作权。齐鲁银行与国家版权局中国版权保护中心及山东省知识产权局取得联系,通过相关专业评估服务机构对积成电子知识产权进行评估,最终决定以 25 个专利权和软件著作权为担保,按照融资额度不超过质押物估值的 50%,为积成电子提供了 6 500 万元的知识产权质押融资,解决了供求双方的矛盾。

该案例取得成功的关键不仅在于贷款方齐鲁银行对于抵押担保机制的大胆突破创新,还在于对于借款方积成电子信息的高度了解,平衡了借贷双方的信息不对称,这也归功于长期的业务合作和谨慎的贷前调查。在抵押物价值评估方面,齐鲁银行通过借助专业评估机构的帮助,充分落实了其资产估值和风险保障能力,确保了贷款的安全性。

8.4 温州银行个人经营性贷款业务的创新

8.4.1 面向个私的温州银行创新经营模式

个人业务发展的基础条件是广泛的结算渠道、方便的网点布局、标准化的服务流程和丰富的个私产品。在"大国崛起、国民财富增长、财富管理需求快速增长"的时代背景下,即使是建设银行这样的以中长期信用为市场定位的全国性商业银行,也已经将"成为最优秀的私人银行"作为自己战略转型的主导方向。但是,大多数城市商业银行由于囿于本地经营的制度障碍,在个私业务的拓展中明显处于下风,基本上没有形成有效的个私业务规模。那么,如何探寻适合自身条件的个私业务发展模式和盈利模式,就成为一个值得我们深入研究的重要问题了。通过对温州银行的研究我们发现,其业务模式正在迅速转型为以个私业务为主。但是,温州银行的个私业务不是一般意义的以居民财富管理为主要内容的模式,而是和温州地方经济特征和产业结构特点紧密结合的,具有温州银行特色的"温州银行模式",如表8-1所示。

表8-1

近3年温州商业银行主要业绩与风险指标①

项　　目	2007 年	2006 年	2005 年
主营业务收入(千元)	916 820	765 366	605 764
净利润(千元)	341 091	258 386	189 943
总资产(千元)	30 082 576	22 299 755	18 482 372
每股收益(元)	0.33	0.33	0.40
每股净资产(元)	1.39	1.15	0.99

---

① 数据来源:温州银行 2007 年年报,温州银行网站。

项　　目	2007 年	2006 年	2005 年
净资产收益率(%)	25.88	31.09	51.81
资本充足率(%)	8.66	7.04	3.24
不良贷款率(%)	0.75	1.79	3.60
存贷比(%)	72.13	66.74	62.62
流动性比率(%)	41.26	31.08	33.90
拨备覆盖率(%)	183.95	115.11	102.09
最大单户占比(%)	6.40	7.11	30.81

从各项财务指标和风险监管指标来看，这是一家非常优秀的城市商业银行，在总资产规模 300 亿元以上的规模下，依然能够达到 25%～30%的净资产收益率，是非常高的盈利水平。与高盈利形成鲜明对比的是其很低的信贷风险，2007年的不良贷款率仅有 0.75%，无论从什么角度看，这都是一个相当低的风险指标。更为突出的是，连续 3 年中，温州银行不良贷款率呈现出快速下降的趋势，2005 年是 3.60%，2006 年是 1.79%，而 2007 年下降为 0.75%。可以说，温州银行在保持高利润水平的情况下，实现了快速的风险释放，其高盈利能力后面对应的是很低的风险水平。作为以经营风险为主业的城市商业银行来说，能够在如此低风险的状态下实现高盈利，是难能可贵的。那么，温州银行高盈利、低风险背后蕴藏的经营模式又是怎样的呢？尽管我们还不能深入温州银行内部探究其成功的关键，但是通过其公布的 2007年年报，我们试图对这种经营模式进行一定的探究与分析，以探索我们××市商业银行适合自己的经营模式。

通过年报分析发现，温州银行 2005 年、2006 年、2007 年3 年的贷款集中度连续下降，单户贷款占净资产之比分别为30.81%、7.11%和 6.40%，这样的下降趋势与不良资产率的下降显著正相关，这很可能就是温州银行向个私倾斜，进而降低风险、获取高利润的原因。

8.4.2　温州银行业务与收入结构分析

　　通过对温州银行的业务和收入结构分析发现,这是一个快速向个私业务转型的优秀城市商业银行,其业务发展的方向完全符合现代商业银行"以个人业务为主"的转型方向。

　　1. 存款结构分析

　　温州银行 2007 年存款总额为 212 亿元,其中活期存款占比为 40.6%,定期存款占比为 30.78%,保证金存款为 28.42%。

　　在我们国家目前的经济发展水平和居民收入水平下,居民存款以定期为主是不可回避的,所以我们可以大胆推测:温州银行存款活期化正是由于其以个私为主的客户定位产生的积极效果。

　　2. 贷款结构分析

　　与全国几乎所有的城市商业银行不同,温州银行的贷款占比中个人信贷占据了很大比例:温州银行公司贷款余额占比 42.99%,个人贷款占比 57.01%,长期贷款占比 15.18%,短期贷款占比 75.12%,这几个数据与全国绝大多数城市商业银行形成了极为鲜明的对比。个人贷款占比高,盈利能力就强,因为个人贷款的定价高,盈利空间大。短期贷款多,一方面说明温州工商业发达,个人商贸经营性融资需求强,另一方面说明温州银行资产管理能力强,能够通过短期贷款管理,灵活调节资金头寸,以便把握更加高的盈利机会。

　　3. 个人贷款结构分析

　　在温州银行的个人贷款中,个私业主经营性贷款占比高达 87.38%,其余纯消费信贷占比不到 13%,这是非常典型的"温州模式"。也就是说,温州银行把自己定位于社区银行,充分挖掘个人业务,形成了自己鲜明的业务特征:专注于个体工商户、专注于个私经济发展的融资需求。相对温州银行来说,绝大多数商业银行都把向个人业务转型定位于居民理财业务,而对个人经营性贷款的重视不够。作为城市商业银行的一员,温州银行在个人业务拓展中也必然会受到结算渠道不畅、品牌形象无优势、理财产品匮乏、员工素质跟不上业务转型需要等因素的约束,但温州银行充分利用了民营经济、个私经济发达的经济发展特点,和产业集群效应明显、制造业集中度高等产业结构特征,逐渐开拓出了一条适合自身特点的"温州商行模式"。

4. 利息收入结构分析

温州银行总利息收入为 9.20 亿元,其中公司业务利息收入 2.78 亿元,占比 30.21%,个人业务利息收入 5.93 亿元,占比 64.45%,而总资产的净利息收入率(净利息收入÷总资产)达到了 3.05%。行业内 2007 年的净息差在 2.7% 左右,由于净息差的计算是按照生息资产来计算的,其中不包括不生息资产,所以实际上温州银行的息差可能更高,推算应该在 3.48% 左右,结合温州地区经济总量和温州银行目前 300 亿元总资产的规模看,这一利差水平是相当高的,其中个人业务拉高利差起到的利润提升作用显而易见。

这一问题我们还可以从另一角度进行分析,温州银行个人贷款余额占比为 57.01%,而利息收入占比却达到了 64.45%,高于贷款余额占比,这就进一步验证了:个私业务对温州银行提升盈利能力所起到的积极的拉动作用。

5. 手续费收入结构分析

2007 年,温州银行实现手续费收入 0.21 亿元,其中公

司业务手续费收入和个人业务手续费收入几乎各占50%。一般来说,在目前的发展阶段上,我国商业银行手续费收入主要来自于传统的结算收入,部分全国性商业银行的信用卡业务也能带来一定比例的手续费收入,也就是说公司业务产生手续费收入的能力要远大于个人业务。但是温州银行的手续费收入中,个人业务与公司业务几乎平分天下,这进一步说明积极拓展个私业务是其积极向个人业务转型的结果。

6. 总业务收入分析

在温州银行的总业务收入中,占有绝对优势的利息收入2007年实现净利息收入9.20亿元,远远超过其他各项业务收入,而相对其他城市商业银行来说,温州银行的投资收入和贴现收入占比较少,这说明通过积极满足个私经济的融资需求,可以有效扩大客户基数,增加贷款投放规模,把宝贵的生息资产向盈利更高的贷款业务转移。

8.4.3 低风险的个私业务

一般来说,中小企业和微型企业的财务信息不规范,甚至有很多随意和作假的成分。按照这个逻辑,个私业务的风险较高。但是通过对温州银行风险情况的分析我们发现,以个人业务为主要经营内容的温州银行的风险其实很低,具体如下:

温州银行的不良贷款率2007年为0.75%,拨备覆盖率为183.95%,这两项指标是相当优良的,特别是对于300亿元规模的总资产来说,如此低的不良贷款率是很值得进一步研究的。我们从贷款集中度来看看这一情况,温州银行贷款的行业集中度相当高,制造业占比达到了45.71%,批发零售业占到 11.33％。但是温州银行的贷款客户集中度非常低，从单户比来看，温州银行的贷款分布相当平均与分散，在温州银行几乎没有大户，没有能够决定温州银行荣辱成败的重大资产投放配置。由于客户数量多，客户非常分散，尽管贷款高度集中在制造业等少数几个行业，但单户出现的风险在总资产中占比非常低，并不会整体拉高不良资产率。我们再来看看河南省内城商行的情况就会发现，尽管贷款的行业集中度相比温州银行不算高，但是单户的集中度却非常高，不良贷款率也就较高，如表 8-2 至表 8-5 所示。

表 8-2

2007 年温州银行贷款占比前 5 位的行业分布情况

制造业	批发零售业	房地产业	建筑业	水利与公共环境事业
45.71％	11.33％	9.32％	7.79％	3.94％

表 8-3

2007 年温州银行贷款的单户集中度情况

客　户	所属行业	贷款或垫款余额	占比（%）
客户 1	公共管理与社会组织		0.75
客户 2	水利、环境与公共设施管理		0.61
客户 3	建筑业		0.58
客户 4	建筑业		0.50
客户 5	批发零售业		0.46
客户 6	制造业		0.35
客户 7	租赁和商务服务业		0.35
客户 8	制造业		0.49
客户 9	水利、环境与公共设施管理		0.39
客户 10	水利、环境与公共设施管理		0.29

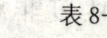

表 8-4

2007 年洛阳市商业银行前 10 客户贷款占比情况①

客　户	占比(%)
客户 1	2.34
客户 2	2.34
客户 3	2.34
客户 4	2.34
客户 5	2.33

表 8-5

2007 年许昌市商业银行贷款前 5 户占比情况②

客　户	行　业	占比(%)
客户 1	地产	5.84
客户 2	事业	5.32
客户 3	制造	5.25
客户 4	交通运输	3.91
客户 5	造纸	1.81
客户 6	道路建设	1.75
客户 7	造纸	1.69
客户 8	造纸	1.64
客户 9	电力供热	1.51
客户 10	建筑	1.51

　　从以上分析中可以得出的重要结论是:温州是我国重要的制造业中心,紧密结合这一产业特征,温州银行贷款高度集中在制造业上。但是温州银行通过积极拓展个私客户,扩大有效客户数量,降低单户余额占比,进而有效控制了不良贷款风险。

　　同样情况也能在浙江另一个优秀的城市商业银行台州市商业银行身上看到,数据如表 8-6 和表 8-7 所示。

---

① 资料来源:洛阳市商业银行 2007 年年报。
② 资料来源:许昌市商业银行 2007 年年报。

表 8-6

2007 年台州市商业银行贷款占比行业分布情况

单位:万元

行业种类	贷款余额	占比(%)
制造业	392 568.47	34.02
批发零售业	334 828.34	29.02
公共管理与社会组织	57 265.05	4.96
交通运输、仓储和邮政业	36 045.08	3.12
水利、环境和公共设施业	30 859.00	2.67
合　计	851 565.94	73.79

表 8-7

台州市商业银行前 5 户贷款占比情况

单位:万元

户　名	余　额	占比(%)
客户 1	5 000	0.43
客户 2	4 000	0.35
客户 3	4 000	0.35
客户 4	4 000	0.35
客户 5	4 000	0.35
客户 6	3 800	0.33
客户 7	3 250	0.28
客户 8	3 000	0.26
客户 9	3 000	0.26
客户 10	3 000	0.26
合　计	37 050	0.21

8.4.4 结论

　　尽管不能够深入温州银行内部,探求其经营的奥秘。但是仅仅通过 2007 年年报我们也基本上可以得出重要的结论:温州银行是一家正在迅速向个私业务转型的城市商业银

---

① 资料来源:台州市商业银行 2007 年年报。

行,结合其地方经济发展的特征,温州银行正在迅速探索出一条具有温州特色的"温州银行模式"。这个模式的主要特征就是:以个私业务为主,以小企业和个体工商户为主要客户对象。这个模式为温州银行带来了典型的"低风险、高收益"盈利。"温州银行模式"为我们带来的重要启示包括:

(1)产业集群效应明显,产业集中度高的城市,其城市商业银行应该充分利用其生息资产,加大向主导产业的投放力度,以获得稳定的较高收益。

(2)加大向主导产业投放,并不是集中在几个主要的客户身上,而是要投放于围绕主干企业的小企业和个私经营业主,只有这样才能够在获取高收益的情况下有效规避风险。

(3)包商银行的微贷款业务获得了令人赞许的卓越成绩,其核心理念就是利用科学的信贷管理技术,将资源转向对微小个私经济的金融支持,这一点上,"温州银行模式"与"包商银行模式"有着异曲同工之妙。

(4)在产业集中度高的城市,城市商业银行尽管受到跨地域经营的管制,但通过培育小企业和个私客户,扩大有效客户基数,降低单户余额,同样可以通过向个私转型,获得"低风险、高收益"。

商业银行中小企业贷款核心问题解析

主要参考文献

[1] 陈坚. 韩国开展中小企业的时间及其借鉴意义[J]. 金融论坛. 2006,5.

[2] 刘建华. 包头市商业银行微小企业贷款项目调查[J]. 华北金融. 2006,12.

[3] 岑衍强,等. 我国商业银行信贷风险管理技术探讨[J]. 金融教学与研究. 2001,1.

[4] 卢新,万解秋. 抵押担保及其违约成本对借贷交易的影响研究[J]. 现代经济探讨. 2007,4.

[5] 陈盛业,宋逢明. 基于违约成本的银行信贷风险管理[J]. 特区经济. 2007,2.

[6] 向金. 现金流量表在借款人还款能力判断中的应用[J]. 审计与理财. 2004,3.

[7] 彭红枫叶,叶永刚. 基于资本监管要求和还款意愿的贷款定价研究[J]. 中国管理科学. 2009.

[8] 刘淑贞. 借款人还款意愿及政策激励[J]. 辽宁大学学报. 2003.

[9] 贾丽智. 关于小企业联合担保贷款的思考[J]. 财经与法. 2009,2.

[10] 张兴光. 应收账款质押贷款的风险及防范[J]. 金融发展研究. 2008,6.

[11] 谢文婷. 联保贷款在我国特定背景下的有效性分

析[D].西南财经大学硕士论文.2008.

[12] 陈娴婷.关系型借贷对农户小额贷款的风险化解作用[J].现代农业科技.2008,14.

[13] 王海艳.基于团体贷款的中小企业融资创新[D].天津大学硕士论文.2008.

[14] 黄剑洪.基于关系型融资技术的我国中小企业融资困境新解[D].厦门大学硕士论文.2008.

[15] 欧璇.浅议商业银行信贷决策中的非财务因素分析[J].经济研究导刊.2010,15.

[16] 张维,等.社会资本在团体贷款还款激励中的作用研究[J].现代管理科学.2008,3.

[17] 李芳.中国中小企业信用评级指标体系研究[D].西南财经大学硕士论文.2008.

[18] 顾雁峰.欧洲商业银行中小企业信贷业务经营管理策略研究[D].对外经济贸易大学硕士论文.2006.

[19] 吴征.中小企业有效融资方式选择——贸易融资[J].经济师.2009,12.

[20] 夏昀.贸易融资:中小企业融资佳境[J].中国外汇.2008,10.

[21] 李学春,等.政府担保与多边信贷契约:寿光"银政企"融资模式剖析[J].金融发展研究.2009.

[22] 宁平.掘金供应链金融——深发展"池融资"融通企业资金链[J].商学院.2009,8.

[23] 天兆武,王冠.积成电子知识产权质押贷款案例[J].金融发展研究.2009,10.

[24] 宋炳方.商业银行供应链融资业务[M].北京:经济管理出版社,2008.

[25] 陈晔.关于物流金融中第三方参与模式的研究——存货质押[D].苏州大学硕士学位论文.2009.

[26] 马林,张洪程,王胜依.经济资本回报率在商业银行的应用[J].金融会计.2005,12.

[27] 曹明杰.独立核算机制下中小企业贷款定价研究[J].江西金融职工大学学报.2008.

[28] 董强,于长海,隋绍楼.微贷款模式理论探讨与实践[J].理论界.2008,5.

[29] 李立群.信贷决策中的非财务因素分析[J].金融理论与实践.2004,9.

[30] 刘洪海."襄樊模式"为小企业融资开辟绿色通道[J].金融博览.2009,6.

[31] 高正平.中小企业融资新论[M].北京:中国金融出版社,2004.

[32] 陈莹.农户小额信用贷款信用风险控制研究[D].西南财经大学硕士论文.2006.

[33] 邹建平.证券评级概论[M].上海:复旦大学出版社,1999.

[34] 朱宝宪.金融市场[M].沈阳:辽宁教育出版社,2002.

[35] 林汉川,夏敏仁.企业信用评级理论与实务[M].北京:对外经济贸易大学出版社,2003.

[36] 叶蜀君.信用风险度量与管理[M].北京:首都经济贸易大学出版社,2008.

[37] Stiglitz, Joseph E. & Weiss, Anderw, 1981, Credit Rationing in Market with Imperfect Information[J]. The American Economic Review.

商业银行中小企业贷款核心问题解析

[38] Allen N. Berger & Grogory F. Udell, 1992, Some Evidence on the Empirical Significance of Credit rationing[J]. Journal of Political Economy.

[39] Mitchell Berlin & Loretta J, Mester, On the profitability and cost of relationship lending[J]. Journal of Banking & Finance, 1998(22).

[40] Allen N. Berger & Grogory F. Udell, 2002, Small Business Credit Availability and Relationship Lending: The Importance of Bank Organization Structure [J]. Economics Journal.

[41] Sharpe, Steven A, 1990, Asymmetric information, bank lending and implicit contracts: A stylized model of customer relationships[J]. Journal of Finance.

[42] Jayaratne J, & Wolken J, 1999, How important are small banks to small business lending-New evidence from a survey of small firms[J]. Journal of Banking and Finance.

[43] Allen N. Berger, & Gregory F. Udell, 1995, Relationship Lending and Lines of Credit in Small Firm Finance[J]. Journal of Business.

[44] Allen N. Berger, & Gregory F. Udell , 1998, The economics of small business finance: The roles of Private equity and debt markets in financial growth cycle [J]. Journal of Banking and Finance.

[45] Stranhan, Philip E. & Weston, James P. , 1998, Small business lending and the changing structure of the banking industry[J]. Journal of Banking and Finance.